邺城考古与文化论集

刘跃进 ◎ 主编

中国社会科学出版社

图书在版编目(CIP)数据

邺城考古与文化论集/刘跃进主编. —北京：中国社会科学出版社，2021.3

ISBN 978-7-5203-7859-8

Ⅰ.①邺… Ⅱ.①刘… Ⅲ.①古城遗址(考古)—临漳县—文集 Ⅳ.①K878.34-53

中国版本图书馆 CIP 数据核字(2021)第 022825 号

出 版 人	赵剑英
责任编辑	郭晓鸿
特约编辑	杜若佳
责任校对	师敏革
责任印制	戴 宽

出 版	中国社会科学出版社
社 址	北京鼓楼西大街甲 158 号
邮 编	100720
网 址	http://www.csspw.cn
发 行 部	010-84083685
门 市 部	010-84029450
经 销	新华书店及其他书店
印 刷	北京明恒达印务有限公司
装 订	廊坊市广阳区广增装订厂
版 次	2021 年 3 月第 1 版
印 次	2021 年 3 月第 1 次印刷
开 本	710×1000 1/16
印 张	22.5
插 页	2
字 数	272 千字
定 价	128.00 元

凡购买中国社会科学出版社图书，如有质量问题请与本社营销中心联系调换
电话：010-84083683
版权所有 侵权必究

目　录

最是英雄多感慨　邺下风流建安才
　　——《邺城考古与文化论集》序 …………… 刘跃进（1）

论曹魏邺城遗址与铜雀三台遗迹 ……………………… 朱岩石（1）
邺城佛教考古的主要发现与收获 ……………………… 何利群（13）
铜雀高台何所依
　　——从铜雀台遗址出土螭首看中古时期螭首的
　　　　使用与流变 ………………………………… 沈丽华（43）
古邺城地区出土北齐造像中的异域因素 ……………… 王敏庆（65）
注经、著论与修史：玄学著述体制与魏晋学术转型 …… 刘　宁（107）
"建安风骨"的历史内涵及其意义 ……………………… 刘跃进（127）
论建安文学批评的发生 ………………………………… 傅　刚（170）
邺下文学论略 …………………………………………… 傅　刚（188）
谈谈建安邺下文人集团 ………………………………… 刘心长（201）
建安时期游艺与文学关系的新变 ……………………… 张振龙（227）
《洛神赋》：幻觉体验与赴水隐喻 ……………………… 孙明君（250）

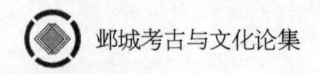

惊鸿瞥过游龙去,虚恼陈王一事无
　　——"感甄故事"与"感甄说"证伪 …………… 范子烨(268)
魏晋玄学"浮诞之美"的生成及其文学气象 ………… 孙少华(285)
论曹魏两晋时期的宫廷女乐 …………………………… 许继起(315)
西晋荀《录》与汉魏乐府 ……………………………… 陈　君(338)

最是英雄多感慨　邺下风流建安才
——《邺城考古与文化论集》序

刘跃进

2018 年 10 月 17 日，中华文学史料学学会、中共临漳县委、临漳县人民政府、中国社会科学院考古研究所邺城考古队联合主办了"首届中国邺城·建安·诗歌文化节"。开幕式上，我曾代表文学所致辞，谈了三点浅见。

第一，建安文化的根在邺城。

古代邺城遗址，在今邯郸所辖临漳县，是河北省最南端的城市，地理位置十分重要，处于晋、冀、鲁、豫四省要冲。《水经注·浊漳水》说："魏文侯七年，始封此地，故曰魏也。"西门豹治邺，破除了当地"为河伯娶妇"的陋习，大力发展生产，邺城也因此名扬后世。东汉末叶，袁绍以此为中心，称霸一方。公元 196 年，汉献帝改元建安，曹操接受颍川荀彧的建议，将汉献帝接到许都，从此，动辄"奉辞伐罪"，占据道义制高点。建安五年（200 年），官渡大战，曹操胜，袁绍败。建安九年（204 年），曹操攻克邺城，遂将政治文化中心从许昌迁到邺城。直至曹操去世，曹丕代汉而迁都洛阳，曹魏政权在此经营十七年，南征北战，开疆拓土。西晋愍帝司马邺建兴元年（313 年），为避晋帝讳，改建邺为建康，邺为临漳。临漳者，临漳河而为名也。后赵、冉魏、前燕、东魏、北齐割据政权先后在此建都。说到这些往事，临漳县的父老乡亲无不以家乡悠久的历史而自豪。

这里又是佛教圣地，二祖寺驰名天下。禅宗二祖慧可大师，俗姓姬，本名姬光，河南虎牢人，生于北魏孝文帝太和十一年（487年）。他皈依佛门后，取法名神光。四十岁时在嵩山遇到达摩法师，立誓拜师。达摩说，如果让我传法，除非天降红血。神光毫不犹豫，断臂溅血，遂入达摩门下，是为二祖。唐代贞观年间修建二祖寺供奉神光法师。东魏北齐时期，邺城寺庙多达四千余所，僧尼八万多人。中国社会科学院考古研究所邺城考古工作队的朱岩石教授告诉我们，仅在2012年，这里就出土了皇家收藏的佛教造像2895件，精美绝伦，举世惊艳。为此，临漳县专门修建了邺城文化博物馆收藏这些文物。

第二，建安文化的魂是风骨。

建安九年（204年），曹操占据邺城。这一年，孔融52岁，曹操50岁，陈琳48岁，阮瑀38岁，徐幹34岁，应瑒30岁，刘桢30岁，王粲28岁。蔡文姬大约在建安十二年（207年）前后也来到邺下。左思《三都赋》中的魏都，不是许昌，不是洛阳，而是邺下。曹操在邺下修筑铜雀台、金虎台、冰井台，在南北征战之余，组织文人游宴赋诗，君臣遇合，其乐融融，在历史上留下一段举世闻名的邺下风流。建安七子中，孔融死于建安十三年（208年），阮瑀死于建安十七年（212年），其他几位都死于建安二十一年（216年）开始的那场史所罕见的大瘟疫。三曹七子的重要作品，大都完成于这个时期。后人用"建安风骨"来概括他们的创作成就。

"建安风骨"最鲜明的特征是崇尚力量，崇尚英雄，崇尚个性。刘劭《人物志》专辟《英雄》一节，认为"草之精秀者为英，兽之特群者为雄。故人之文武茂异，取名于此。是故聪明秀出谓之英，胆力过人谓之雄，此其大体之别名也。"《说郛》（宛委山堂一百二十卷本）卷五十七载王粲《英雄记钞》，虽是残本，也辑录了刘表、刘焉、刘范、刘璋、刘备、袁成、袁绍、袁谭、董卓、公孙瓒、周毖、伍琼、诸葛亮、逢纪、闵贡、何苗、李傕、郭汜、丁原、吕布、杨及、高顺、刘虞、张瓒、关靖、杨性、贾纯、张辽、文聘、许褚、韩馥、孔伷、王匡、桥瑁、王修、袁遗、孔融、华歆、张昭、顾雍、张纮、周瑜、鲁肃、黄盖、甘宁、丁奉、虞翻等四十多人的事迹，实际人数肯定远不止此。可见，英雄这个概念，是汉魏时期人们津津乐道的话题。在群雄逐鹿的时代，曹操至少是一个英雄（鲁迅语）。曹操本人也这样认为，他在《让县自明本志令》中自豪地宣称："设使天下无有孤，不知当几人称帝，几人称王。"

"建安风骨"所彰显的不仅仅是个人英雄主义，还有一种天下情怀。曹操身为宦官后代，被当时高门视为"赘阉遗丑，本无令德"。几十年的身世际遇，曹操深刻地理解并同情那些被歧视、被压迫者的感受，深知"天地间，人为贵"的道理。基于这样一种民本意识，他取法古代圣人周公，一饭三吐哺，一沐三握发，希望"天下归心"，百姓安宁。尽管烈士暮年，他依然是"老骥伏枥，志在千里"。从历史上看，没有这样的文化底蕴，没有这样的政治胸襟，是不可能取得成功的。

"建安风骨"是一种艺术精神，情思蕴藉与华丽壮大完美结合，典雅与世俗高度统一。"秋风萧瑟，洪波涌起。日月之行，若出其中。星汉灿烂，若出其里"，这种气象，不是一般人所能企及的。三国时期，政权割据，绝大多数有成就的文人学者从四面八方汇集到邺下。他们的背景或有不同，投奔曹操的原因也各异，但都受到曹操政治家的气度与诗人气质的感召，这应该是相同的。正如曹植在《与杨德祖书》中说，"吾王于是设天网以该之，顿八纮以掩之，今

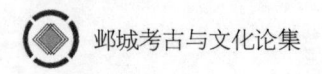

悉集兹国矣"。

第三，建安文化的脉在今天。

毛泽东在《浪淘沙·北戴河》中豪迈地宣布："往事越千年，魏武挥鞭。东临碣石有遗篇。萧瑟秋风今又是，换了人间。"是的，曹操的时代过去了，但"建安风骨"犹存。这一事实告诉我们，文学的价值，不仅仅是要真实地描绘时移世易的历史变迁，也不仅仅是要抒发诗人们感时叹世的情怀，更重要的是，文学要反映人民的心声，要揭示时代的主流。"建安风骨"为后世树立一座高耸的历史丰碑，让世人看到文学的价值和意义存在于最广大读者的共鸣中。这是"建安风骨"乃至中华优秀文学作品留给世人最深刻的启迪。

上述观点，是我两年前说过的，至今并无改变。若作总结，或可一言以蔽之："建安风骨"是一种精神力量。中华民族历经战乱，仍岿然独立，就是因为风骨还在，精神还在。可以说，"建安风骨"已是中华民族坚强乐观、充满理想的精神象征。

时代英雄，邺下风流，那段波澜壮阔的历史留给世人无限的想象空间。首届文化节选择"邺城·建安·诗歌"这三个关键词，找到了根，抓住了魂，摸到了脉。与会代表走出书斋，走进历史现场，寻根把脉，触动心灵，强烈地体会到把学问做在祖国大地上的那种真实感与使命感，这种收获难以言表。

这次会议，得到中共临漳县委宣传部的大力支持，赵青山部长多次来京商讨会议细节安排。中国社会科学院考古研究所邺城考古队同人不仅提供了高质量的论文，朱岩石教授还在考古现场亲自讲解，学问如同他的名字，很接地气。在这里，文学与考古结合，灵动与质实并存，这是一种很有意义的尝试。会议的协调，论文集的编辑，文学所办公室曹维平主任，古代文学研究室吴光兴主任、陈君副主任等同志付出很多心血，在此一并表示由衷的谢意。

由于新冠肺炎疫情的缘故，论文集的出版略有推迟，也由此留下一段新的历史记忆。

2020年岁在庚子时惟仲夏

刘跃进

记于京城爱吾庐

论曹魏邺城遗址与铜雀三台遗迹

朱岩石

邺城遗址位于河北省临漳县，地处华北平原的中心区域，是全国重点文物保护单位。邺城遗址包括邺北城和邺南城，两城南北衔接，大体呈"日"字形结构。邺北城也被称为曹魏邺城，先后是曹魏（220—265）、前燕（352—370）、冉魏（350—352）、后赵（319—352）的国都。邺南城又被称为东魏北齐邺城，是北魏分裂后东魏（534—550）、北齐（550—577）王朝的首都。建筑于邺北城西城墙之上的铜雀三台遗迹，是指曹操在东汉末年始建的三个宏伟的高台建筑群，现在邺城遗存几乎消失殆尽，唯有三台中的金虎、铜雀（也称铜爵）二台屹立于漳河之滨，经历着邺城遗址1800余年的兴衰弃建。

一

曹魏邺城全面营建于曹操打败袁绍后的建安九年（204年），曹丕称帝定都洛阳后，邺城依然是曹魏王朝的五都之一。曹魏邺城以其独具特色的都城规划，成为中国古代都城发展史上的一个里程碑。

关于邺城的历史文献记载零星不全，加之邺城遗址历经人为拆迁、战火、洪水等毁灭性破坏，几乎全部被埋于地下的邺城遗迹成为今人认识、研究其规模形制的最重要途径。全面的考古勘探发掘工作开始于1983年，是年中国社会科学院考古研究所、河北省文物研究所组成邺城考古队，经过持续地科学勘探和发掘，逐渐确认了邺城遗址的城墙、城门、道路、宫殿、水渠、城壕等遗迹[1][2]。勘探出的曹魏邺城东西长2400—2620米，南北宽1700米（参见图1），城墙现全部被埋于地下，城墙系夯土筑成，宽15—18米。

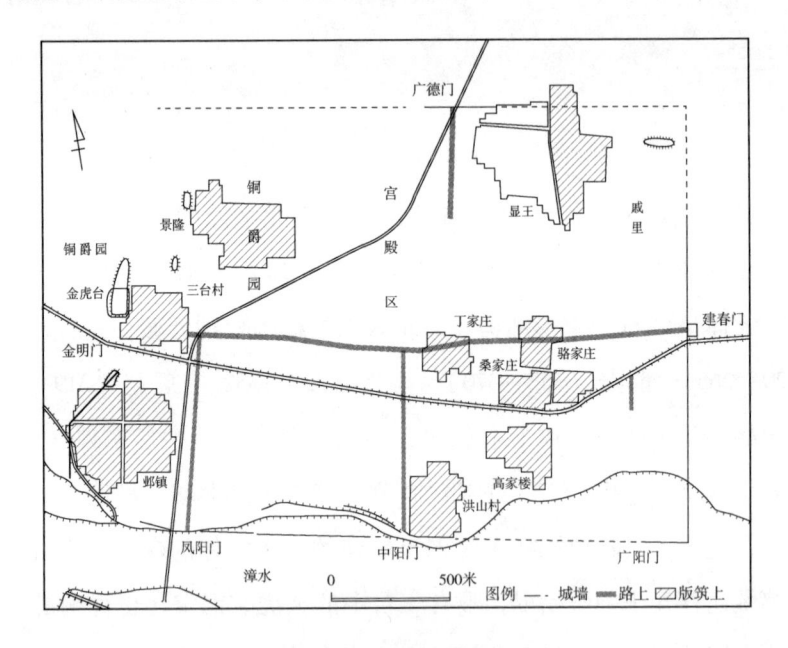

图1　邺北城遗址实测

经过考古工作逐渐明晰的曹魏邺城是一座规划严谨、继承与创新并重的都城，它体现了全城中轴线的思想、单一宫城制度、区划规整功能有别的设计理念，在中国古代都城规划史上影响深远。

---

[1] 中国社会科学院考古研究所等：《河北临漳邺北城遗址勘探发掘简报》，《考古》1990年第7期。

[2] 中国社会科学院考古研究所等：《河北临漳县邺南城遗址勘探与发掘》，《考古》1997年第3期。

曹魏邺城的都城规划明确突出了全城中轴线的地位。经考古勘探发掘结合文献记载可知，曹魏邺城基本呈规整的长方形，正南城门中阳门位居南城墙正中，中阳门内大道至抵宫城正南门，向北直线延伸建筑有宫城正殿文昌殿，上述重要的建筑物和道路以点线构成了曹魏邺城全城中轴线。城内城门、道路、分区都以中轴线为基准进行了规划，南城墙上的其他两个城门广阳门、凤阳门分别对称地被放置于中阳门的东、西两侧；东、西城墙各一城门，即建春门和金明门，也以中轴线为基准，对称规划建设，东西遥遥相对；北城墙的厩门和广德门也应是依据中轴线对称布局的。城门内侧道路的位置基本经考古工作证实，路网分布也呈现出以中轴线为基准的特色。一个建筑、一组建筑乃至一个宫城具备中轴对称特色者，甚至可以追溯到先秦时代，但是整个都城中较严格地采用明确的中轴线规划思想的实例，我们通过考古工作成果可以上溯到曹魏邺城，对于是否存在早于曹魏邺城的中轴线都城规划，尚待科学认真地工作、客观审慎地研究。都城中轴线规划思想的形成及其实践标志着中国古代都城进入了一个新时期，曹魏邺城为中国古代都城制度的演变注入了活力，在中国古代都城发展史上具有划时代的意义（参见图2）[①]。

曹魏邺城确立了都城中单一宫城的制度。曹魏邺城之前的都城，如西汉长安城、秦咸阳城等都是多宫城制，甚至西汉长安城中的宫城面积占去整个都城面积的三分之二。到东汉时期宫城面积缩小，其他功能空间的面积扩大成为发展趋势，曹操在建安九年规划建设的邺城实际上顺应的是时代发展潮流。在邺北城遗址范围内迄今为止没有发现明确的宫城墙遗存，但在邺北城东西大道以

[①] 徐光冀：《曹魏邺城的平面复原研究》，《中国考古学论丛》，科学出版社1993年版。

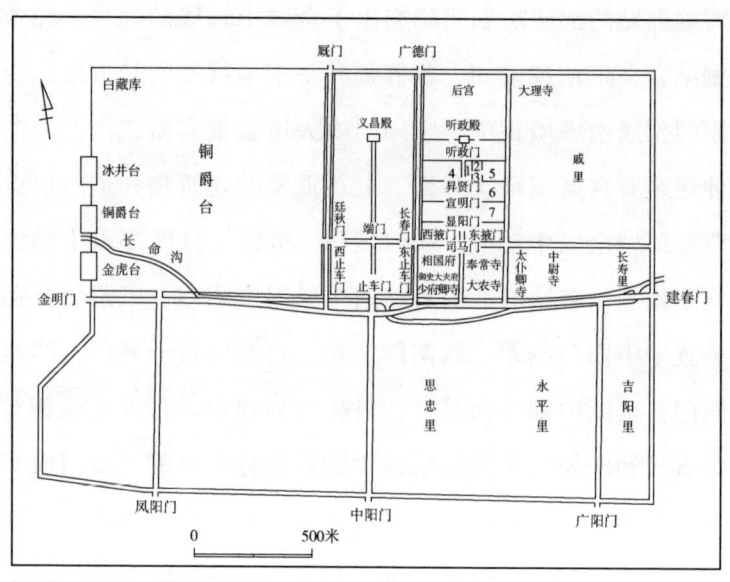

1.听政阁 2.纳方阁 3.崇礼门 4.顺德门 5.尚书台 6.内医署 7.谒者台阁、符节台阁、御史台阁

图 2　曹魏邺城平面复原示意

北、城址中部，发现了 10 座夯土建筑基址，建筑基址分布集中，因此应是曹魏邺城的宫殿区。结合邺北城其他钻探、发掘结果，曹魏邺城的宫城基本可以复原。根据曹魏邺城推测宫城的位置为，南宫墙在东西大道以北，北宫墙在北城墙以南，东宫墙在广德门大道以西，西宫墙位于厩门大道以东。可见宫城位于整个曹魏邺城北半区的中部，由于宫城正南门和文昌殿坐落在全城中轴线上，因此我们推断，全城中轴线也是宫城的中轴线，两者重合，既突出了全城中轴线的重要性，同时也把单一宫城更加有机地纳入整个都城规划之中。单一宫城制度一经确立，中国历代王朝的都城规划无一改变。

　　区划规整功能有别的设计理念得到充分体现。纵观曹魏邺城平面布局，除了需要关注南起中阳门、向北通过中阳门大道的中轴线这一全城规划核心以外，还要关注另一条辅助轴线，它就是东城门建春门到西城门金明门的东西大道。这是曹魏邺城唯一的东西大道，它宏观地把曹魏邺城分为南北两区，北半区空间突出的是政治功能，居中的是唯一的宫城，宫城之东有相当于外朝的宫署区，东北隅是贵族居住区，东城之西是皇家园林区。南半区突出的是经济和生活功能，据文献记载，这里分布有永平里、思忠里、吉阳里等里坊。在曹魏邺城内共发现了六条主要大道，其中东西向大道一条，南北向大道五条，除中轴线大道宽 17 米外，其余均宽 13 米。六条主干大道顺城街构成均衡框架，这些干道采用的是垂直交叉的形式，形成平面格局整齐的特色。不同功能的空间在被规整统一的道路分割之后，显现出联系与差异的和谐统一，形成曹魏邺城独特的城市格局。

中轴线规划思想、单一宫城制度、空间功能分区设计理念具有顽强的生命力，在三国之后的中国历代都城规划中基本沿袭了这一特点，甚至东亚地区古代都城也体现了这样的都城规划要素，足见曹魏邺城影响的深远[①]。

二

在曹魏邺城的都城规划中，建设铜雀台、金虎台和冰井台也是一个特点。

关于铜雀台、金虎台和冰井台的文献主要见于左思《魏都赋》的李善注（参见高步瀛《文选李注义疏》卷六）、郦道元《水经注》等，在《魏都赋》中有这样的描绘："飞陛方辇而径西，三台列峙以峥嵘。亢阳台于阴基，拟华山之削成，上累栋而重霤，下冰室而沍冥。"张载注曰："铜爵园西有三台，中央有铜爵台，南则金凤台，

---

① 朱岩石：『鄴城における皇家園林機能と意義』，『国学院大学大学院紀要』1997 年第 29 辑。

北则冰井台。"参考《三国志·魏书》等文献，铜爵台建于建安十五年（210年），"爵"与"雀"相通，故也被称为铜雀台；金虎台建于建安十八年（213年），十六国后赵石期为避皇帝石虎之讳，改"金虎台"为"金凤台"；冰井台建于建安十九年（214年）。在三个高台建筑中铜雀台最为高大，达十丈高，其余二台均为八丈。关于上面的建筑，金虎台有屋百九间，铜雀台有屋百余间，冰井台有屋百四十五间。其中又以冰井台的建筑和功能较为特别，冰井台上有冰室，室内有数井，用来保存冰和石墨，此外冰井台还有粟窖和盐窖等。三台之间，建阁道如浮桥，阁道施则三台相通，废则中央悬绝。铜雀三台的军事堡垒功能可见一斑，这也是与三国时期战争频繁密切相关。曹魏邺城的防卫系统包括了通过考古工作确认的城墙、城门和城墙上的高台建筑等，其中独具特色的就是沿城墙建造的三台高台建筑群。

　　铜雀三台遗迹位于今临漳县三台村之西、邺镇村之北，是目前曹魏邺城遗址仅存于地面的遗存。三台基址西侧流沙层极深，距地表深约8米处依然为沙层，这里应是漳河改道河水切割冲刷所致，故现存三台基址之西侧均被冲毁或破坏（参见图3）。

图3　铜雀三台雪景（西南—东北向拍摄）

金虎台居三台最南，据推测位于西城门金明门之北、西城墙之上，其夯土台基目前保存较好，台基南北120米、东西71米、高12米（参见图4）。台基西侧立面夯土陡峻，夯层历历在目，能够观察到的夯层厚度约为12厘米。台基东侧呈现两个大的台阶状，一般认为位于中腰部的台面，是自然和人为破坏的结果。但也不应排除是有意而为之，即可能高台面向城内的立面呈现高低错落的几个层次，不同台面有建筑物，共同构成金虎台建筑群。当然，具体情况需经全面发掘才能确定。

图4　金虎台近景（西南—东北向拍摄）

铜雀台位居三台中间，南距金虎台83米。铜雀台已被严重破坏，仅存台基东南角，夯土台基现存南北50米、东西43米、高4—6米。

冰井台则完全被漳河的洪水吞噬，具体位置迄今无法确认。

铜雀三台之所以举世闻名，不仅仅是因为它的军事功能，更重要的是这巍峨宏伟的宫殿建筑群在中国建筑史上具有重要地位，在这里，文学家曹植等留下了不朽的文学佳作；在这里，蔡文姬的胡笳十八拍旋律萦绕于殿阁楼宇之间。三台建成之初，曹操在台上宴飨群臣，曹操命其子和群臣当场赋诗赞美三台。曹植才思敏捷，出口成章："建高门之嵯峨兮，浮双阙乎太清；立中天之华观兮，连飞阁乎西城；临漳水之长流兮，望果园之滋荣……"三台建筑和其东侧紧邻的皇家园林铜爵园相辅相成，引发了文学家们无限遐思。

根据考古勘探试掘，推测铜爵园的位置应在金明门至建春门东西大道之北、宫城之西，西抵铜雀三台、北达北城墙的范围内，这一范围内曾发现有若干夯土基址。《魏都赋》中有这样的描述："右则疏圃曲池，下畹高堂，兰渚莓莓，石濑汤汤。弱菱系实，轻叶振芳。奔龟跃鱼，有吕梁。驰道周曲于果下，延阁胤宇以经营。"

东汉末年，曹操依托铜雀三台和西侧铜爵园的美景，时常宴飨宾客。当时文学家们留下了《公宴诗》，对曹操宴请宾客的活动进行了文学描绘。这其中也包括了建安文学的代表人物"建安七子"，王粲、陈琳、应玚、刘桢、徐幹等人。刘桢的《公宴诗》中写道："辇车飞素盖，从者盈路旁。月出照园中，珍木郁苍苍。清川过石渠，流波为鱼防，芙蓉散其华，菡萏溢金塘。"建安文学在中国古典文学史上具有重要影响，其代表人物曹氏父子三人（曹操、曹丕、曹植）与建安七子等人意趣相投，亲密无间，他们饮酒赋诗，慷慨激昂。这个时期建安文人频繁的聚会，直接促进了建安文学的发展与繁荣。有学者认为，这里酝酿了中国文学史上最初的文人集会，邺城铜爵园林、三台胜景激发了东汉末期文学家们的思想，他们遗留下的崇尚自然、直抒真情的诗篇成为永恒。

三

邺城考古队自1983年在邺城遗址开始考古发掘以来，长期有计划持续工作。其中为确定铜雀三台遗迹位置、了解其时代，先后进行了一些试掘工作，并出土了一批重要的文物。铜雀三台始建于三世纪初的建安年间，但是在十六国时代的后赵、冉魏、前燕王朝和北朝后期的东魏北齐王朝再以邺城为都城期间，都对三台建筑群进行了修葺，所以在铜雀三台出土的文物呈现出不同的时代特色。

在这里介绍两件发掘出土的有特色的铜雀三台文物。

青石角螭首。编号86JYT13⑥：17，出土于铜雀台南侧试掘的探沟中。螭首全长189.6厘米，可分前半部和后半部两部分，前半部和后半部各占全长的二分之一（参见图5）。前半部为磨光的螭首头部，长98.4—92.8厘米；后半部呈长方柱形体，表面残留錾刻斜线。前半部被雕刻成龙头形状，头部上昂，双角双耳，圆目睁开，短鼻朝上，大口张开，牙齿尽露，8颗獠牙凸显，左侧的上下牙龈和右侧的上下牙龈各有2颗，上吻部较长且上翻，雕刻的上吻部边缘线富于动感。仔细观察眼球外侧和牙龈部，还可以隐约观察到残存的红颜色，可见以前该螭首在铜雀台被作为建筑构件的时候，表面应有彩绘。后半部属于埋设于建筑内的部分，故未加修饰。后半部与螭首头部的顶面分界线呈直角形状，直角线外侧（即前半部）略高于内侧（后半部）。根据这一特征可以推断出，这件螭首被用于转角处。螭首后半部近直角形分界线内角处有一小圆坑，口径8厘米、底径4厘米、深8.8厘米，应为安插其他石构件之用。与中部的直角形分界线平行、相距约26厘米处再雕刻出一直角形高差。后半部

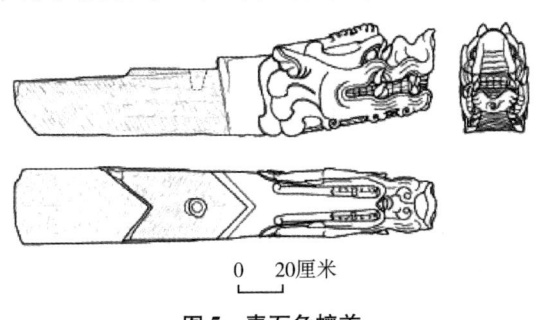

图5　青石角螭首

的侧立面满布錾刻整齐的斜线形"穿道",穿道间距约2厘米,该立面每间隔6—8厘米可以观察到残存的土渍痕迹。

文字石刻残块。编号T11③:4,出土于金虎台东侧试掘的探沟地层。刻石已残,残长30厘米、残宽20厘米、厚12厘米(参见图6)。刻石的上端和右侧为原始边缘,刻字残存3行半,可辨认的文字为"台东面北头第四……南北长六丈三尺……大者如四五□……",字体属汉隶书体,规整遒劲,可惜后期被破坏,整体内容不详。其当属三国曹魏之遗物。

图6 金虎台出土文字石刻残块

对于上述出土文物中的青石角螭首时代推断,在发掘简报中曾将其归入东魏北齐时期文物范围内,主要依据是该文物出土于铜爵台的东魏北齐文化层中。近年来,随着新的考古资料的不断发现,对于这件文物时代的推断有必要重新考虑。首先，东魏北齐文化层出土的文物可以确定出土文物年代的下限，但是不能排除早于东魏北齐时期的可能。例如，上述文字石刻残块时代属于曹魏时期，但是它出土的文化层确实晚于三国曹魏时期，这也是考古发掘时常见的现象。其次，我们在2002年邺城遗址发掘的赵彭城东魏北齐佛寺塔基中，清理出土了3件青石角螭首，应为佛塔台基建筑构件（参见图7）。那3件青石角螭首与铜爵台出土的青石角螭首有明显的形式差异，如东魏北齐青石角螭首鼻吻部比较方圆，总体雕刻风格也偏于柔和。因此我们倾向于铜爵台出土的青石角螭首的时代可上溯到三国时期，即它是曹魏邺城创建铜雀三台时期的文物。

图7　邺城遗址赵彭城东魏北齐佛寺塔基出土的青石角螭首

细致考察青石角螭首的残痕和制作工艺，对于我们深入研究曹魏铜雀三台建筑形制具有积极意义。

青石角螭首作为高台石刻围栏的构件，它被分为前后两部分，磨光的前半部挑出于高台外侧，有錾刻斜线的后半部被埋没于夯土高台之中。青石角螭首中间的小圆坑应为插放方形石柱的位置，相邻的石柱之间可设栏板，石柱、栏板和被压置在石柱下的螭首共同构成高台周边的石刻围栏。通过观察可以看到后半部的侧立面残存有水平状的土渍痕迹，痕迹的间隔为6—8厘米，我们推测这正是埋设于高台夯土中遗留的残痕。铜雀三台内部的夯土夯层厚度一般为12厘米，比青石角螭首所处的夯层厚一些。埋设青石角螭首的层面应处于高台不同层次的顶面，这反映了顶面夯土密度加大、夯层变薄的现象。青石角螭首的前、后半部分界线与水平线（水平放置螭首状态）夹角80°，换言之，青石角螭首的前、后半部分界线与垂直于水平直线的夹角为10°。这个数据十分重要，因为磨光的青石角螭首前半部分外露于夯土高台，青石角螭首的前、后半部分界线角度与铜爵台外皮角度应该吻合，这说明铜爵台外侧表面逐渐内收，其收分亦为10°。磨光的螭首前半部上昂翘起，沿螭首下颌绘制的一条直线与水平线夹角为10°，换一个角度而言，吻合于青石角螭首下颌的直线与垂直于水平的直线之间夹角为80°。这不是一种巧合，而是特意设计的，因为从高台侧立面与挑出的螭首夹角恰好为90°直角，该角度符合了外露于高台侧立面青石角螭首力学和美学要求。可见铜雀三台建设之初，不但规划出高台的规模，而且把高台建设中使用的石木建筑构件都进行了科学的设计。

从青石角螭首反映的信息，我们推测，曹魏铜爵台"高十丈"，高台的侧立面收分10°，高台顶层设置石刻围栏，石刻围栏由石柱、栏板和被压置在石柱下的螭首组成。出土的青石角螭首近1.9米长，其巨大的体量是宏伟壮观的铜雀三台的真实写照。

（作者单位：中国社会科学院考古研究所）

邺城佛教考古的主要发现与收获

何利群

一 邺下佛教史迹概述

邺城遗址位于今河北省临漳县西南约 20 公里处，由毗邻的北城、南城及外郭城区组成。邺之建置始于春秋时期，战国之后由于地处华北平原南北交通要冲且为富庶的农耕经济区，战略地位日益显著。自公元 3 世纪起，历为曹魏、后赵、冉魏、前燕、东魏和北齐六朝国都，素有"三国故地，六朝古都"之称。1988 年国务院公布其为第三批全国重点文物保护单位，并入选全国首批三十六处大遗址之一（图 1）。

佛教初传河北的确切时间和传布区域，史籍中并无明确记载，从现有文献和实物资料来看，至迟在十六国后赵时期，由于西域高僧佛图澄的弘传，佛教在以邺城为中心的中原北方东部地区得以广泛传播和发展[1]。佛图澄之后，道安承其衣钵，创立僧团仪式、行规

---

[1] （南朝梁）慧皎：《高僧传》卷九《竺佛图澄一》，《大正藏》卷 50，第 383—385 页，大正一切经刊行会，1924—1932 年。现存美国旧金山亚洲美术馆。后赵建武四年（338 年）金铜坐佛及邺城考古队 1998 年发掘出土的"大赵万岁/光作浮图"瓦当是十六国后赵时期佛教在邺城流传的实物证据。

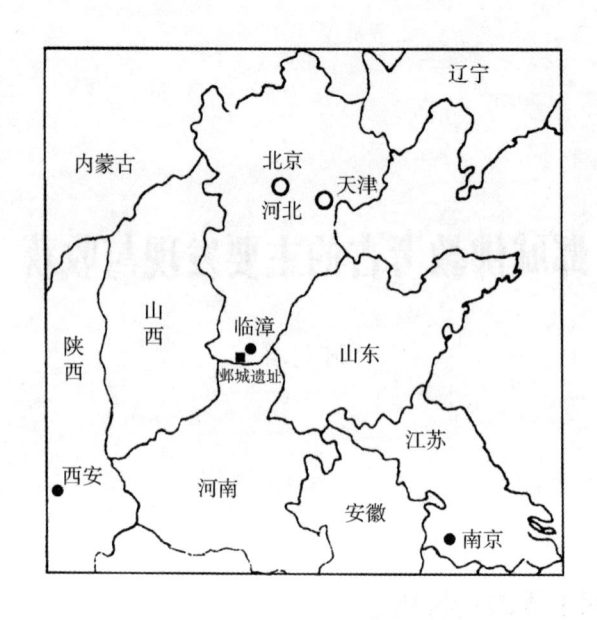

图1　邺城遗址位置

戒律、礼忏仪轨等，成为邺下事实上的佛教领袖，是中国早期佛教发展过程中划时代的关键人物。① 后因战乱，道安率邺下僧众400余人南迁襄阳，沿途分张徒众，其同门及弟子先后被分派到荆襄、江东、巴蜀及关中等地，邺下佛学及僧徒由是广布大江南北。②

公元534年，北魏分裂，迫于形势，东魏权臣高欢挟皇室、百僚及洛阳军民迁都邺城，"诏下三日，车驾便发，户四十万狼狈就道"。③ 而大量的洛阳僧尼也随之东迁，《洛阳伽蓝记》载："暨永熙多难，皇舆迁邺，诸寺僧尼亦与时徙。"④ 北魏末年，活跃于洛阳译场的天竺僧人菩提流支、勒那摩提、佛陀扇多、瞿昙般若流支等随之

---

① 汤用彤：《汉魏两晋南北朝佛教史》，北京大学出版社1997年版，第135—136、161—162页。
② （南朝梁）慧皎：《高僧传》卷五《释道安一》，《大正藏》卷50。
③ （唐）李百药：《北齐书·神武纪下》，中华书局1972年版，第18页。
④ （北魏）杨衒之：《洛阳伽蓝记》序，《大正藏》卷51。

东迁，而游学于洛阳的中土名僧如慧光、僧稠、僧范、道凭、法上等也先后应诏赴邺，邺下佛教由此大盛，并在东魏北齐之际达到顶峰，正如文献所载，"属高齐之盛，佛教中兴。都下大寺，略计四千。见住僧尼，仅将八万。讲席相距，二百有余。在众常听，出过一万。故宇内英杰，咸归厥邦"。① 邺城取代洛阳成为公元6世纪中期中原北方地区的佛教文化中心。6世纪晚期，在经历了北齐灭亡、建德法难和杨坚毁城移民等一系列沉重打击之后，邺下佛学最终陷入沉寂。

邺城西郊太行山麓至今仍存有较多的北朝晚期的佛教石窟寺遗迹，主要有邯郸市峰峰矿区南、北响堂山石窟，水浴寺石窟，涉县娲皇宫石窟，安阳灵泉寺大住圣窟、大留圣窟、小南海石窟，林州洪谷寺及鹤壁五岩山石窟和卫辉香泉寺石窟等（图2）。这些石窟往往和当时的高僧行止及一些重要的历史事件有密切关联，如安阳大留圣窟是道凭的禅修石堂，大住圣窟是灵裕所建"金刚性力那罗延窟"，小南海石窟为僧稠纪念窟，② 洪谷寺是北齐文宣帝为僧达所建，③ 而邯郸响堂山石窟的开凿更与北齐皇室重臣有直接的联系。④ 此外，这些石窟内外崖壁上还常雕刻有佛教经文，⑤ 内容涉及当时中原北方地区最为流行的一些佛学思想，如地论、华严、法华、般若、净土、涅槃、禅、律及三阶教等，为探讨北朝晚期盛行的末法思想和流行的佛学流派，以及追溯隋唐佛教宗派的形成和发展提供了重要的研究资料。

---

① （唐）道宣：《续高僧传》卷10《隋彭城崇圣道场释靖嵩传一》，《大正藏》卷50。
② 河南省古代建筑保护研究所：《河南安阳灵泉寺石窟及小南海石窟》，《文物》1988年第4期。
③ 王振国：《关于河南省林州市洪谷寺千佛洞的造像与刻经》，《敦煌研究》2003年第5期。
④ 邯郸市峰峰矿区文管所、北京大学考古实习队：《南响堂石窟新发现窟檐遗迹及龛像》，《文物》1992年第5期。
⑤ 李裕群：《邺城地区石窟与刻经》，《考古学报》1997年第4期；马忠理、张沅、程跃峰、江汉卿：《涉县中皇山北齐佛教摩崖刻经调查》，《文物》1995年第5期。

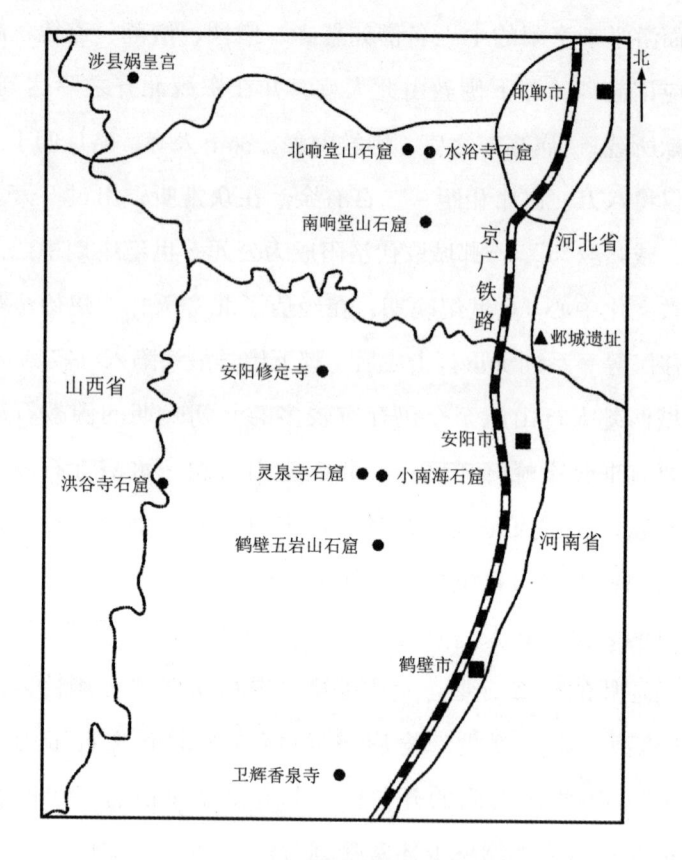

图2　邺城周边石窟寺遗迹分布

二　邺南城赵彭城和核桃园北朝佛寺的考古发现与收获

自 1983 年起，由中国社会科学院考古研究所与河北省文物研究所联合组建的邺城考古队在邺城遗址持续进行了考古勘探和发掘。①前期十余年的工作，基本探明了邺城遗址的形制和布局。确认了邺

---

① 中国社会科学院考古研究所、河北省文物研究所邺城考古工作队：《河北临漳邺北城遗址勘探发掘简报》，《考古》1990 年第 7 期；《河北临漳县邺南城遗址勘探与发掘》，《考古》1997 年第 3 期。

北城的规划和布局，开创了我国古代都城建设中宫城集中北置、整体中轴对称的新模式。对邺南城的勘探和发掘，明确了该城的规划建设受到邺北城和北魏洛阳城的直接影响，是隋大兴城、唐长安城的直接原型之一。① 2000 年以来，围绕着探索邺南城外郭城及邺城遗址考古发掘与研究创新课题，邺城考古队的考古工作逐步推进到邺南城内城以外的城郭范围内，先后发现和发掘了赵彭城北朝佛寺、核桃园北朝佛寺以及北吴庄佛教造像埋藏坑，取得了较为丰硕的成果（图 3）。

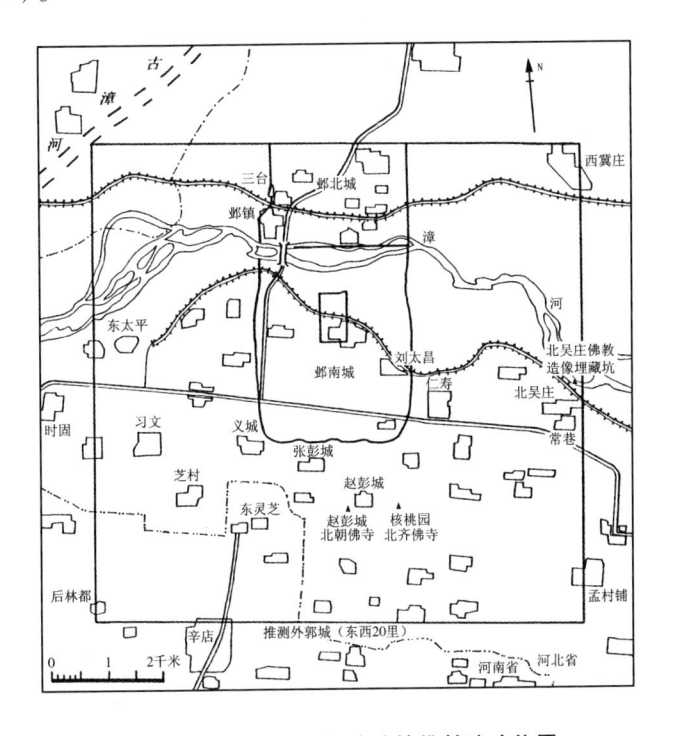

图 3　邺城遗址经发掘确认的佛教遗迹位置

---

① 徐光冀：《曹魏邺城的平面复原研究》，《中国考古学论丛》，科学出版社 1993 年版；《东魏北齐邺南城平面布局的复原研究》，《宿白先生八秩华诞纪念文集》（上），文物出版社 2002 年版。

1. 赵彭城北朝佛寺

赵彭城北朝佛寺遗址位于河北省临漳县习文乡赵彭城村，地处东魏北齐邺南城朱明门外大道中轴线东侧，北距邺南城南墙约1公里。2002—2012年期间，邺城考古队陆续发掘了寺院中部塔基、寺院外部围壕、西南院落四周廊房及向北延伸的回廊式建筑，寺院围壕的东、南通道，寺院东南院落北部大殿、连廊、廊房及寺院北部大型殿堂的局部（图4）。

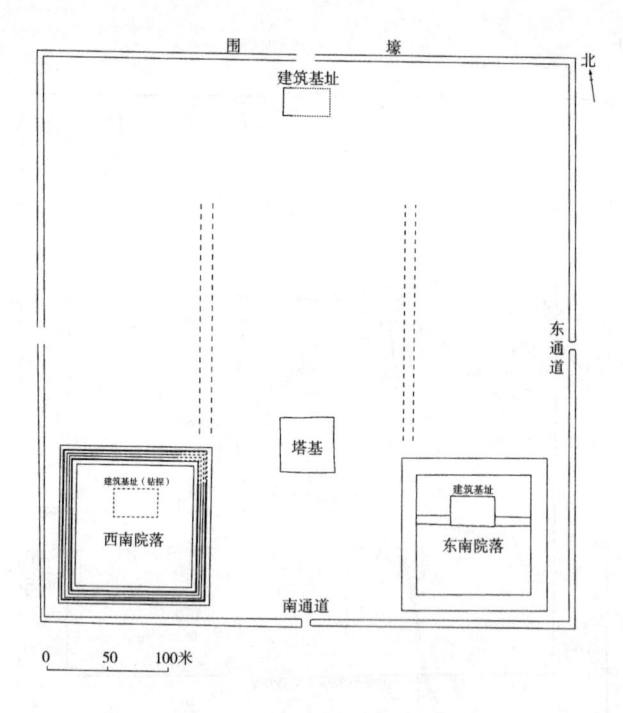

图4 赵彭城北朝佛寺平面图

赵彭城佛寺平面呈方形，东西宽433—435米，南北长452—453米。外围由方形的沟渠环绕，沟口宽5—6米，深3米左右，内侧未发现围墙的残迹，从地层叠压关系、出土文物以及与塔基的相对位置分析，壕沟可以被认为是赵彭城佛寺的外围界限。围壕四面正中各有一通道，经发掘确认，东通道宽约5.5米，南通道宽约7米，两处通道均呈陆桥形式，水沟未从下部贯通。通道两侧的壕沟断面呈倒梯形，口大底小，沟边陡直，沟底较平，无包砌痕。壕沟底部均发现有排列相对整齐的瓦片堆积，以较完整的板瓦为主，层层叠扣，似为整体垮塌形成的堆积（图5）。

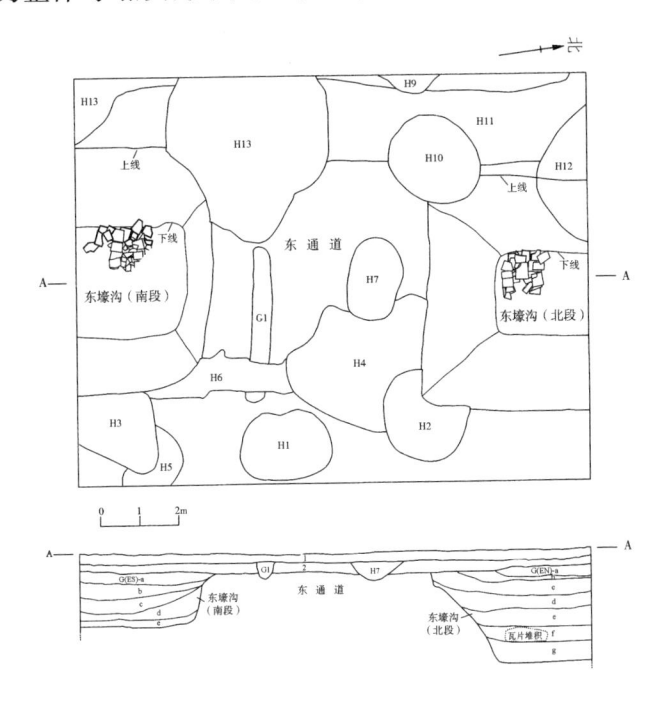

图5 赵彭城佛寺东通道平剖面

方形木塔基址位于寺院中轴线略偏南处，由地面以下的基槽和地面以上的台基两部分构成（图6）。基槽宽约45米，距开口深5米左右，下半部为十余层卵石与夯土混合的交叠层，上半部为纯夯土层。在塔基中部近地面处的中心柱础正下方是以质地细腻的黑灰砖砌筑的正方体的砖函，形制规整，长、宽、高均为70厘米（图7）。地面以上的台基宽约30米、残高4.5米。台基南部正中踏道尚存，宽约2.3米，外缘包砖。踏道两侧有砖铺散水，南北宽约3米，均用破碎的残砖铺设。塔基中部的砖函上方发现了中心刹柱础石，青石质，保存完好，表面光素无纹，底座方形，宽1.2米，上部覆盆形，中有圆形榫槽。刹柱周围础石虽已无存，但从残存的础坑及础坑下埋藏在夯土中的承础石可以确认十处柱础位置，由内向外分三圈排列，柱间距4米，根据台基尺寸及柱础坑分布情况，至少可以恢复为面阔五间、进深五间的开间结构。另外在塔基基槽的四角还发现了四处夯土方坑，边长均约3米，深1.5米左右，底部为两层砖瓦和夯土交叠层，其上为夯土层，构建形式与塔基基槽一致，应该也是某类较小的建筑物地基。①

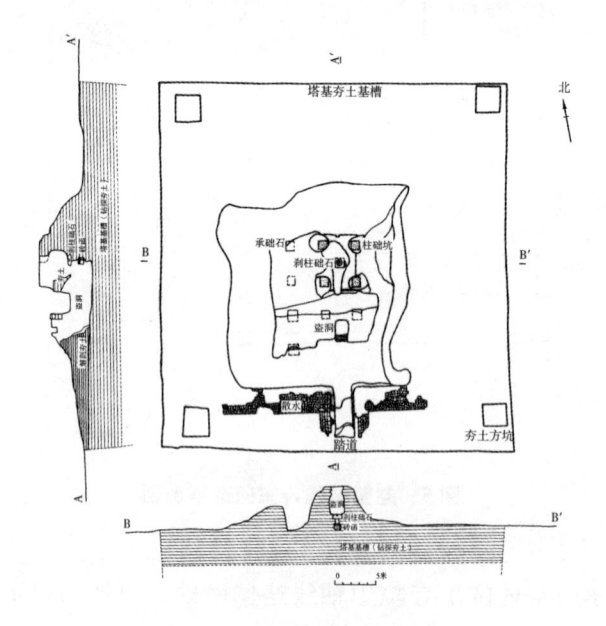

图6 赵彭城佛寺塔基平剖面

寺院的东南和西南隅各有一大型院落，四周由边长117米、跨度约13米的廊房式建筑环绕，院落中部偏北处各有一处大型殿堂，西南院落的东北角和东南院落的西北角还各发现了一道向北延伸的

---

① 中国社会科学院考古研究所、河北省文物研究所邺城考古队：《河北临漳县邺城遗址赵彭城北朝佛寺遗址的勘探与发掘》，《考古》2010年第7期。

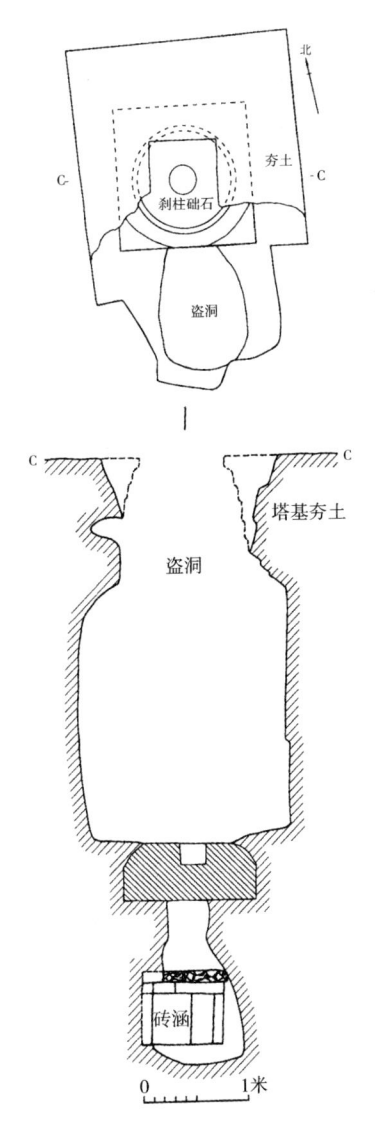

图7 赵彭城佛寺中心柱础及砖函平剖面

建筑基址，跨度约8米（图8）。在寺院北部略偏西的位置探出两处小型水池的遗迹。发掘确认东南院落大殿坐北朝南，平面呈长方形，东西长36.6米、南北宽23.4米，现存地下基槽和地上台基部分。地下基槽为条形夯结构，由四面环绕的一周条形夯与中部6道条形夯组成，地面以上部分为整夯，原来的础石及础坑均无迹可寻。根据大殿尺寸和条形夯的跨度，初步推测大殿应为面阔七间的大型殿堂。大殿东西两侧的南端，还发现了与院落外围廊房连接的连廊遗迹，连廊东西长约28米、宽7.5米，地下基槽由两道宽2—2.5米、深0.3米的条形夯构成（图9）。周边廊房地下基槽由2—4道条形夯围合而成，中间间距约4.8米，内外间距约2.8米，与西南院落廊房类似，推测为进深三间的结构。①

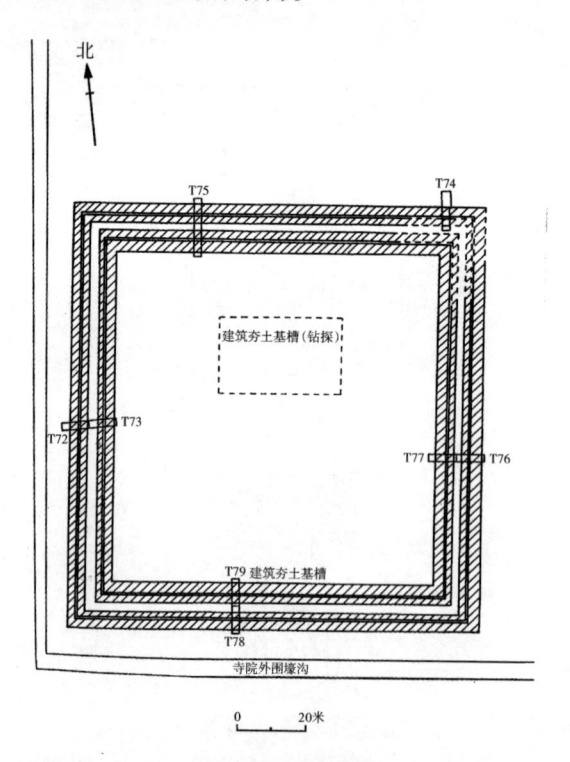

图8　赵彭城佛寺西南院落平面

在寺院中轴线最北端还发现了一处殿址，此处殿址接近寺院北

① 中国社会科学院考古研究所、河北省文物研究所邺城考古队：《河北临漳县邺城遗址赵彭城北朝佛寺2010—2011年的发掘》，《考古》2013年第12期。

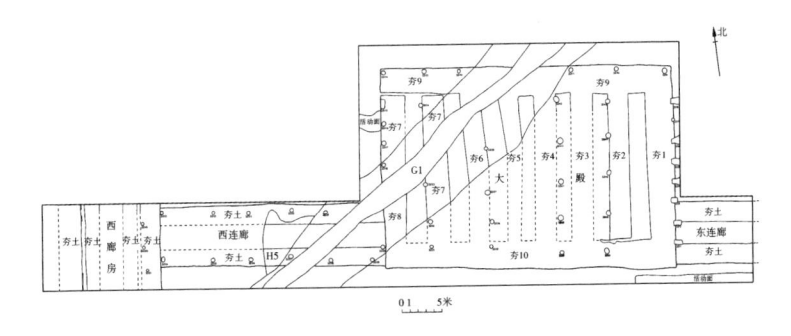

图 9　赵彭城佛寺东南院落大殿及连廊平面

通道，南距塔基约 240 米，发掘确认台基东西长约 38 米、南北宽约 24.2 米，边缘残留包砌砖痕。该殿规模与东南院落大殿相当，是目前发现的寺院北部最重要的大型殿址。参考同时期文献记载，[①] 以及朝鲜半岛和日本公元 6 世纪前后的寺院，[②] 此处殿堂遗迹为探讨北朝晚期寺院讲堂的配置提供了重要的线索。

赵彭城佛寺塔基出土文物除东魏北齐时期常见的绳纹灰砖、板瓦、筒瓦、莲花瓦当、兽面饰件及石质螭首和大量建筑装饰构件残块外，另有部分与佛教相关的文物，比较重要的有泥塑彩绘贴金的坐佛、菩萨、天人像及琉璃瓶等，值得注意的是，出土泥塑造像虽残损严重，但其服饰、面容、姿势等均表现出是北齐天保末年以后出现的新样式。西南院落出土的建筑材料中发现了一类小型筒瓦及莲花瓦当，瓦当直径 6.7—7.9 厘米，有些莲瓣外缘还有细密的联珠纹，推测此类筒瓦和瓦当应该是院墙上使用的。另还出土了一定数量的陶或瓷质的碗、豆、瓶等实用器。东南院落大殿遗址出土文物

[①]（唐）道宣：《续高僧传》，"释灵幹，姓李氏，金城狄道人。……年十四，投邺京大庄严寺衍法师为弟子。昼夜遵奉无寸阴，每入讲堂，想处天宫无异也"。《大正藏》卷 50。

[②] 國立扶餘文化財研究所동아시아고대사지비교연구Ⅱ—금당지편（東亞佛殿的比較研究）—國立扶餘文化財研究所學術研究叢書第 54 輯，2010 年，第 40、44、48、64、74、78、149、156、173、182 頁。

以砖瓦、瓦当等陶质建筑构件为主，其中在东、南通道发现的板瓦和筒瓦上常见有各类戳记，另有少量小型覆莲陶座出土。①

2. 核桃园北朝佛寺

核桃园建筑基址群位于东魏北齐邺城中轴线东侧，自南向北先后发现了五座大型建筑基址，是邺城南郊宗教礼制建筑群的重要组成部分，2012 年后邺城考古队开始对核桃园建筑基址群进行系统的勘探和发掘。

核桃园 1 号基址西距赵彭城北朝佛寺东界约 600 米、北距邺南城南墙约 1200 米，发掘确认其为北齐时期兴建的另一座大型寺院的土木结构楼阁式塔基。塔址由地上夯土台基和地下夯土基槽两部分组成，地上部分现存中心台基、四出踏道、包边沟槽、铺砖地面、砖铺散水和青石遗存等（图 10）②。

图 10　核桃园北朝佛寺塔基全景

---

① 中国社会科学院考古研究所、河北省文物研究所邺城考古队：《河北临漳县邺城遗址赵彭城北朝佛寺遗址的勘探与发掘》，《考古》2010 年第 7 期；中国社会科学院考古研究所、河北省文物研究所邺城考古队：《河北临漳县邺城遗址赵彭城北朝佛寺 2010—2011 年的发掘》，《考古》2013 年第 12 期。

② 中国社会科学院考古研究所、河北省文物研究所邺城考古队：《河北临漳县邺城遗址核桃园北朝 1 号与 5 号建筑的发现与发掘》，《2015 年中国考古重要发现》，文物出版社 2016 年版。

中心台基边长约30米，四面正中均设有踏道，踏道长约6.3米、宽约2.5米、残高0.3—0.5米。台基和踏道外围有一周包边沟槽，宽0.6—0.7米、深0.4—0.55米，局部还有砖石残存（图11）。铺砖地面和砖铺散水位于中心台基外围，铺砖地面宽约2.5米，位于内周，由上下两层砖组成，下层为较残破绳纹条砖，上层为方砖。砖铺散水位于外周，由单层绳纹条砖组成，两者衔接处用三角形或五边形砑子砖和侧立条砖间隔。同时在砖铺散水外缘发现了一周由青石组成的遗存，每面12组，共48组。在北踏道北侧还发现了一条由卵石和条砖铺成的甬道，宽约3.2米。中心为莲花图案卵石带，两侧人字形铺砖，其外为两条略窄的卵石带，边缘用侧立条砖和砑子砖围挡（图12）。

图11 核桃园1号塔基（北—南）

夯土基槽平面呈正方形，边长约42米，深3.65—4米。基槽上半部用纯净夯土夯筑，下半部用卵石和夯土交替夯筑。在塔基的正中心、基槽内夯土层和卵石层交界面上，发现与瘗埋舍利相关的石函和青瓷罐遗迹（图13）。这组遗存未被盗扰，保存完好。石函顶部据残台基顶面约2.3米，距基槽开口约1.87米。石函青石质，略

图12　核桃园1号塔基北端甬道（北—南）

呈正方体，上有函盖，长42.5—44厘米、宽36—38厘米、通高26.6—28.6厘米、函体内深7.4—9.5厘米。石函通体较为粗糙，未经打磨，函体上沿四角刻有字迹，其中右上角和右下角依稀可辨，分别为"三"和"宝"字样，另外两字磨损不清。石函内包含物种类繁多，以大量腐朽的有机质残存物为主，还有各种质地的管、珠、坠饰、圆形和椭圆形石饰、铜钱、铜饰件及琉璃器残片、钟乳石质指节状物等，保存较好的一件长颈琉璃瓶中还残存有水银（图14）。石函四角各发现一件小青瓷罐，东南角另有一件大青瓷罐，旁有两枚双股铜钗，在大青瓷罐南侧还发现了一朽烂的漆木质容器残迹，内有一枚"永安五男"压胜钱和大量"常平五铢"铜钱等遗物。四角小瓷罐除西南角小罐内仅有铜棍1件、玻璃块和玻璃珠各2件外，其余三罐内均以大量的"常平五铢"铜钱为主，钱币之间夹杂个别"半两""五铢"和剪轮"五铢"等，各罐内还分别发现有玻璃、水晶和玛瑙质的珠、管类饰件及铜环、铜片饰和铜印等，大瓷罐内则盛放了约280件各种质地的珠饰（图15）。

图13　核桃园1号塔基中心出土石函及青瓷罐

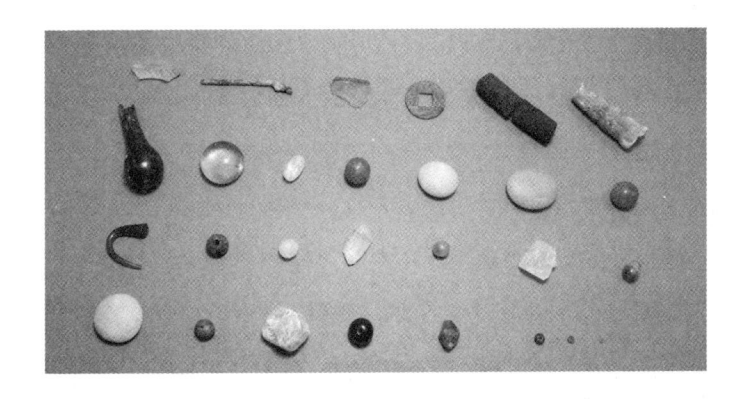

图14　核桃园1号塔基石函内出土部分遗物

在石函南部约40厘米处的夯土中还发现了一组有规律排列的卵石遗存，南端为晚期盗洞破坏，残余部分由7块大卵石摆放成箭头状，北端4块大卵石中部还有15块小卵石，分上下两层分布，上层8块，下层7块，在两层小卵石中部发现一疑似漆木质容器痕，包含物均朽蚀不辨，外缘有一枚"常平五铢"铜钱（图16）。在塔基中

图15　核桃园1号塔基石函周边2号罐及出土遗物

心部分的解剖过程中，从距塔基残存台面1.3米处开始，一直到倒数第3层卵石层上方，每间隔75—100厘米，即零散出土数枚"常平五铢"铜钱，在倒数第二层卵石平面上还发现了一件青瓷罐，罐内上层铺"常平五铢"铜钱，中间有一团白色的有机质板结物，板结物中包含8件不同质地的珠、管、圆石饰及金属饰片。

图16　核桃园1号塔基中心出土石函及卵石图案（南—北）

核桃园5号基址位于1号基址北侧约40米处，2014年3—5月，邺城考古队对5号基址进行了全面发掘，确认其为塔基北部的一处门址。根据发掘情况可将5号基址分为早晚两期建筑。晚期建筑遗迹主要包括中央夯土台基、四周砖铺散水、南部砖砌沟槽、砖石混铺甬道及两翼连廊（图17）。中央夯土台基平面呈长方形，东西面阔23.75米、南北进深14.3米，砖石混铺甬道与南面1号塔基北部甬道相连接。两翼连廊位于台基东西两侧偏北处，关于其走势和围合状况，还有待进一步研究。

图17 核桃园5号建筑基址全景

核桃园1号和5号基址出土遗物以绳纹砖、板瓦、筒瓦、莲花瓦当及各类陶质、石质建筑构件为主，另有部分陶兽面瓦、鸱吻、当沟及石质建筑构件残块出土。板瓦和筒瓦多见表面黑灰磨光者，这在邺城地区东魏北齐时期的大型建筑中相当常见，在一定程度上反映了该建筑的级别。其中在5号门址出土的板瓦和筒瓦上发现了较多的戳记文字，板瓦上可辨者有"田虎""李贵""相凤""照思""四日□田""六田□""六牙""六加生""八崇四""崇四""八菀荣""八捬担""□遵伯""九四元""九牛习子"等

（图18），筒瓦上可辨者有"崔仲""赵和""一九僧""四华""□八土""八慈""八一年""九四休一""九四亮"等多种（图19）。不少戳记在早年邺北城范围内的调查和发掘中也有发现，有些字体完全相同，也有略存差异者，这些都为邺城考古研究提供了新的资料。

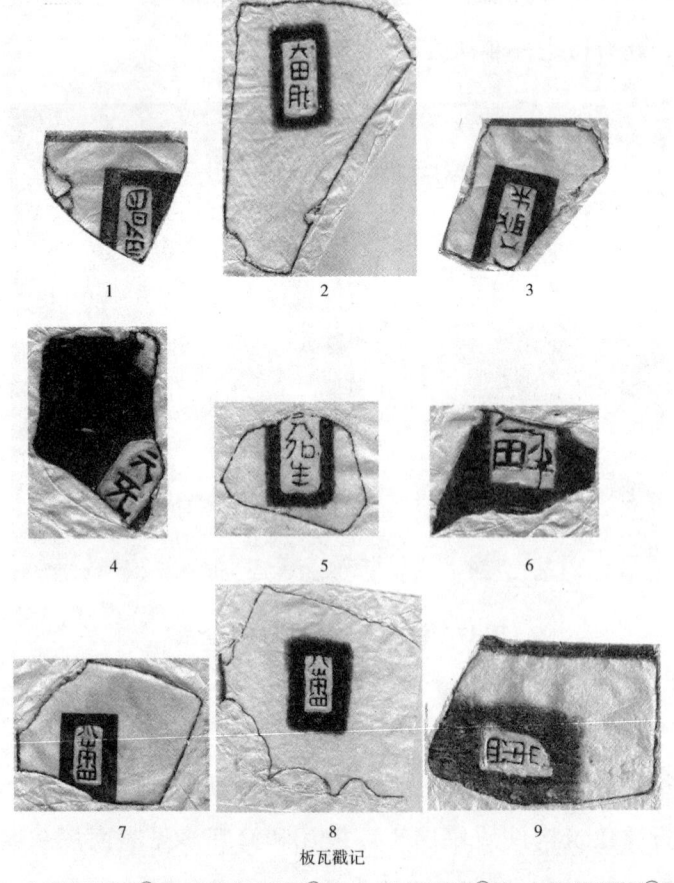

板瓦戳记
1. 2014JYNT270④:22　2. 2014JYNT262④:13　3. 2014JYNT272④:17　4. 2014JYNT271④:32
5. 2014JYNT261④:31　6. 2014JYNT271④:19　7. 2014JYNT270④:8　8. 2014JYNT260④:43
9. 2014JYNT260④:5

图18　核桃园5号基址出土板瓦戳记

赵彭城和核桃园北朝佛寺的发现是近年来邺城考古的重要收

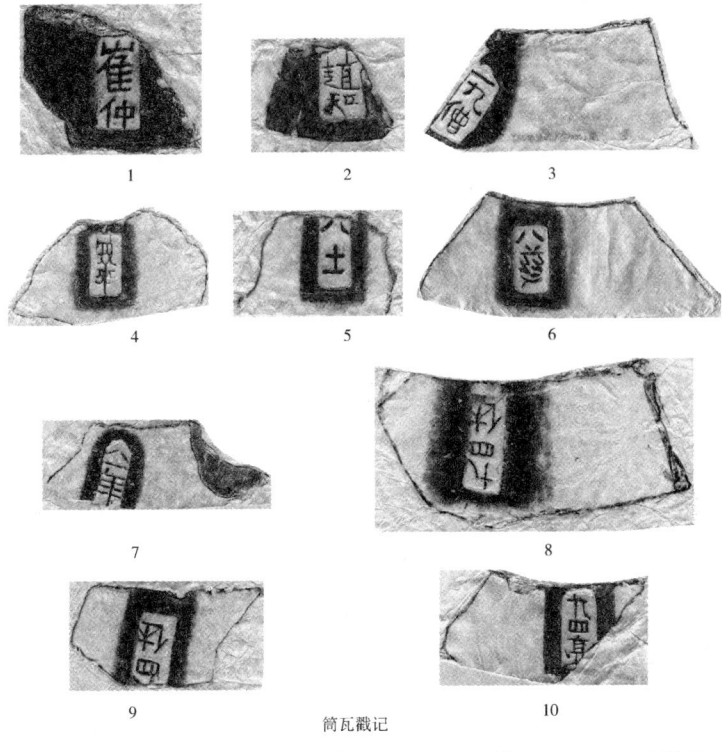

邺城佛教考古的主要发现与收获

1. 2014JYNT272④:5　2. 2014JYNT271④:21　3. 2014JYNT262④:47　4. 2014JYNT260④:35
5. 2014JYNT271④:27　6. 2014JYNT272④:61　7. 2014JYNT271④:10　8. 2014JYNT260④:8
9. 2014JYNT261④:28　10. 2014JYNT270④:2

图19　核桃园5号基址出土筒瓦戳记

获，寺院内建筑形式多样，筑造技术复杂，多项建筑结构和技术是目前所见最早的实例，有助于我们了解汉唐时期建筑工艺的传承。赵彭城佛寺塔基和核桃园佛寺塔基时代上承北魏洛阳永宁寺塔，建筑方式上具有相近的结构和技法，但在许多方面又为后者补充了新的材料。赵彭城塔基中心刹柱础石的发现，填补了早期寺院考古的空白，塔基基槽内卵石层与夯土层交替夯筑及柱础石下垫置承础石的做法在北朝时期尚属罕见，但在隋唐以后的大型宫廷建筑，诸如隋仁寿宫、唐九成宫37号殿址及唐大明宫含元殿中已成为常见的承

31

重技法。① 条形夯是赵彭城佛寺建筑中常见的一种地基结构，特点是根据建筑物的形状和承重的需要，在地下挖掘出相应的宽窄深浅不同的沟槽。赵彭城佛寺西南院落和东南院落四周的廊房式建筑及大殿均采用这种地下基槽，在地上台基础石及础坑无存的情况下，条形夯结构对于恢复原来的柱网和开间结构具有一定的参考价值。类似的条形夯基槽在南北朝时期的大型建筑中殊为罕见，但在隋唐以后的宗教礼制建筑中却屡见不鲜，如唐长安城西明寺东部院落的中殿，隋唐洛阳城武则天明堂、衙署区和宫殿区的廊道式建筑及唐睿宗桥陵下宫遗址建筑群，② 可视为中古时期北方地区颇具特色的一种建筑结构。

赵彭城佛寺和核桃园佛寺是国内进行系统发掘的少数几座中古时期的国家大寺，其布局对于研究中国古代佛教寺院建筑格局的演变具有十分深远的意义。根据十余年的勘探和考古发掘，赵彭城佛寺的布局已基本得以确认。其显著的特点是寺院规模宏大，占有一坊之地。土木结构的方形木塔占据寺院中轴线略偏南的中心位置，而在塔后相应的位置迄今尚未勘探出大殿的迹象。在轴线最北端发现了一座讲堂性质的殿堂。尤为值得注意的是，寺院东南隅和西南隅各有一座由廊房封闭的大型院落，院落中部偏北处建有大型佛殿，佛殿通过连廊与周边廊房连接，寺院的整体布局呈现出多院多殿的特征。赵彭城佛寺建筑格局代表了由北魏时期流行的以塔为中心的

---

① 中国社会科学院考古研究所西安唐城工作队：《隋仁寿宫唐九成宫37号殿址的发掘》，《考古》1995年第12期；中国社会科学院考古研究所西安唐城工作队：《唐大明宫含元殿遗址1995—1996年发掘报告》，《考古学报》1997年第3期。

② 安家瑶：《唐长安西明寺遗址的发掘》，《唐研究》第六卷，北京大学出版社2000年版；中国社会科学院考古研究所洛阳唐城队：《唐东都武则天明堂发掘简报》，《考古》1988年第3期；中国社会科学院考古研究所：《隋唐长安城——1959—2001年考古发掘报告》，文物出版社2014年版，第275、455、533、609、651页等；陕西省考古研究院：《唐睿宗桥陵陵园遗址考古勘探、发掘简报》，《考古与文物》2011年第1期。

前塔后殿单院式布局，向隋唐以后普遍出现的以佛殿为中心的多院多殿式布局的转变，其深层次的原因则在于佛教理念由早期的释迦崇拜和重视禅修向隋唐宗派分立和崇拜对象多元化的嬗变，在中古寺院建筑格局的演变过程中具有承上启下的重要意义。[1]

舍利供养是佛教信仰的重要内容之一，伴随着佛教的传入，建塔瘗埋舍利之风在各地日益流行。文献始见三国吴主孙权为康僧会创立建初寺，建塔供养舍利，[2] 考古发现最早的实例是河北定县北魏太和五年，孝文帝及皇后巡狩中山时，发愿建塔，于塔基夯土中埋藏的盝顶石函。[3] 近年来，许多学者对历代的塔基及出土遗物进行了系统的探索，基本勾勒出中国古代舍利瘗埋制度的发展演变历程。[4] 由于考古发现的南北朝时期佛寺遗存相对较少，相关研究更多地集中于隋唐以后的遗迹和遗物，而邺南城东魏北齐佛寺塔基的发掘无疑为探讨北朝晚期的佛塔与舍利瘗埋提供了重要的资料。核桃园佛寺1号塔基石函出自地下基槽卵石层与夯土层交界面上，内置各类珍奇物件数以百计，其中内存水银的琉璃瓶和钟乳石质指节状物可能与舍利埋藏密切相关。石函四周的大小青瓷罐内除各种质地的珠饰和"常平五铢"外，还夹杂有已朽蚀的有机质板结物及"半两""五铢"和各种小型饰件。大瓷罐旁还发现有两枚双股铜钗和一朽烂的漆木质容器残迹。文献所载北齐武成帝高湛"层台别观，并树伽蓝。璧玉珠玑，咸充供具。……大宁元年，创营宝塔。脱珍御服，

---

[1] 何利群：《北朝至隋唐时期佛教寺院的考古学研究——以塔、殿、院关系的演变为中心》，《石窟寺研究》第一辑，文物出版社2010年版。
[2] （南朝梁）慧皎：《高僧传》卷一《康僧会六》，《大正藏》卷50。
[3] 河北省文化局文物工作队：《河北定县出土北魏石函》，《考古》1966年第5期。
[4] 徐苹芳：《唐宋塔基的发掘》，《新中国的考古发现与研究》，文物出版社1984年版；《中国舍利塔基考述》，《传统文化与现代化》1994年第4期；杨泓：《中国隋唐时期佛教舍利容器》，《中国历史文物》2004年第4期；杨泓：《中国古代和韩国古代的佛教舍利容器》，《考古》2009年第1期；冉万里：《中国古代舍利瘗埋制度研究》，文物出版社2013年版。

并入檀财",① 或可为解释这类埋藏方式提供了一定的线索。但在石函前部发现的由卵石拼嵌的箭头状遗迹及包含物是同类遗存中的首次发现，其意义尚有待进一步的探索。

赵彭城佛寺与核桃园佛寺以石函为中心的埋藏方式略有不同，埋藏位置是在中心刹柱础石下方约 60 厘米处砖砌的正方形函室。尽管由于早年盗掘，砖函内已无任何遗物，但在与之相关的盗洞内发现了琉璃瓶残片，原应为盛放舍利的设施。这种以砖砌筑小室安置舍利的做法或可视为后世地宫之雏形，是中国古代舍利瘗埋制度演变过程的一个重要阶段。

三 邺城佛教造像的发现与探索

20 世纪 50 年代以来，在邺城遗址范围内陆续出土了一定数量的北朝造像，地点涉及上柳、马辛庄、河图、板屯等十余个村庄，其中有不少造型精美的艺术珍品，并且有数次是具有埋藏坑性质的较大规模发现（图 20）。② 而于 2012 年初发掘的北吴庄佛教造像埋藏坑则是近年来佛教考古最重要的收获之一，共计出土编号造像 2895 件（块），另出碎块 3000 片以上，数量之多、造型之精实属罕见，为探究邺城地区北朝至隋唐造像的发展演变提供了丰富的实物资料。

目前北吴庄佛像埋藏坑出土佛像的修复整理工作尚在有序进行，经初步统计，底座数量在 900 件以上，有题记的造像约 300 件，时代从北魏中后期至唐代，除少量北魏造像和个别隋唐造像外，绝大多数为东魏北齐时期的造像。主尊题材包括释迦、弥勒（交足、倚坐）、无量寿（阿弥陀）、药师、卢舍那、观世音、思惟太子、双菩

---

① （唐）法琳：《辩正论》卷三《十代奉佛上篇第三》，《大正藏》卷 52。
② 何利群：《邺城地区佛教造像的发现及相关问题的探索》，《华夏考古》2015 年第 3 期。

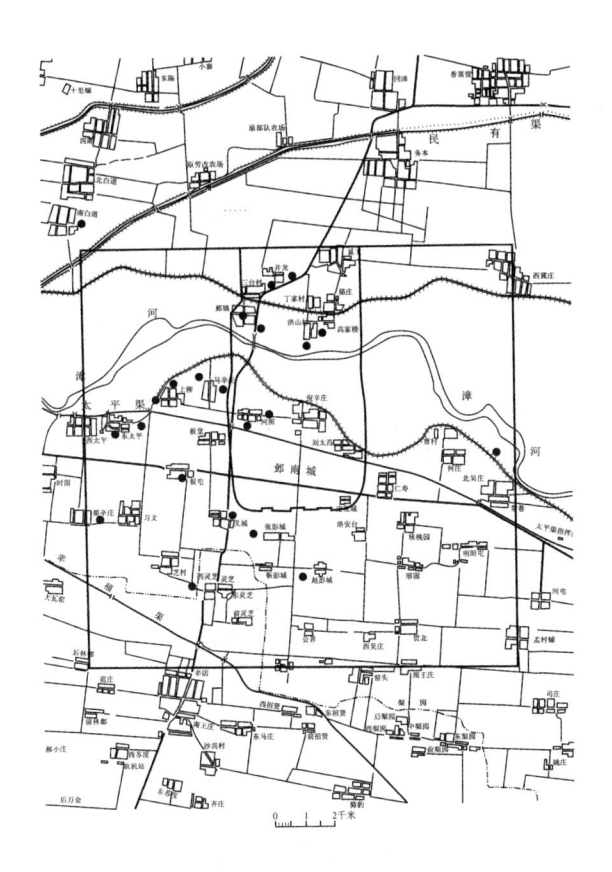

图 20　邺城遗址佛教造像出土地点

萨、双思惟像等，造像组合有佛三尊像、佛五尊像、佛七尊像、菩萨三尊像、菩萨五尊像等。

根据邺城遗址及其周边地区历年陆续出土的造像，可以将邺城地区北朝石造像划分为四个发展阶段。[①]

第一阶段：北魏中后期。

数量较少，均为青石质，尖楣背屏，方形底座。主尊以释迦像为主，组合常见一佛二菩萨三身像。代表性造像为成安出土的北魏太和

---

① 何利群：《从北吴庄佛像埋藏坑论邺城造像的发展阶段及"邺城模式"》，《考古》2014年第5期。

六年（482年）造释迦像及北吴庄出土的太和十九年（495年）刘伯阳造释迦像（图21）。普遍特征是主尊结跏趺坐，面相椭圆，波状发髻，体型健硕，身穿袒右式袈裟，偏衫搭敷右臂，双手作禅定印或施无畏印。胁侍菩萨发髻宽大，颈悬较宽的项饰，身着长裙。背屏背面及底座上常刻供养人像，身着交领窄袖长袍，手持长茎莲蕾或托物持瓶，单膝胡跪作供养状。本时期造像特征与云冈石窟较早时期的造像样式一致，[①] 其时代当于公元5世纪末北魏孝文帝迁都洛阳前后。

图21　北魏太和十九年刘伯阳造释迦像

第二阶段：北魏后期至东魏前期。

数量渐多，青石常见，东魏开始出现较多白石像。代表性造像如北吴庄出土的北魏正（始）二年（505年）三穜法荣造像（图22）、北魏永平三年（510年）张雄造观世音像及成安出土的东魏兴和二年（540年）张达磨造释迦像等。背屏尖楣形，边缘常饰火焰

---

① 宿白：《云冈石窟分期试论》，《考古学报》1978年第1期。

纹。造像组合仍以一佛二菩萨为主，主尊题材除释迦外，还有弥勒、药师、观世音和思惟太子像等，背屏背面常刻有浮雕或墨绘太子树下思惟像。主尊身材瘦削，面容清秀，波状发髻，肉髻较细高，长颈削肩，颔首下视。身穿褒衣博带式袈裟，胸腹间束结，袈裟前裾搭敷座下，衣褶繁密层叠，两侧向外撇扬。菩萨面容瘦削，披帛缠肩绕臂，在腹前交叉或穿环后悬垂，身侧发辫、缯带、披帛及衣裙下摆均向外撇。这一阶段的较晚时期，造像的面相渐圆，衣裾外撇幅度减小，佛的肉髻由细高向扁圆渐变。本时期造像特征与6世纪初龙门石窟造像相近，反映的是北魏孝文帝迁都洛阳，全面实行汉化政策后，模仿南朝造像而出现的新样式。[①] 这种样式的佛教造像及组合在中原北方地区很普遍，其时代当于公元6世纪初至6世纪中叶之前，即北魏孝明帝景明初年至东魏孝静帝元象、兴和年间。

图22　北魏正始二年三穜法荣造像

---

① 杨泓：《试论南北朝前期佛像服饰的主要变化》，《考古》1963年第6期。

第三阶段：东魏后期至北齐前期。

造像数量大增，以白石为主。代表性造像有北吴庄出土的东魏武定二年（544年）和毗沙李迥香造太子思惟像、武定五年（547年）僧略造释迦像（图23）、北齐天保元年（550年）长孙氏造阿弥陀像等（图24）。背屏仍为尖楣形，边缘常雕有火焰纹。背面常浅雕、阴刻或墨绘太子树下思惟场景。方座正面多为双狮香炉，部分底座侧面和背面雕出成组的神王像。造像组合以一佛二菩萨或一菩萨二弟子为主，题材有释迦、交脚弥勒、阿弥陀等，观音和思惟太子像常见。与前一时期相比，佛像面相较圆，肉髻扁圆，头部平抬。袈裟仍以褒衣博带式为主，衣褶繁密，双袖及两侧衣裾下摆平直垂下。天保初年个别佛像身着通肩袈裟，并出现以浮雕菩提树为背屏装饰、局部透雕的做法。本时期造像样式主体延续了前一时期的风格，时代相当于公元6世纪中叶，即东魏孝静帝武定初年至北齐文宣帝天保年间。

图23　东魏武定五年僧略造释迦像

图 24　北齐天保元年长孙氏造阿弥陀像

第四阶段：北齐中后期。

造像数量最多，绝大多数为白石。代表性造像有北吴庄出土的北齐河清二年（562年）僧觉昙华造像及多件镂孔透雕的佛七尊像（图25）。典型特征是背屏呈弧扇形，由两株相互缠绕的菩提树构成，层叠的树冠形成锯齿状或扉棱状边缘，树干分叉处镂孔透雕，造型极为精致。背屏中上部飞天手捧带状璎珞遮护主尊，顶部多雕舍利塔或坐佛，菩提树底部或舍利塔两侧常雕体型矫健、弓身扬肢的龙。造像题材有释迦、弥勒、阿弥陀、药师、释迦多宝、卢舍那、观世音和思惟太子等，双观音和双思惟像亦常见。这一时期造像面相圆润，肉髻扁平，身着轻薄贴体的右袒式袈裟，衣纹雕饰简节，下裾敷搭束腰莲座之上。菩萨头戴矮三叶冠，宝缯垂至肘部，颈部常悬桃形项饰，披帛绕臂沿体侧自然下垂，下身着贴体薄软长裙，跣足立连梗莲台上。另有大量高20—30厘米的小型背屏造像，基本样式与较大的透雕背屏像一致，应为级别较低的民间造像（图26）。这种以透雕双树为背屏，北齐新样式佛像为主尊，衬托以龙塔璎珞装饰的"龙树背龛式"造像在天保末年以后广泛流行，是邺城地区北齐中后期佛教造像的典型样式。

图25　北齐佛七尊像

此外，北吴庄佛像埋藏坑内还出土了少量的隋唐时期造像，纪年最晚的为唐上元二年（675年）张弘亮造阿弥陀像（图27），从地层叠压关系及出土文物分析，该埋藏坑的时代不早于唐代，由于坑内埋藏唐代文物极少，且特征均属中唐之前的风格，因而具体埋藏时代是否与9世纪中期的会昌法难有关尚难以确定。

四　结语

邺城遗址赵彭城北朝佛寺、核桃园北朝佛寺及北吴庄佛教造像

图 26　北齐菩萨三尊像

图 27　唐上元二年张弘亮造阿弥陀像

埋藏坑的发现与发掘对于汉唐都城考古及佛教考古都具有十分重要的意义。就都城考古而言，赵彭城和核桃园佛寺的发现首先为探索邺南城外郭城区的范围和里坊制度提供了重要的依据，其次为了解北朝晚期大型塔殿的建筑结构、筑造技术提供了全新的资料。就佛教考古而言，赵彭城佛寺和核桃园佛寺的发掘对研究北朝至隋唐时期中国北方乃至东亚地区佛教寺院的建筑格局演变至关重要，塔基石函和砖函的发现也弥补了中国古代舍利瘗埋制度演进过程中的缺环。北吴庄佛像埋藏坑的发现则为研究北朝晚期至隋唐时期邺城地区佛教造像的类型、题材和组合提供了可靠的标本，也为探讨中国历史上的灭佛运动和佛像瘗埋方式提供了线索。结合文献记载及历年佛教考古的新发现，邺城作为中原北方地区北朝晚期佛学中心和佛教艺术中心的历史地位当毋庸置疑。目前邺城的考古发掘仍在进行之中，有关赵彭城佛寺塔基后方是否存在大型佛殿，核桃园佛寺的外围界限和总体布局，北吴庄佛像埋藏坑附近是否存在佛教寺院等一系列问题还有待于通过进一步的田野工作得以确认。

（作者单位：中国社会科学院考古研究所）

铜雀高台何所依

——从铜雀台遗址出土螭首看中古时期螭首的使用与流变

沈丽华

一 引子

  1986年10月,由中国社会科学院考古研究所、河北省文物研究所联合组成的邺城考古队在著名的"铜雀三台"之中最为重要的铜爵台遗址发掘出一件大型石质螭首。该螭首保存完整、造型精美,是国内罕见的年代较早的大型石质建筑构件(图1、图2)。正是由于其独特的造型和精美程度,这件遗物得到了社会各界的广泛关注,并曾入选为重要展品之一,参加了由日本创价学会名誉会长池田大作先生发起的"大三国志展"。该展览由日本外务省、文化厅和中国文化部、国家文物局等单位联合主办,中国文物交流中心与日本东京富士美术馆、黄山美术社共同策划,自2008年5月2日至2009年3月15日在日本东京、北海道、神户、福冈、香川、名古屋、群马等7地进行巡回展览,受到日本广大观众的热烈欢迎,参观展览人数达100余万人次。此后又在上海、武汉、良渚、湖州、北京、郑州、台湾、成都等8地巡展,至2010年11月28日结束,展览历时两年半。目前这件珍贵的文物正静静地躺在位于河北临漳的邺城博物馆展厅内,然而对于这样一件珍贵文物,其年代属性却一直存有争议。

图1

图2

从考古学角度而言,对出土遗物进行年代学判断的最重要依据是地层学。在1990年发表的《河北临漳邺北城遗址勘探发掘简报》[①]中,即基于该螭首的出土层位而将其归入东魏北齐时期。然而我们也知道,像铜爵(古代爵、雀相通)台这样高于地表数十米的大型台类建筑,由于历史上的反复修建和后来被不断破坏,周围地层的复杂程度是超乎想象的,因此从逻辑上而言,东魏北齐地层中出土遗物只能说不晚于东魏北齐,而年代上限是暂时无法明确的。2001

---

① 中国社会科学院考古研究所、河北省文物研究所邺城考古工作队:《河北临漳邺北城遗址勘探发掘简报》,《考古》1990年第7期。

年杨鸿勋先生在关于铜雀三台复原设想文中提到："遗址出土和采集的几个石雕螭首，笔者在现场已谈了可分三期的意见。《简报》发表的属于较晚的一种（图1、图2），弯起长吻的造型和凌厉的雕刻手法颇近隋朝风格，很可能是北齐遗物。其中最早的为造型圆润的短吻一种（图3），具有东汉遗风，很可能是曹魏时代遗物。"① 杨鸿勋对于螭首年代的判断实际是基于两方面，一是邺城的特殊历史背景，即东汉末至曹魏、十六国、东魏北齐先后作为都城的三个大的时间段；二是艺术史的角度，从艺术风格而言。与之相应的是，根据邺城考古队在东魏北齐邺城南郭区赵彭城北朝佛寺发现的螭首（图4、图5），② 朱岩石先生曾撰文将铜雀台螭首和赵彭城佛寺螭首进行比较，认为：东魏北齐螭首鼻吻部比较方圆，总体雕刻风格偏于柔和，因此铜雀台螭首时代可上溯到三国时期。③ 简单地说，两位先生意见分歧的焦点在于螭首的吻部形态。杨鸿勋先生认为，短吻早、长吻晚，虽然文中没有明确说明原因，但这个判断大概是基于唐长安城大明宫遗址出土的螭首形态。朱岩石先生认为，赵彭城北朝佛寺时代明确，出土螭首属于短吻一类，这理应是东魏北齐的时代特点，而铜雀台遗址出土螭首与之差异较大，或许时代会早一些，这个分析基于邺城新发现的考古资料，似乎是离历史本原更进了一步。在配合邺城博物馆展陈设计时，我们将这件文物放在汉魏展厅，展牌上的年代标为汉魏，但是在接待各方学者来邺考察时，不少学者提出了异议，如专门从事佛教纹样研究的苏铉淑女士提出，螭首额部凸起，与北朝时期佛教造像上的摩尼宝珠颇为类似。因此仔细想来，将这件文物的年代上溯到汉魏时期，确实存在一些疑点。比如，我

---

① 杨鸿勋：《宫殿考古通论》，紫禁城出版社2001年版，第345页。
② 中国社会科学院考古研究所、河北省文物研究所邺城考古队：《河北临漳县邺城遗址赵彭城北朝佛寺遗址的勘探与发掘》，《考古》2010年第7期。
③ 东京富士美术馆：《大三国志展》，凸版印刷株式会社2008年版，第43页。

们在介绍这件文物时，一直在强调螭首后端残留的显示包砖的白灰痕，而文献中对中国北方城墙使用包砖的最早记载是《水经注》，其中提到，十六国时期后赵在邺城使用包砖，这已为邺城考古发现所证实，而关于汉魏时期的包砖目前尚无直接证据；再如，该螭首颈部的鬃毛形态与北朝时期墓葬中出土的镇墓兽颈部、佛教石刻中护法狮子颈部相似度极高等。

图 3

图 4

对于准确辨析铜雀台出土螭首的年代问题，需要将其放在中古时期螭首在建筑台基上从产生、发展到成熟的整个历史长河中去考虑，然而比较可惜的是，关于这方面的研究目前仍几乎处于空白状态。从都市考古或建筑考古的角度而言，秦汉以来经考古发现的建筑基址大多仅存夯土台基，与台基以上建筑主体相关的构件极少有

铜雀高台何所依

图 5

残留，发现的出土遗物主要可分为基础遗物和屋顶遗物两大类，包括砖、筒瓦、板瓦、础石和其他建筑构件，其他建筑构件随时代不同包括了鸱尾、螭首等，质地上多以陶质为主，石质较为少见。国内外关于砖瓦的研究因材料众多已经有一定深度，而对于像螭首这样的特殊构件，由于发现少、材料零散，相关讨论基本处于空白状态。翻阅《中国古代建筑史》各版本或建筑史家的论著可发现，古建复原，对木作讨论最多，瓦作其次，而与田野考古最密切的石作和基础则很少有涉及或展开讨论。可是以一个单体建筑而言，基础和石作是建筑的根基所在，下层基础在很大程度上决定了上层建筑的规模、体量和形制。再从艺术史角度而言，建筑基址出土的砖瓦一般较为模式化，艺术创作力较低，而石刻需要特殊的雕刻工艺，艺术表现力方面的需求也较高。建筑基址发掘出土的石构件时代明确、背景信息丰富，对于研究不同时代艺术风格的变化是有较大帮助的。

基于上述原因，笔者广泛搜集了相关材料，并利用一些时间观摩了西安、洛阳等各大博物馆收藏的螭首类建筑构件，本文拟从铜雀台遗址出土螭首的年代问题出发，试对中国古代建筑基址出土的螭首进行考古学分析，探讨螭首的基本形制、功能、时代特征演变及使用情况。

二　何为螭首

（一）文献记载

从名词角度而言，螭首不是一个特有名词。螭首，又名"螭头"，顾名思义为"一种名为螭的动物头部"。从形象概念角度而言，螭是古代人们虚构出来的一种动物。东汉许慎在《说文解字》中释为："若龙而黄，北方谓之地蝼，从虫离声，或云无角曰螭。"① 三国曹魏时期张揖在《广雅》中将龙分为四种："有鳞曰蛟龙，有翼曰应龙，有角曰蛇龙，无角曰螭龙。"② 与张揖同时期的文颖在《汉书注》中称："龙子为螭"，而如淳称："螭，山神也，兽形。"唐人颜师古则认为："（螭）别是一物，既非山神，又非雌龙、龙子，三家之说皆失之。"③ 长期以来，螭一直是被作为一种介于龙和兽之间的特殊动物形象出现的，这种动物形象在中国古代各类遗迹与遗物中有着比较广泛的使用。翻诸文献，螭首一般有三种特指：碑碣上的装饰、器物上的雕饰和建筑台基上的构件。④ 本文所讨论的即第三种。

作为建筑学名词，螭首最早见于唐宋时期的文献中。《新唐书》

---

① （东汉）许慎：《说文解字》，（北宋）徐铉校定，中华书局1963年版，第281页。
② （清）王念孙：《广雅疏证》卷十"释鱼"，阮元、王先谦编：《清经解·清经解续编》第五卷，凤凰出版社2005年版，第5739页。
③ （东汉）班固撰，（唐）颜师古注：《汉书》卷五十七上《司马相如传》注二七，中华书局1962年版，第2551页。
④ 《辞源》，商务印书馆1983年版，第2781页。

卷四十七《百官二》之"门下省"条："其后复置起居舍人，分侍左右，秉笔随宰相入殿。若仗在紫宸内阁，则夹香案分立殿下，直第二螭首，和墨濡笔，皆即坳处，时号螭头。"① 卷一二七《张次宗传》："文宗始诏左右史立螭头下记宰相奏对。"② 卷一六五《郑朗传》："开成中，擢起居郎，文宗与宰相议政，适见郎执笔螭头下，谓曰：向所论事，亦记之乎？"③

南宋程大昌在《雍录》和《演繁露》等书中曾对螭首进行考释。《雍录》卷三"含元螭头"条："殿前螭头，盖玉阶扶栏上压顶横石，刻为螭头之状也。唐都城中有三大内，皆尝受朝，而螭头也者，惟大明宫有之，为其据高而道峻，故峻道两旁有石扶栏也。既有扶栏，则其下必立石柱，既有石柱，其上必有压顶横石，横石南出突兀不雅驯，故刻螭以文之，此螭头之所从起也。……此之小级，两旁各有石扶栏，扶栏上压顶横石，即刻螭首也。其谓东西鳞次者，足以见小级皆有螭首也，故左右二史立则直第二螭也。凡此螭头、龙尾，皆含元之制，而宣政、紫宸叙载在后。"④ "宣政紫宸螭头"条转引了前述《新唐书·百官志》记载。"左右史立螭头"条转引李肇《国史补》曰："两省谑起居郎为螭头，以其立近石螭也。"《演繁露》卷十一"左右史螭壁侍立"条所引诸文均与《雍录》一致，程大昌还指出："则宣政紫宸每陛每级压栏悉应有螭，故有第二螭首也是。二史所立，下乎赤墀，而高乎前庭，故在宣政则俯陛乃可听命。在紫宸则正直次二螭首者其地，其制皆相应也。"⑤

北宋李明仲《营造法式》卷三"殿阶螭首"条："造殿阶螭首

---

① （北宋）欧阳修、宋祁：《新唐书》，中华书局1975年版，第1208页。
② 同上书，第4449页。
③ 同上书，第5069页。
④ （南宋）程大昌：《雍录》卷三，黄永年点校，中华书局2002年版，第58—59页。
⑤ （南宋）程大昌：《演繁露》卷十一，清雪津讨原本。

之制：施之于殿阶，对柱，及四角，随阶斜出。其长七尺；每长一尺，则广二寸六分，厚一寸七分。其长以十分为率，头长四分，身长六分。其螭首令举向上二分。"书中还附有螭首图样（图6）。梁思成在点校时认为，殿阶螭首目前尚无实例，明清故宫的螭首只用于殿前石阶或天坛圜丘之类的坛上。但是从书中所附图样来看，殿阶螭首与殿前螭首在基本形态上并无明显差异。

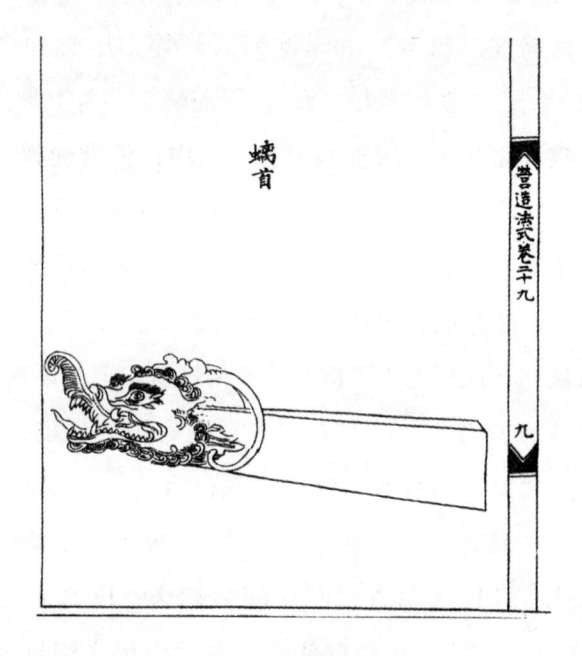

图 6

宋代以后文人对螭首的认知基本承袭了程大昌的观点，这点从清代陈元龙编纂的《格致镜原》卷十九"宫室类一·殿"条的描述可窥一斑，[1]但同时亦需注意的是，元代也称螭首为"鳌头"，[2]清

---

[1] （清）陈元龙：《格致镜原》卷十九，清《文渊阁四库全书》第1031册，（台北）商务印书馆2008年版，第242页。

[2] （明）肖洵：《故宫遗录》，大明殿"绕置龙凤白石栏，栏下每楯压以鳌头"，北京古籍出版社1983年版。

代则有工匠将"螭首"直接称作"龙头"。①

（二）考古发现

螭首在考古著述中较早见于由日本人下中弥三郎编著的《世界美术全集》（1929年版）第3卷中，在《世界美术全集》（1952年版）第7卷中又刊布了邺城遗址金凤台前文昌阁门楼内螭首照片。②20世纪以来，伴随中国古代都城考古工作的持续开展，在汉魏洛阳城遗址、汉魏至北朝邺城遗址、隋唐长安城遗址、隋唐洛阳城遗址、元上都遗址和元中都遗址等都城遗址中，陆续发现了数百件螭首遗物，其中不乏比较完整者。下面依次介绍一些主要的考古发现情况：

目前考古发现最早的螭首遗物出土于北魏洛阳城永宁寺遗址。永宁寺是北魏洛阳城内唯一由皇室修建的寺院，地位非常高。1979—1981年，在永宁寺塔基中发掘出土石雕兽首约150块，包含较大的上颚、下颚、头顶等各部残块，依吻部计算，有十个以上个体，其中能基本复原的只有一件（图7），另有一件上颚（含顶部）也能大体复原。此外，还有些形体较小的兽首。报告中根据兽首形象特征分为有角和无角二型，推测有角兽首是木塔基座周边螭首，而无角兽首及形体较小兽首是螭首还是另有他用，有待发现和研究证实。③

汉魏至北朝邺城遗址出土螭首共有12件，均为青石质，其中故宫博物院雕塑馆存4件，④临漳县文物保管所收藏4件，2件原作金凤台南文昌阁门楼内木柱垫石使用（图3），1件在现金凤台南碑廊

---

① 梁思成：《清式营造则例》，清华大学出版社2006年版，第176页。
② 俞伟超：《邺城调查记》，《考古》1963年第1期。
③ 中国社会科学院考古研究所：《北魏洛阳永宁寺——1979—1994年考古发掘报告》，中国大百科全书出版社1996年版，第122—123页。
④ 俞伟超：《邺城调查记》，《考古》1963年第1期。

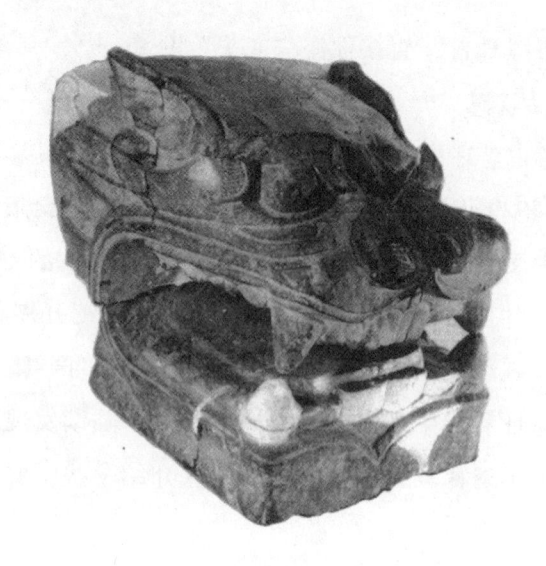

图 7

内，1 件征集自景隆村。① 邺城考古队于 1986 年在铜雀台遗址发掘角螭首 1 件（图 1、图 2），② 2002 年在赵彭城东魏北齐佛寺塔基遗址发掘出土螭首 4 件（图 4、图 5）。③

隋唐时期螭首主要见于唐长安城、洛阳城和渤海上京城遗址。唐长安城大明宫遗址共出土较完整螭首 12 件，均为青石质。其中 1957—1959 年发掘大明宫遗址时，在麟德殿"东亭"南边的唐代地面发掘出土 1 件，仅残存舌部以下的下颚部分（图 8）；在龙首渠出土 2 件，螭首面部有贴金痕迹（图 9）。④ 1995—1996 年在含元殿遗址发掘出土螭首残件 49 件，其中后段保存基本完好 2 件、头部基本完好 4 件，此外还有上唇部残件 4 件、额部残件 1 件和可辨认为螭

---

① 河北省临漳县文物保管所：《邺城考古调查和钻探简报》，《中原文物》1983 年第 4 期。
② 中国社会科学院考古研究所、河北省文物研究所邺城考古工作队：《河北临漳邺北城遗址勘探发掘简报》，《考古》1990 年第 7 期。
③ 中国社会科学院考古研究所、河北省文物研究所邺城考古队：《河北临漳县邺城遗址赵彭城北朝佛寺遗址的勘探与发掘》，《考古》2010 年第 7 期。
④ 中国科学院考古研究所：《唐长安大明宫》，科学出版社 1959 年版。

首的小碎块38件（图10）。①此外，在中国社会科学院考古研究所西安研究室陈列室内展有麟德殿出土螭首1件，西安碑林博物馆藏有角螭首2件（图11）。唐洛阳城遗址出土螭首3件，均为青石质，其中1989—1993年在上阳宫遗址水池西侧入水口淤泥中发掘出土2件，1件保存较完好（图12）；②洛阳博物馆藏唐洛阳城宫城出土螭首1件（图13）。唐渤海国上京龙泉府遗址第2号宫殿址也曾发现石螭首1件（图14）。③

图8

---

①　中国社会科学院考古研究所西安唐城工作队：《唐大明宫含元殿遗址1995—1996年发掘报告》，《考古学报》1997年第3期。

②　中国社会科学院考古研究所洛阳唐城队：《洛阳唐东都上阳宫园林遗址发掘简报》，《考古》1998年第2期。发掘简报中将该遗物称为螭首，但其在形态方面与同时期螭首差异较大，兽身上部设有斜坡形凹槽，与兽首嘴部相通，与明清以后流行的具有流水功能的螭首略有相似，但兽身部分没有榫卯结构，无法与围栏构件相连接，故应非螭首，而或为戏水兽一类。

③　[日]驹井和爱：《世界考古学大系》第7卷"汉·南北朝·隋·唐时代"，平凡社昭和34年（1959年）版。《渤海上京龙泉府宫城2号殿址发掘简报》（《文物》2000年第11期）中曾误将陶质脊兽视为殿阶螭首，并附会法式记载，提出所谓建筑台基设施经历从木结构向石结构过渡的结论，该观点在正式报告中已予以纠正。见黑龙江省文物考古研究所《渤海上京城：1998—2007年度考古发掘调查报告》，文物出版社2009年版。

图 9

图 10

图 11

图 12

图 13

  关于五代和两宋时期螭首罕见考古实例，梁思成在注释《营造法式》时曾列举山西平顺大云寺疑出土五代螭首 1 件（图 15），[1] 山西太原晋祠圣母殿（北宋天圣年间建筑）和大同善化寺大雄宝殿（辽代建筑）殿前台基上也可见螭首，但螭首是否为古代实物就不得而知了。[2] 与两宋大致同时期的西夏六号陵陵城南门

---

[1] 梁思成：《梁思成全集》第七卷，中国建筑工业出版社 2001 年版，第 63—64 页。
[2] 刘敦桢主编：《中国古代建筑史（第二版）》，中国建筑工业出版社 1984 年版，第 199、213 页。

图 14

遗址出土了青砂岩螭首2件（图16）。① 元代螭首文物出土较多，主要集中于元上都和元中都遗址。元上都遗址出土汉白玉螭首4件，其中1937年东亚考古学会调查时在乾元寺遗址采集1件，② 1973年内蒙古大学贾洲杰等调查时在华严寺遗址发现1件，③ 此外正蓝旗文物保管所在宫城内采集2件（图17）。④ 元中都遗址发掘出土汉白玉螭首近百件，其中角螭首较完整1件、砸坏1件、残块21件，台沿螭首完整、基本完整和残块较大者74件、残块85件，其中除5件征集自白城子村外，其余均为一号殿址发掘出土（图18、图19）。⑤ 元大都雍和宫豁口西出土螭首1件。⑥

除上述螭首实物以外，在一些塔类建筑遗物上也可见到模仿螭

---

① 宁夏文物考古研究所、银川西夏陵区管理处：《西夏六号陵》，科学出版社2013年版，第216—219页。
② 东亚考古学会编：《上都——蒙古多伦诺尔元代都城址调查》图版五七—六〇，东亚考古学会1941年版；转引自魏坚《元上都》图版4，中国大百科全书出版社2008年版。
③ 贾洲杰：《元上都调查报告》图5，《文物》1977年第5期。
④ 魏坚：《元上都》彩版陆叁，中国大百科全书出版社2008年版，第59页。
⑤ 河北省文物研究所：《元中都——1998—2003年发掘报告》，文物出版社2012年版，第200—201页。
⑥ 张宁：《记元大都出土文物》，《考古》1972年第6期。

首的形象，如山西平顺明惠大师塔①、安阳灵泉寺唐代双石塔（图20）、西安碑林博物馆藏乾县石牛寺出土石灯等（图21），此类遗物均模拟建筑形象构造出高台基，而螭首则雕刻于台基四角或四面，应属于对现实生活中建筑形象的摹写。

图 15

图 16

---

① 杨烈：《山西平顺县古建筑勘察记——大云寺、明惠大师塔》，《文物》1962 年第 2 期。

图 17

图 18

图 19

图 20

图 21

（三）螭首基本形制和功能

结合文献记载和考古发现，我们可以对螭首的基本形制和功能概括如下：螭首，又称"螭头"，属于建筑台基上围栏构件的重要组成部分。从基本形态而言，螭首一般由兽首和兽身两部分组成，[①] 兽首部分被雕琢成螭头状、略上昂、打磨光滑，兽身部分一般呈长方体状，因镶嵌在台基内部不露明，故只做简单雕琢打磨，并且保留穿凿痕迹，在兽首和兽身衔接处往往设有榫孔或凹槽，以与其他构件相结合。在建筑功能方面，螭首位于台基顶部、望柱下方，与望柱、栏板、压栏石等组合使用，对建筑台体起到保护和美观的作用。[②]

当用这样的概念再来重新检视时，我们发现有些材料是需要剔除出去另作考虑的，比如北魏平城明堂南门、永固陵石门、龙门石窟宾阳北洞（图22）等处可见的石门墩和螭首就较为相似，再如唐洛阳上阳宫遗址出土构件实为戏水兽（图12），金上京被误认的脊兽[③]等。

三 螭首的形制特征演变

根据螭首使用位置的差异，我们可将其分为两大类：阶沿螭首和角螭首，结合出土地点与地层明确、时代和遗迹属性清晰的材料，

[①] 兽首和兽身的区别以与台基结合边缘为界限，即伸出台基露明部分为兽首、伸入台基不露明部分为兽身。

[②] 对于每座单体建筑螭首数量的多寡，是否与望柱数量一一对应，目前尚缺乏证据说明。据《营造法式》"螭子石"条记载："造螭子石之制：施之于阶棱钩阑蜀柱卯之下，其长一尺、广四寸、厚七寸，上开方口，其广随钩阑卯。"可见，在围栏构件中还有一种与螭首功能相似但较为简单的石构件。

[③] 发表于《文物》2000年第11期的《渤海上京二号宫殿址发掘简报》中重点提到所谓新发现陶制殿阶螭首，并结合《营造法式》"石作"记载，提出建筑台基设施经历了从木结构向石结构过渡的观点，认为陶制殿阶螭首被安置于木望柱之下。不过在2009年发表的正式报告中，这一观点已被修正。

图 22

我们可以大致归纳出螭首形制特征演变的阶段性。①

从目前材料来看，螭首开始出现于北魏洛阳时期，永宁寺出土遗物是目前所见更早的材料，这一时期螭首仅见阶沿螭首实例，形态方正古朴，与同时期的石门墩等在制作工艺上具有密切联系，在区分二者差异上要非常注意兽身衔接部分和吻下部微昂的特点。

北朝晚期螭首头部继续保持兽面形态，兽面较之前更为圆润，双颊鬃毛呈条带状，类似条带状鬃毛的雕塑方式在同时期佛教造像底座上的护法狮子和墓葬镇墓兽的身上亦可见到，不过鬃毛末端都与永宁寺螭首一样向上翻卷，而这一时期螭首鬃毛末端由向上翻卷演变为向下翻卷；角螭首开始出现兽首上唇向上扬起姿态，下颚刻有卷云状鬃毛。螭首兽身榫孔一般为圆形，位于兽身前段、近兽首处。

到唐初至五代十国时期，螭首吻部俯视呈长方形、兽面形态螭首继续使用，而吻部俯视呈三角形、近似于龙首形态螭首逐渐成为主流，兽首鬃毛开始出现多绺、条状、向脑后聚集和腮后半圆弧、

---

① 详见沈丽华《建筑基址出土螭首考古学初探》，《考古、艺术与历史——杨泓先生八秩华诞纪念文集》，文物出版社 2018 年版。

线条状两种形态，兽首上唇上扬更为明显，并开始出现向内卷曲现象，兽嘴两侧开始出现更多獠牙。螭首兽身榫孔开始以方形为主，圆形仍有保留，一般位于兽首末端。

宋元时期螭首的最大形态变化是开始从流行青石质地演变为流行汉白玉质地，兽面形态螭首只在早期还有所保留，但逐渐为吻部俯视呈三角形、近似于龙首形态螭首所取代。兽首两颊和顶部开始出现涡状鬃毛，兽首上唇向上卷曲和兽嘴两侧獠牙更为明显，角螭首兽首两侧开始出现强壮的前肢。角螭首榫孔又回到兽身接近兽首位置，仅见长方形榫孔；阶沿螭首则直接在兽身前端雕凿出长方形凹槽，凹槽宽深与压栏石宽深保持一致。

综上所述，从螭首在中古时期形态特征的发展演变而言，邺城遗址目前所见螭首均应为东魏北齐时期遗物，铜雀台出土螭首与赵彭城北朝佛寺出土螭首，以及历年征集螭首之所以存在形态上的较大差异，其根源在于使用位置的区别，目前尚无证据表明曹魏时期已有螭首类遗物。角螭首从产生之初即保持张扬的形态，阶沿螭首则相对含蓄且体量略小，这样的特点从北朝产生一直延续到隋唐以后，乃至明清时期。

四　螭首的使用

螭首在古代社会被作为体现建筑等级的一种重要建筑构件，主要见于都城中宫殿或礼制建筑和大型佛寺塔基、主殿等高台基上。北朝时期能见到的螭首遗物较少，主要出现于由皇室敕建的大型佛寺塔基上。隋唐时期，螭首数量和种类逐渐增多，并扩展到大型宫殿和皇家园囿中，并且在一些高僧墓塔或石灯等具有典型佛教特征的遗物上，也可以看到其在模仿建筑形象的同时雕塑出螭首形象，足见其在建筑等级上的重要表象意义。宋元时期，螭首不再为宫殿和皇室寺院所专属，转而流入民间，但仅见于一些大型地方佛寺。

明清时期建筑至今多有保存，螭首实物主要可见于明南京故宫奉天门、明孝陵宝城前殿，明清北京城正阳门城楼、紫禁城太和门、太和殿（图23）、中和殿、保和殿、乾清门、乾清宫、钦安殿等中轴线建筑，以及慈宁宫和礼制建筑天坛（图24）、太庙以及清崇陵、泰陵隆恩殿等大型建筑台基上。明清时期螭首形制基本承袭了元代特征，但是在兽首口中出现小圆孔，并与围栏内侧地面相连接，演变为具有排水功能的实用构件；在个别建筑上如天坛祈年殿，螭首形制也开始呈现多样化的趋势，出现凤首和云纹状的排水构件。但是需注意的是，具有排水功能的螭首仅见于阶沿螭首，不见于角螭首。伴随使用功能的增益，螭首在使用范围上也逐渐广泛化，在一些地方佛寺中也多有发现，但是在礼制上用质地来区分使用等级，如皇室建筑使用汉白玉材料，而民间则只能使用青石质地等。

图23

从建筑结构角度而言，螭首并非围栏构件的必要组成部分，但是纵观其发展演变史，可以发现螭首在注重美观的装饰作用同时也具有较严格的尺度规范，以保证达到力学的平衡，其变化主要体现

图 24

在以下三个方面。①螭首最大宽和最大高基本维持在 1∶1 左右，一般最大高略大于最大宽。②兽首和兽身的长宽比发生了比较大的变化，阶沿螭首在北魏洛阳时期近似于 2∶1，北朝晚期以后接近于 1∶1，且呈现兽身长度略大于兽首长度的趋势；角螭首在北朝时期兽首略长于兽身，到宋元时期则兽首渐短于兽身。③兽首一般呈上扬态势，上扬角度基本没有发生变化，阶沿螭兽首上扬角度保持在 17°—18°之间，而角螭兽首上扬角度则保持在 10°左右。对比北宋《营造法式》和清代《营造算例》记载，可以发现，目前所见实例虽然没有与之完全相符者，但大致比例关系是相当的。

附记：本文主要内容原刊于《考古、艺术与历史——杨泓先生八秩华诞纪念文集》（文物出版社 2018 年版），收入本文集时略作增删。

（作者单位：中国社会科学院考古研究所）

古邺城地区出土北齐造像中的异域因素

王敏庆

邺城是古代著名的都城，其遗址主体位于河北省临漳县境内。邺城先后是曹魏、后赵、冉魏、前燕、东魏、北齐六朝的都城。南北朝时期，不仅是中国的民族大融合时期，更是大量外来文明融入中国的时期。公元534年北魏分裂，权臣高欢迁都邺城，是为东魏，十几年后北齐代之。东魏—北齐佛教盛行，相应的佛教艺术也十分发达，北齐的佛教造像艺术风格与之前的东魏乃至北魏后期的佛教艺术相比，发生了明显的变化，即从"秀骨清像""褒衣博带"的形象（图1），变成了一种面相方圆、身体劲健、薄衣贴体、凸显躯干的艺术风格（图2），而这种风格则是来自古印度的笈多艺术。由图1我们看到，佛像面庞清秀，身体被覆盖在厚重的衣服下，袈裟的下摆（悬裳）有规则地垂在佛座前。而到了北齐，佛像则简净了很多，人物的躯体被显示了出来，身体的有机结构被强调。关于北齐造像风格的变化在学界论述颇多，已有定论。不过，在北齐的佛教艺术中不完全是印度的影响，它还含有不少来自古希腊罗马、波斯、粟特等文化的因素。本文就古邺城地区出土的佛造像艺术中的造像塔、连珠人面纹和河神王图像进行分析，探讨这些图像的文化渊源。

图1　佛坐像［北魏正始二年（505年）］

图2　佛立像及局部（北齐　北吴庄出土）

一 造像塔

这座体量大（高度在一米以上）、雕造华美的石造像塔被陈列在临漳佛教造像艺术博物馆中（图3、图4）。石塔四面造像，人物、动物繁多，尽管边缘已经残损，但塔中心方柱部分比较完整，我们能想象出石塔完整时的精美。这座石塔总体形制是单层覆钵方塔，覆钵上倒扣莲花，上面的塔刹已失，塔檐四周有高大的受花。塔身是四面造像，其中三面为佛像，第四面为菩萨装的弥勒佛像。每一面造像的龛基本为拱形，上有飞天，或捧着佛塔，或手捧宝珠，佛脚下有成对的小狮子或人物。塔座的四面雕有神王形象。

图3 造像塔一（北齐　北吴庄出土）

图 4　造像塔二（北齐　北吴庄出土）

　　这尊北齐覆钵顶单层方塔的形制除了沿袭北朝单层覆钵塔原有发展脉络外，还更多吸收了外来因素——粟特建筑因素（图5）。对此，孙机先生在《我国早期单层佛塔建筑中的粟特因素》一文中有详细论述。在下图中，我们看到图片最右侧响堂山第一窟单层塔与这件造像塔十分相似，这说明这种形制和风格的塔在北齐不是孤例，在石窟中出现，也说明它具有一定的普遍性。前两个是粟特风格的建筑，两相对比，无须多言，二者的关系便很清晰地呈现在人们面前。尤其是屋檐上高大的装饰，与单层塔上的受花如出一辙。粟特的影响在北齐的艺术中十分常见，这件佛塔只是其中之一。

关于当时来华粟特人给中国文化带来的影响研究者颇多，此不赘述。但是在北齐的佛教艺术中，还有着更复杂的文化来源，下面关于连珠人面纹及河神王的探讨可见一斑。

图5 粟特式建筑与南响堂第一窟单层塔①

二 连珠人面纹

临漳佛教艺术博物馆藏有一尊北吴庄出土的北齐倚坐佛像，其莲座的束腰上雕有一圈非常奇特的图像——连珠人面纹（图6）。人面正圆形，圆目、宽鼻、阔口，人面的外圈也围有一圈连珠纹，每个人面之间有三颗纵向排列的圆珠相隔。北齐佛造像上这种人面纹出现地比较频繁，除北吴庄出土造像上的连珠人面纹外，此图像还见于河北涉县娲皇宫眼光洞（北齐天保年间）佛座束腰上的连珠纹（图7），美国纳尔逊艺术美术馆所藏北齐—隋（6世纪后半叶）佛

---

① 图5-1安阳出土北齐石棺床雕刻中所见粟特式建筑；图5-2天水隋唐墓出土石棺床雕刻中之粟特建筑；图5-3南响堂山第一窟浮雕石塔［引自孙机《我国早期单层佛塔建筑中的粟特因素》，载《宿白先生八秩华诞纪念文集》编辑委员会编《宿白先生八秩华诞纪念文集（下）》，文物出版社2002年版，第429页］。

坐像束腰上的人面纹（图8）。入唐之后，这种连珠人面纹依然流行，如美国克利夫兰美术馆藏初唐的佛说法坐像（图9），北京法源寺所藏的唐永徽元年（650年）佛造像（图10）等，与北齐一样也是出现在佛座束腰部位上。尽管这种佛座束腰上带连珠人面纹的造像从北齐到唐屡屡出现，但造像能提供给我们的信息却非常少，很难了解这种奇特图像的意义和来源。

图6　倚坐佛及佛座束腰上的连珠人面纹（北齐　北吴庄出土）

图7　娲皇宫眼光洞佛座束腰上的连珠纹（北齐天保年间）

古邺城地区出土北齐造像中的异域因素

图8 佛坐像 [北齐—隋（6世纪后半叶）]
（美国纳尔逊艺术美术馆藏）

图9 佛说法坐像 [初唐（7世纪）]
（美国克利夫兰美术馆藏）

图10 佛造像 唐永徽元年（650年）（北京法源寺藏）

所幸，法门寺地宫出土的石灵帐须弥座束腰也出现了这种连珠人面纹，石灵帐是地宫中盛放佛舍利之物，各种图像的组合信息比较丰富。另外地宫中还有一件方形小石塔，其须弥座束腰上，亦有同样的连珠人面纹。不论是石灵帐还是石塔，功能是放置佛舍利，佛舍利等同于佛，造像中雕刻的佛形象与佛舍利两者的意义是相似的，所以灵帐或石塔须弥座上的连珠人面纹与佛像下面佛座上的连珠人面纹的含义应是一致的。这两件佛舍利容器为探讨连珠人面纹的意义和来源提供了很大帮助，使得对这种图像的深入研究成为可能。

（一）法门寺地宫中石灵帐上的连珠人面纹

石灵帐雕饰华美，外观呈底面为正方形的竖立长方体，由盝顶、帐檐、帐身、须弥座构成，被放置在一个石雕的禅床上（图11）。帐檐双层，内侧刻有"大唐景龙二年戊申二月己卯朔十五日沙门法藏等造白石灵帐一铺，以其舍利入塔，故书记之"的铭文。景龙为中宗李显年号，景龙二年即公元708年。帐檐与帐身之间的四面阑额部分，各雕七尊跏趺坐佛像，佛像下为灵帐"垂鳞"天盖与三角形和长条形幕边，再下为帐身，雕饰各种宝幡、璎珞，帐身内四面雕刻八大菩萨。帐身下分别为须弥座和禅床，连珠人面纹位于须弥座的束腰部分。须弥座高27.2厘米，座上边长95.2厘米，下边长104.4厘米。人面纹呈正圆形，浅浮雕，为男子面相，肌肤饱满，形象较为写实。须弥座束腰四面各有七个人面纹，连珠状等距离排列，人面之间以立式流云纹界栏分隔，构成二方连续图式。连珠人面纹出现在须弥座石灵帐上并非孤例，法门寺地宫前室的一座方形小石塔（舍利容器）的须弥座束腰部位也饰有连珠人面纹，塔身四面雕八大菩萨（图12）。可见对这种图像的安排并非偶然，而应当是有经文所本。

古邺城地区出土北齐造像中的异域因素

图 11 中室石灵帐（唐景龙二年）

图 12　法门寺地宫前室石塔（唐）

地宫石灵帐雕于景龙二年（708年），由沙门法藏主持建造，他精通三藏，在其撰写的《大乘密严经疏》第四卷中曾提到八大菩萨。① 但一部由沙门弥陀山②主译，法藏亦参与其译经工作的《无垢净光大陀罗尼经》，经中提到八大菩萨及其他神祇与舍利塔的关系：

> 如是我闻。一时佛在迦毗罗城大精舍中。与大比丘众无量人俱。复有无量百千亿那由他菩萨摩诃萨。其名曰除一切盖障菩萨。执金刚主菩萨。观世音菩萨。文殊师利菩萨。普贤菩萨。无尽意菩萨。弥勒菩萨。如是等而为上首。……应烧香相续诵此陀罗尼咒二十八遍。实时八大菩萨八大夜叉王。执金刚夜叉主。四王帝释梵天王。那罗延摩醯首罗。各以自手共持彼塔及相轮橑。亦有九十九亿百千那由他恒河沙诸佛。皆至此处加持彼塔。……

由于佛教的中国化，这件石灵帐是盛放舍利的器物，其意义相当于塔，所以铭文上才写"以其舍利入塔，故书记之"。从经文上可看出加持、护持佛塔的有恒沙诸佛、八大菩萨以及夜叉、四天王、帝释梵天等。将经文的记述与灵帐上的图像对照，我们看到佛居最上，中为菩萨，下为护法诸神，这一顺序与佛教神祇的等级顺序是一致的，连珠人面纹与夜叉主、四王、帝释等护法神相对应（图13）。而在护法诸神中唯一与人面纹有关系的就是四王（四大天王）中的毗沙门天王。

---

① 《大正藏》，X21，No. 0386。
② "沙门弥陀山。唐言寂友。睹货逻国人也。幼小出家游诸印度遍学经论。于楞伽俱舍最为精妙。志弘像法无恪乡邦。杖锡而游来臻皇阙。于天后代共实叉难陀。译大乘入楞伽经。后于天后末年共沙门法藏等。译《无垢净光陀罗尼经》一部。译毕进内辞帝归邦。天后厚遗任归本国。"（唐）智昇：《开元释教录卷九》T55，No. 2154。

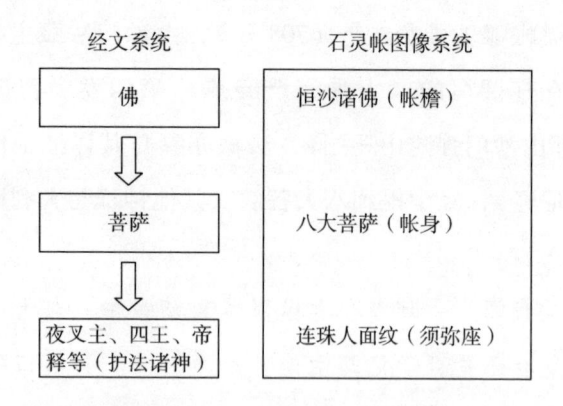

```
经文系统              石灵帐图像系统

  佛                  恒沙诸佛（帐檐）
   ↓
  菩萨                八大菩萨（帐身）
   ↓
夜叉主、四王、帝       连珠人面纹（须弥座）
释等（护法诸神）
```

图13　经文与石灵帐图像系统对照

（二）大圣毗沙门天王

毗沙门信仰传播范围颇广，从中亚直至日本都有其踪迹可寻，特别在唐代毗沙门信仰尤其繁盛。学界一般认为，大约在唐代开元天宝年间出现了一种毗沙门新样（图14、图15），即其有别于之前的一般毗沙门形象，[①] 这种新样毗沙门传至日本后，被称为兜跋毗沙门（图16）。在中国无兜跋之名，但这种新样却有着另外一个名字——大圣毗沙门天王，如法门寺地宫出土的晚唐舍利宝函上刻有一尊毗沙门像，其榜题曰"北方大圣毗沙门天王"（图17），而宝函另外三面的三位天王则在方位之后直书其名。出自敦煌藏经洞，在五代后晋开运四年（947年）印有毗沙门形象的版画上，其发愿文及榜题明确写着此像为"北方大圣毗沙门天王"（图18）。而对于已流传的普通毗沙门天王像，其榜题则直接写为"北方毗沙门天王"，[②] 如吐

---

① 王玉冬：《半身形象与社会变迁》，载《艺术史研究》第六辑，中山大学出版社2004年版，第9—16页。

② 关于"大圣毗沙门天王"之名形成的时间，笔者认为，可能在毗沙门新样出现之初，其名称与普通样式的毗沙门没有区别，如敦煌中唐154窟的新样毗沙门，其榜题便直书"毗沙门天王"。但当这种具有建国、护国神力的毗沙门信仰在中原汉地广泛传播后，此新样便被冠以"大圣"之名。

鲁番交河古城出土的一幅唐代麻布画。这说明至少在晚唐时，对新样毗沙门已有一个固定的名称——"北方大圣毗沙门天王"。关于其形象特征，松本文三郎将其概括为三点：①地天从地中伸出半身，两手支撑毗沙门天两足；②衣下襟外展，长达膝部，乍看似着外套形的铠甲，腰束带，长剑斜挂；③头高昂，戴着富有装饰性的宝冠。① 此外笔者认为还需要注意的是，在新样毗沙门的铠甲胸饰上配有人面纹，而这往往是研究毗沙门的学者所忽略的，有的虽然提到，但也是作为一般描述而一笔带过。人面纹的排列形式有单面式、双面式和三面式三种，新样毗沙门从敦煌到四川均有不少遗迹保存，尤其是四川数量最多。中晚唐以来毗沙门信仰的盛行与当时的社会背景、唐皇室对密宗的崇信以及毗沙门的种种神迹密切相关，其中以天宝元年不空请毗沙门解安息之围的传说最为著名，② 以至使人认为新样毗沙门的出现是以此事为始。松本文三郎在其《兜跋毗沙门天考》一文中对此事进行了详细的考证。事实上，新样毗沙门的确出于玄宗朝，但不是天宝元年而应是开元十三年（725年），北宋郭若虚《图画见闻志》卷五，"相蓝十绝条"记大相国寺第八绝曰："西库有明皇先敕：'车道政往于阗国，传北方毗沙门天王样来。'至开元十三年封东岳时令道政于此，依样画天王像为一绝。"③ 但不论新样毗沙门像是何时出现，之后附加在毗沙门身上的种种神迹，更是将毗沙门原在于阗国时所具有的建国护国的保护神功能，进一步扩展成为克敌制胜的护军神，④ 如唐不空翻译的《北方毗沙门天随军

---

① ［日］松本文三郎：《兜跋毗沙门天考》，金申译，《敦煌研究》2003年第5期。
② （唐）李筌：《太白阴经》，传不空所译之《毗沙门仪轨》的序言以及赞宁的《宋高僧传》中均有相似记载。
③ 结合此条文献以及新样毗沙门的遗存可看出，新样毗沙门图像的传播是以长安为中心向四外流布的。
④ 张永安：《敦煌毗沙门天王图像及其信仰概述》，《兰州大学学报》（社会科学版）2006年第35卷第6期。

护法仪轨》① 以及《北方毗沙门天随军护法真言》，此外，根据五代后晋开运四年（947年）版画毗沙门像的发愿文："北方大圣毗沙门天王 主领天下一切杂类鬼 神若能发意求愿 悉得称心虔敬之徒 尽获福佑弟子归义 军节度使特进检校 太傅谯郡曹元忠 请匠人雕此印板 惟愿国安人泰社稷恒昌道路和平 普天安乐 于时大晋开运四 季丁未岁七月十五日纪"，也颇能帮助说明在毗沙门身上体现出的越来越浓郁的战神特质，他可保"国安人泰，社稷恒昌"。

图14 榆林25窟毗沙门像（中唐）

---

① 《北方毗沙门天随军护法仪轨》云："若欲降伏诸国兵贼众者，当画一像。身卦紫磨真金甲，于净室中烧众名香、乳头薰陆香，诸色香花饮食供养，专心念诵天王真言十万遍。天王领天兵来助，他国兵敌自退散。若能昼夜诵念不绝，天王使太子独健，领天兵千人卫护，不离其侧……若欲降前敌众者，于净室持斋画一天王形象，挂紫磨真金甲，于二丈竿悬军前五十步指其敌，其敌不能相患。"

古邺城地区出土北齐造像中的异域因素

图15 毗沙门天王 莫高154窟（中唐）　　图16 兜跋毗沙门（唐 京都东寺藏）

图17 法门寺地宫舍利宝函　大圣毗沙门像

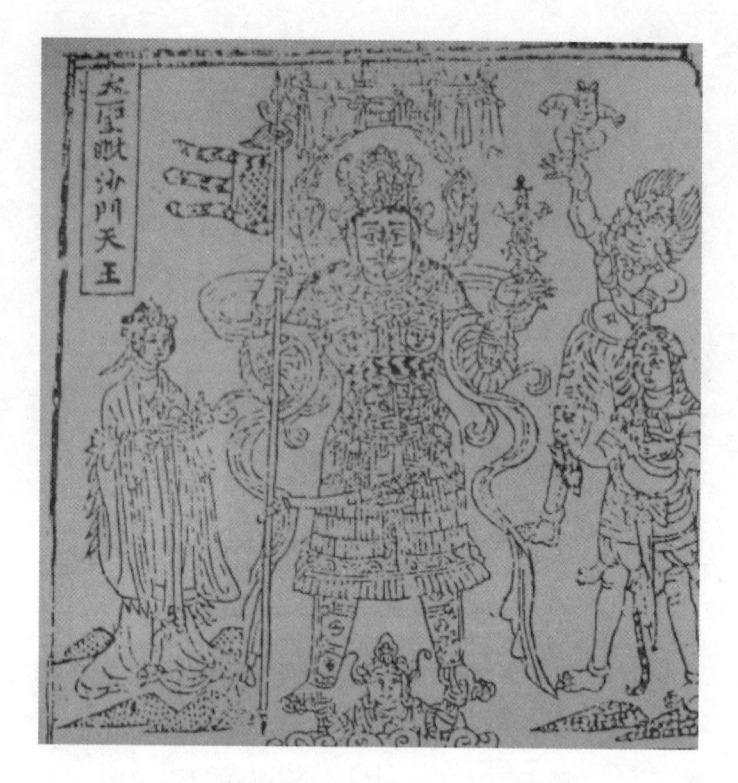

图18　晚唐后晋开运四年（947年）大圣毗沙门像

（三）古希腊罗马铠甲上的人面纹

在古希腊罗马的神话中，主要有两位神话人物的胸饰上有人面纹，一位是女神雅典娜（Athéna），一位是战神玛尔斯（Mars）。雅典娜女神对中国人来说并不陌生，她是希腊神话中最著名的奥林匹斯十二神之一，众神之王宙斯的女儿，是智慧和战争的女神，雅典卫城的守护者。除了智慧和战争女神之外，雅典娜还是农业、园艺的守护神，法律与秩序女神。此外她还传授纺织、绘画、雕刻、陶艺、畜牧等各种技艺给人类。雅典娜胸前的人面纹（其实是一颗人头）据说是蛇发女妖美杜莎（Medusa），她原本是一位美女，但因得罪了女神雅典娜而被变成女妖，传说中凡是接触了美杜莎目光的人就会变成石头，后来希腊神话中的英雄珀尔修斯将其头割下献给雅典娜（图19），之后美杜莎的头颅便成为雅典娜的一个重要标志，它有时出现在雅典娜神庙正面的三角墙上，有时出现在雅典娜的神盾上，而更多时候是作为雅典娜的胸饰出现（图20、图21）。

罗马神话中战神玛尔斯铠甲的前心部位也装饰有人面纹（图22）。玛尔斯也即古希腊神话中的战神阿瑞斯（Ares），在古希腊时地位并不突出，但在古罗马却显得尤为重要，[①]奥古斯都大帝对玛尔斯尤为重视，他曾专门建造了一座玛尔斯神庙。在奥古斯都统治时期，玛尔斯不仅成为罗马军事的保护神，也是皇帝的保护神。在古罗马不仅战神玛尔斯的铠甲前心位置有人面纹饰，历代罗马皇帝的铠甲上也都有，而且两者铠甲的样式一致，如古罗马凯撒皇帝像（图23）、图拉真皇帝雕像（图24）、哈德良皇帝像（图25）以及卢修斯·维鲁斯皇帝像（图26）等，但皇帝的其他服装上则不见人面纹。皇帝铠甲上出现人面纹并不始自罗马皇帝，出土于庞贝古城的一幅表现亚历山大东征的镶嵌画中，亚历山大铠甲的前胸也有一个人面像（图27），当然这幅镶嵌画并非亚历山大时期的原作，而是公元前2世纪的复制品，但这可能说明古希腊时皇帝的铠甲上就已经出现了人面纹，罗马皇帝铠甲上的人面纹可能继承自古希腊。在古罗马不仅全国最高军事指挥官——皇帝的铠甲上有人面纹，皇帝的禁卫军所穿的铠甲上也有（图28）。奥古斯都大帝首创了禁卫军制度，并用其进行执法和维护公共秩序，禁卫军直接隶属于皇帝，其最重要的职责就是保护皇帝的安全。禁卫军的这一职能实际上履行的就是战神玛尔斯保护皇帝的职能，可能正是出于这一原因，在禁卫军的铠甲上才会出现与战神和皇帝的铠甲上一样的人面纹。战神

[①] John W. Stamper, *The Architecture of Roman Temples—The Public to The Middle Empire*, Cambridge University Press, 2007, p.140.

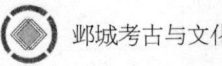

图 19 珀尔修斯将美杜莎头割下献给雅典娜

图 20 女神雅典娜（2 世纪）

古邺城地区出土北齐造像中的异域因素

图 21　女神雅典娜（约 445 年）

图 22　战神玛尔斯　古罗马时期（IIesiècle av. J. – C. Marbre）

图 23　凯撒大帝像（古罗马）

图 24　图拉真皇帝雕像局部（古罗马　2世纪）

古邺城地区出土北齐造像中的异域因素

图 25　哈德良皇帝像（119 年）

图 26　卢修斯·维鲁斯皇帝像

图 27　亚历山大东征像（公元前 2 世纪　出自庞贝古城）

图 28　皇帝禁卫军（古罗马　2 世纪）

玛尔斯和皇帝铠甲上的人面纹可能均与雅典娜有关。雅典娜不仅是一位智慧女神更是一位战争女神，她的出生便表现出这种特质。雅典娜一出生便是全副武装，手持长矛从父亲的头中跳了出来，口中还唱着战曲。在赫西俄德的《神谱》中这样描述："宙斯从自己头脑里生出明眸女神特里托革尼亚（雅典娜的另一名称）。她是一位可怕的、呼啸呐喊的将军，一位渴望喧嚷和战争厮杀的不可战胜的女王。"① 她出生时引起大地震荡，发生了地震和海啸。在奥托·泽曼的《希腊罗马神话》中对雅典娜有这样一段评价："她是国家的保护神和维护者，不管是战争还是和平，只要是促进国家繁荣的，皆由她而始，都是她的作品，是她的发明。因此她既是战神也是和平女神。作为战神，她陪伴军队出征，鼓舞他们勇敢战斗，赐给他们胜利与战利品。她也同样用她的权力和力量保护后方的城市与城堡。"② 帕特农神庙的雅典娜像便是一位戴着头盔、右手托着胜利女神、左手扶着腿边盾牌的战神形象（图29）。这样的一位战神显然最符合一国之君的需求，将她的代表性标志——美杜莎的头像装饰在铠甲上以象征雅典娜，那就像一道护身符。作为一位女战神，在古希腊神话中，雅典娜的智慧和力量都超过了战神阿瑞斯。阿瑞斯是一位嗜杀好斗的战神，具有无比强大的力量和迅猛敏捷的身手，但却因缺乏智慧，终败在雅典娜手下。雅典娜是一个聪明的战争指挥者，有勇有谋，她表现出抵御侵略、防护守卫，以及凭借智谋和力量取得战争胜利的一面，而阿瑞斯则代表着战争残酷血腥、生灵涂炭的一面。古罗马帝国时战神阿瑞斯开始受到更广泛的崇拜，被人们尊称为玛尔斯。在意大利各民族中本就具有崇高地位的玛尔斯，在早期还只是一

---

① ［古希腊］赫西俄德：《工作与时日·神谱》，张竹明、蒋平译，商务印书馆1996年版，第53页。

② ［德］奥托·泽曼：《希腊罗马神话》，周惠译，上海人民出版社2005年版，第29页。

位与农牧业紧密相关的春天之神。但"在好战的罗马,玛尔斯很快就脱下了农神朴素的衣服,换上了金光闪闪的战神的铠甲,他是继朱庇特之后在罗马人中最有威望的国家与民族之神"。[①] 随着玛尔斯地位的提升,人们将雅典娜作为战神的优秀品质赋予了玛尔斯,从而克服了原来阿瑞斯的缺点,具体表现可能就是美杜莎的头像出现在了玛尔斯的铠甲上,而在阿瑞斯的铠甲上则没有人面像。

图29 雅典娜女神(帕特农神庙)

(四)小结

综上所述,北齐佛造像像座束腰上的人面纹的渊源可追溯至古希腊神话中雅典娜女神所佩戴的美杜莎人头的形象。但在古希腊的人物形象上人面是单面,连珠的形式很明显是受波斯的影响,特别

---

① [德]奥托·泽曼:《希腊罗马神话》,周惠译,上海人民出版社2005年版,第52页。

是在中亚这一各种文化交融的地区。在撒马尔罕大使厅壁画上绘制的波斯使臣的衣服上可以清楚地看到连珠野猪头的图像，每一个圆形猪头的外圈还装饰有一圈连珠纹（图30），此一图像与佛座束腰上的连珠人面纹除了一个人面、一个侧面的猪面外，结构形式是完全一样的。如果我们细心观察的话会发现，娲皇宫眼光洞中北齐造像佛座束腰上的连珠人面纹其实更像是一个正面的猪面，尤其是耳朵的表现，是野猪耳并非人耳。野猪在萨珊波斯信奉的祆教里是英武的表征，是战神的象征之一。由此我们发现佩戴人面饰物的，从雅典娜到玛尔斯，再到兜跋毗沙门天王，他们的身份总是与战争、战神相关，所以人面纹便成为战神的象征物，波斯的野猪纹也是战神的象征，这是它们之间的共性。连珠纹的形式显然是受波斯文化的影响，而猪面与人面的转换则显示了不同文化之间的交融。北齐佛座束腰上的连珠人面纹，固然有着遥远的希腊文化渊源，但在中亚，它也受到波斯文化的影响，在不同文明的影响下最终形成佛座上的连珠人面纹形象，它具有护法的意义。

图30 撒马尔罕大使厅壁画中的波斯使臣及衣服上的连珠纹（唐）

三 佛造像中的河神王图像

在临漳的邺城博物馆及佛造像艺术博物馆收藏的佛教造像中出现了好几件以河神王为造型的形象，河神王席地而坐，或双腿交叉散盘，或一腿竖立一腿盘于身前，一个显著的图像特征就是神王的肩头扛着一条大鱼，大鱼绕过神王的脖颈，横在双肩上（图31、图32）。金申先生认为，"神王是中国人依据佛经创造出来的一组形象，当时的人们继承了先秦汉魏以来庙堂、画像石、帛画上描绘的神怪图形，依据佛经并有意无意地采入了印度和犍陀罗的某些神怪原型而形成了一套神王图样"。[1] 神王形象往往出现在造像的佛座或造像塔座的四周，主要有河神王、山神王、树神王、火神王、珠神王等。金申先生所说是针对神王系统整体而言的，就本文讨论的河神王形象来看，它与印度的关系不大，因为"印度的河神一般为一女神脚踩一条摩羯鱼"，[2] 所以具体的图像还要具体分析。考察肩扛大鱼的河神王形象并非源自中国自己的图像系统，因此他的形象来源还在域外。

2017年，在故宫博物院举办的"浴火重光——来自阿富汗国家博物馆的宝藏"展览中，笔者发现在阿富汗蒂拉丘地（俗称黄金之丘）1号墓出土的人与海豚金牌饰的图像与河神王极为相似，特别是极具标志性特征的肩扛大鱼的形象，二者间明显存在图像承袭关系（图33、图34）。不过，蒂拉丘地出土的人与海豚金牌饰的图像并不完全源自本地——中亚，而是有着更遥远的来源。

---

[1] 金申：《关于神王的探讨》，《敦煌学辑刊》1995年第1期。
[2] 赵秀荣：《北朝石窟中的神王像》，《敦煌学辑刊》1995年第1期。

古邺城地区出土北齐造像中的异域因素

图 31　佛座上的河神王像（东魏—北齐　邺城博物馆藏）

图 32　造像塔底座上的河神王像（北齐　北吴庄出土）

图 33　人与海豚的金牌饰（蒂拉丘地 1 号墓出土　1 世纪）

图34　人与海豚的金牌饰

蒂拉丘地（Tillia tepe，Tillya tepe）是一处位于阿富汗北部朱兹詹省（Jowzjan）首府希比尔甘（Sheberghan）附近的考古遗址。它位于中亚流量最大的内陆河阿姆河（Amu，又称乌浒河Oxus）之南，东距曾经的中亚希腊王国——巴克特里亚（Bactria，大夏）首都巴克特拉（Bactra，今巴尔赫）一百多公里（图35、图36）。[1] 1978年，俄罗斯考古学家维克多·萨里阿尼迪（V. I. Sarianidi）在蒂拉丘地发现了6个游牧部落的古代墓葬，时间在公元前1世纪至公元1世纪，共出土了21618件工艺精湛的精美金器，例如，令

---

[1] 图35引自Fredrik Hiebert and Pierre Cambon：*AFGHANISTAN Hidden Treasures from the National Museum*, Kabul, National Geographic Society, 2008, p. 42；图36 图片截自百度地图，希尔比干与巴尔赫地名为笔者所加。

人惊艳的黄金步摇冠，所以人们也将蒂拉丘地称为黄金之丘。因为这些黄金器物虽"与中国和远东相关，然而却与在博斯普鲁斯（Bosphore）海岸和南俄发现的斯基泰人石冢墓的希腊—斯基泰艺术惊人的接近"。① 故不少学者认为他们属于中亚的斯基泰人。但有学者也认为是大月氏西迁后在中亚留下的遗物。② 笔者较倾向前者。

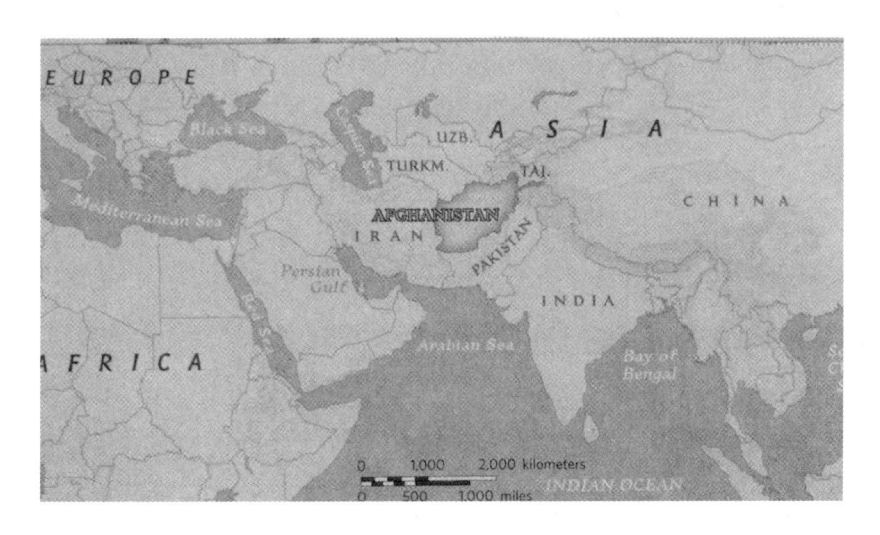

图35 阿富汗所处欧亚大陆的地理位置

（一）人与海豚图案的金牌饰

人与海豚纹的金牌饰出土于阿富汗蒂拉丘地1号墓，共有七枚，长4.9厘米、宽2.9厘米（参见图33、图34）。③ 它们的大小尺寸、纹样完全相同，可见是依照一个图案样本制作的。其纹样是一个男

---

① 《阿富汗：重新发现的珍宝——喀布尔国家博物馆藏品》，王楠译，彼利埃·加蓬（Pierre Cambon）撰写的前言部分（Afghanistan, les trésors retrouvés s, Collections du Musée national d'Afghanistan），法国吉美博物馆2006年版。（未刊稿）同事王楠将此翻译的未刊稿赠与笔者参考，在此深表谢意。

② 郭物：《马背上的信仰——欧亚草原动物风格艺术》，人民美术出版社2005年版，第78页。

③ 图片引自Fredrik Hiebert and Pierre Cambon：*AFGHANISTAN Hidden Treasures from the National Museum*, *Kabul*, National Geographic Society, 2008, p. 233.

图36 蒂拉丘地所在的希比尔甘位置示意图

子在他的肩颈上扛着一条大鱼，鱼头和鱼尾几乎相扣，围在肩上。男子右手持桨并按住鱼尾，左手扶住鱼头。此男子头部很圆，尖下颌，头上敲出的麻点代表头发。男子腰间围着三片莨苕叶，如腰裙一般。下身是两条盘曲如蛇状的鱼尾，其末端是以一颗圆珠束结的三叶状的鱼尾。此鱼头大尾细，身上有鳞，嘴巴扁而宽。头部像戴了一个帽壳，纹路是纵向的，末端向后上方翘起。男子的背后左右两边各有两三条下垂的长叶，学者维罗尼卡·舒尔茨（Veronique Schiltz）认为这是男子的翅膀，[1] 但笔者认为它更像是某种植物的长叶，在图34中可以很清楚地看到男子右臂手肘处的两片叶子前后交叠的关系，若是羽翼则应该更规范些。在牌饰的最下部有三个并排

---

[1] 王楠译自《阿富汗：重新发现的珍宝——喀布尔国家博物馆藏品》（Afghanistan, les trésors retrouvés s, Collections du Musée national d'Afghanistan），法国吉美博物馆2006年版（未刊稿）。

的圆圈纹饰。这个系着三片莨苕叶裙，长着两条盘曲鱼尾、手持船桨的人并不难认，就其本身的形象来源而言，他就是古希腊罗马神话中最常见的一位人物——海神波塞冬（Poseidon）的儿子特里同（Triton）。在中亚这个曾深受希腊文化影响的地方，不止墓葬中有特里同的形象出现，在一些建筑装饰上也经常见到，例如图37中这件建筑装饰板，① 特里同的形象以二方连续的形式刻出，中间以古希腊科林斯柱式隔开。雕刻板上的特里同形象与金牌饰上的人物几无二致，只是他们肩上没有扛着大鱼。其中有一个左手持船桨，其样式与金牌饰上特里同手中的船桨一模一样。巴基斯坦斯瓦特出土的一块公元2—4世纪的有着两条鱼尾特里同形象的雕刻板图像更为清楚，他的两条腿从膝盖以上是正常的，往下便是螺旋盘曲的鱼尾，腰间围着三叶莨苕叶裙（图38）。② 芝加哥大学艺术博物馆也藏有一块特里同的雕刻板（图39），③ 他的鱼尾亦如莨苕叶一般。莨苕叶在古希腊罗马的艺术中应用非常广泛，著名的科林斯柱式上的植物叶，便是莨苕叶。在中亚特里同的数量颇多，其流行程度可见一斑。

图37 特里同（犍陀罗 大英博物馆藏）

---

① 图片引自孙英刚、何平《犍陀罗文明史》，生活·读书·新知三联书店2018年版，第94页。
② 图片出处同上。
③ 图片出处同上。

图38 特里同（斯瓦特出土 2—4世纪）

图39 特里同（芝加哥艺术博物馆藏）

（二）特里同与海豚的图像分析

两条鱼尾的特里同形象在古希腊和古罗马十分常见，庞贝古城出土的一个小喷泉屋的马赛克装饰上便是两条鱼尾的特里同，这个小喷泉屋于1826年至1827年间被挖掘出来，其年代为公元1世纪，[1] 与蒂拉丘地1号墓的金牌饰年代相同。只是这里的鱼尾用卷草纹进行了图案化和装饰化的处理，腰间的叶裙虽也是莨苕叶，但不是三片（图40）。[2] 在希腊神话中特里同不仅是诸小海神之一，[3] 他也是河流之神，在一些人们修建的喷泉池的装饰上经常会出现他的身影。他的形象也常常会与海豚相伴出现。这座在庞贝出土的小喷泉屋，特里同的两侧便各有一只海豚。船桨是特里同的象征物，就如同三叉鱼叉是波塞冬的象征一样。庞贝另一个与小喷泉屋建筑相似的喷泉池，在圆拱门两侧相对位置各有一条海豚（图41），[4] 左边一条与三叉鱼叉组合，右边的则与船桨组合（图42），显然它们代表的是海神波塞冬和他的儿子特里同。两条鱼尾的特里同形象在欧洲一直延续着，罗马著名的纳沃纳广场喷泉池中便雕刻着四个有两条鱼尾的特里同（图43）。[5] 该喷泉池由贝尼尼设计。

长着两条鱼尾，腰间系着莨苕叶裙，手中持船桨的特里同形象源自古希腊罗马文明，蒂拉丘地1号墓出土的金牌饰上的人鱼男子，在基本人物形象特征上并没有改变特里同的图像学特征，变的只是

---

[1] Umberto Pappalardo and Rosaria Ciardiello, *Greek and Roman：Mosaics*, New York, Abbeville Press, 2012, p. 223.

[2] 图片引自 Umberto Pappalardo and Rosaria Ciardiello, *Greek and Roman：Mosaics*, New York, Abbeville Press, 2012, p. 222。

[3] 希腊神话中海神有很多，而我们一般所说的海神波塞冬实际上是海王，他是海洋里的最高神。

[4] 图片引自 Umberto Pappalardo and Rosaria Ciardiello, *Greek and Roman：Mosaics*, New York, Abbeville Press, 2012, p. 226。

[5] 图片引自 Carlo Cresti and Claudio Rendina, *PALAZZI OF ROME*, Magnus Edizioni Spa, Udine, 1998, p. 39。

人物的容貌。

图 40　小喷泉屋上的河神特里同（庞贝出土　公元 1 世纪）

图 41　喷泉屋（庞贝出土　公元 1 世纪）

古邺城地区出土北齐造像中的异域因素

图42 喷泉屋局部（海豚与船桨）

图43 意大利罗马纳沃纳广场的喷泉（16—17世纪）

至于特里同肩上扛的大鱼，维罗尼卡·舒尔茨（Veronique Schiltz）认为大鱼"肥大的头和扁厚的唇，再加上鲤鱼的鳞片"，更像是"鲶鱼或者更是被称作铲鼻的鲟鱼"。① 图44是阿姆河（乌浒河）大拟铲鲟，② 盖因头部扁平似铲故得名。它扁平的头部和嘴巴确实容易和金牌饰上海豚的嘴产生对应，但这种铲鲟头部比较扁平，整体形态与金牌饰上的大鱼有比较大的差距。本文认为，金牌饰上的大鱼其实还是古希腊罗马的海豚形象，它并没有受到多少在地化的影响。肥大的头、扁厚的唇及身上的鳞片这些都是古希腊罗马海豚形象常见的特征。乌克兰国家历史博物馆收藏的一件水晶海豚为公元1世纪作品，海豚的头和尾都是由黄金制成，时间与金牌饰相同（图45）。③ 这张照片的拍摄角度给了我们一个更好地观察古代海豚造型的机会。由于拍摄角度是侧上方，我们看到，这只水晶海豚的嘴是扁而宽的，宽大的头，额凸明显，整个身体被拉长，特别是越到后部越变得纤细，而且海豚本来长在身体中部的背鳍被移到了头顶。我们看金牌饰上的海豚，它的像戴了帽壳的头部，末端向后上方翘起，这正是被移到头顶的背鳍在俯视角度下所做的平面化处理。关于海豚，在古希腊罗马艺术中很少见到俯视角度的表现形式，更多的是正侧面，所以海豚给人的印象往往是小尖嘴。一件时间为公元前480年的古希腊陶瓶上画有骑在海豚上吹双笛的厄罗斯（Eros）④ 的图案（图46），⑤ 正侧面的海豚，有一个尖尖的小嘴，虽然它的背鳍还在原来的位置

---

① 《阿富汗：重新发现的珍宝——喀布尔国家博物馆藏品》（Afghanistan, les trésors retrouvés s, Collections du Musée national d'Afghanistan），王楠译，法国吉美博物馆2006年版（未刊稿）。法文版关于阿富汗宝藏的展览书籍早于英文版，但英文版关于这六枚金牌饰的说明主要翻译于法文版。英文版参见 Fredrik Hiebert and Pierre Cambon, *AFGHANISTAN Hidden Treasures from the National Museum, Kabul*, National Geographic Society, 2008, pp. 232–233。

② 图片引自网络《大阿姆拟鲟_互动百科》，http：//www.baike.com/wiki（登录时间：2018年8月27日）。

③ 加藤：《九祚黄金のシルクロード展—東西文明の交差》，黄金のシルクロード展実行委員會，1998年，第33頁。

④ 小爱神，希腊神话中称厄罗斯，罗马神话中叫丘比特（Cupid）。

⑤ 图片引自 Edited By J., *Michael Padgett: The Berlin Painter and His World: Athenian Vase-Painting in the Early Fifth Century B. C.*, Trustees of Princeton University, 2017, p. 316。

上，但头顶也出现了鱼鳍，和头下部的胸鳍共同构成头部的一个整体，这种艺术处理手法可能就是金牌饰上海豚头部特征的早期事例。此外，蒂拉丘地2号墓和3号墓均出土了一对骑海豚的小爱神勾扣（图47），二者极为相似。①这两对勾扣的海豚形象短胖还有鱼鳞，但我们之所以依然可以辨认出那是海豚，则是因为小爱神骑海豚的整个图式渊源以及海豚头部的鱼鳍——这是海豚形象在漫长的变化发展中最显著的一个特征。图48是庞贝古城出土的公元前1世纪海豚图案的马赛克装饰图案，②它头上夸张的鱼鳍格外显眼。海豚形象，早在公元前6世纪就被作为大海及诸海神的象征出现在希腊瓶画上，而人骑海豚的形象最早出现在公元前6世纪的最后25年，③可见人骑海豚这种图式时间之久远。蒂拉丘地墓葬中的海豚形体短胖，但这只不过是根据实际需要进行的艺术处理而已，它依然保持了古希腊罗马艺术中海豚头部鱼鳍的特点。至于海豚身上的鱼鳞也是早就有之，其实不只海豚，特里同等海神、海兽的鱼尾上也经常会出现鳞片，或象征鳞片的装饰图案。当然真实的海豚本身并无鱼鳞，给它安上鳞片只是在强调它的"大鱼"身份。希腊文明是海洋文明，深刻影响了整个西方世界，"大鱼文化"始终是西方文化记忆中的一项重要内容，尽管有时它被人们忽略。④因此，特里同肩头扛的那条大鱼，就其图像本身而言，无疑是一条海豚。

维罗尼卡·舒尔茨（Veronique Schiltz）认为，这个金牌饰上肩

---

① 不同点在于2号墓的小爱神有翅膀，3号墓的没有，且3号墓的海豚头鳍和尾鳍上还有绿松石镶嵌。

② 图片引自 Umberto Pappalardo and Rosaria Ciardiello, *Greek and Roman: Mosaics*, New York, Abbeville Press, 2012, p. 14。

③ Edited By J., *Michael Padgett: The Berlin Painter and His World: Athenian Vase-Painting in the Early Fifth Century B. C.*, Trustees of Princeton University, 2017, p. 317.

④ 周峰：《"渔"行为与海明威》，博士学位论文，华东师范大学，2011年。

图 44　阿姆河大拟铲鲟

图 45　水晶海豚（公元 1 世纪后半叶，乌克兰国家历史博物馆藏）

图 46　骑在海豚上吹双笛的厄罗斯（希腊）

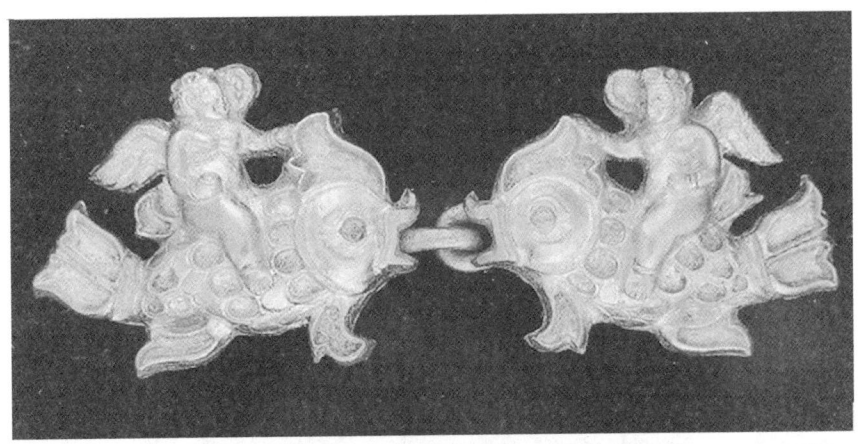

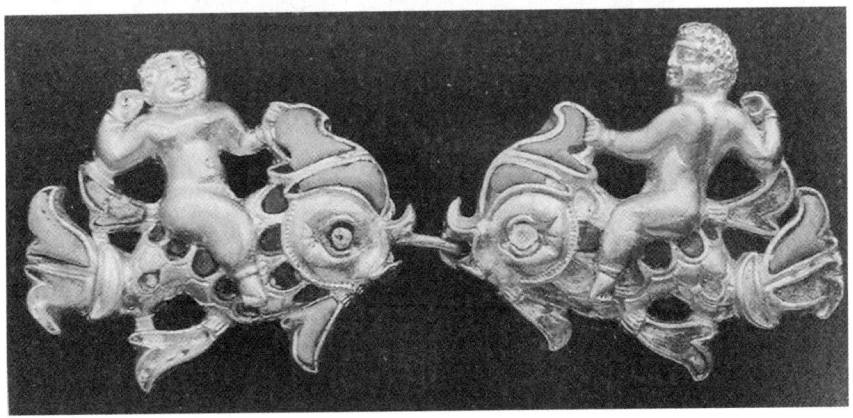

古邺城地区出土北齐造像中的异域因素

图47 骑海豚的小爱神（蒂拉丘地2号墓、3号墓 1世纪）

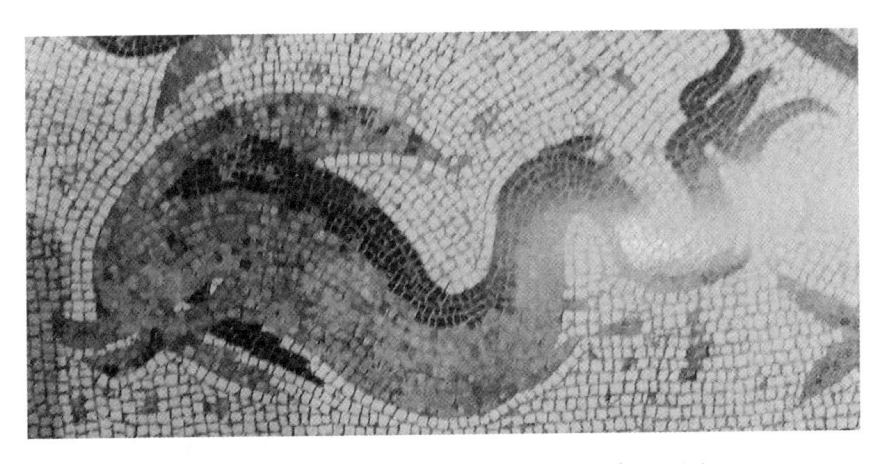

图48 海豚马赛克装饰（庞贝出土 公元前1世纪）

图 49　女神像（公元前 400—前 350 年，Kul-oba 遗址出土）

扛大鱼的人可能是乌浒河（阿姆河）的河神，或至少与所有斯基泰人的母亲——水泽女神相关，本文也认为这是极有可能的。不论是特里同还是海豚，都与海洋、与水相关，特里同本身也是河神，它的形象经常出现在有水的地方，例如喷泉池，从古至今皆是如此。在巴克特里亚这个深受古希腊文化影响的地方，居于此地的斯基泰人，借用与自己信仰中神格相同或相似的希腊神祇的形象作为自己的神的形象是很自然的，而且长着两条盘曲似蛇的鱼腿的特里同与斯基泰人的水泽女神即蛇女，在意象上也多少给人以相似之感。图 49 中的女神像，[1] 出土于乌克兰东部刻赤附近（Kerch）的一处名为 Kul-Oba 的古代斯基泰皇室墓葬遗址，具希腊风格，女神左手提着一

---

[1] 图片引自维基百科 Kul-Oba-Wikipedia, https：//en.wikipedia.org/wiki/Kul-Oba（登录时间：2018 年 8 月 21 日）。

颗人头，她背后的"羽翼"和衣裙好像是由一种身上长着锯齿的蛇形怪兽构成，特别是第一层衣裙，俨然两个蛇头，身上似有鳞片，但没有锯齿。这个神像也许就是水泽女神，至少这为我们提供了可资参照的斯基泰神祇的一个例证。

经上述图像分析可以看出，这个金牌饰上人与海豚的形象均是源自古希腊罗马，但把海豚围在肩上的形式在古希腊罗马则十分少见，这应该是这个游牧民族的创造。

肩扛大鱼的人物形象是谁带入中国，这在学界有不同的看法，由粟特人传入是为一说，此外，扛鱼人物的双腿由双鱼尾变成正常的人腿，这种变化也许在中亚已经发生，也许是在进入中国之后，这有赖今后更多证据的出现。但不管怎样，我们终于发现，在东魏—北齐频繁出现的河神王形象有着其古希腊罗马的文化渊源。不过在进入中国之后，神王肩头扛的大鱼，渐渐变成怀抱大鱼（图50、图51），这种抱鱼的姿态，似乎更符合农耕文明的特点。

图50　石佛座上的河神王（北齐　邺城遗址出土）

图51 河神王像（北齐 临漳佛教艺术博物馆藏）

四 结语

北齐造像，在中国佛教艺术史上留下了极为绚烂的一笔。在当时中外文化密切交流的背景下，北齐的佛造像艺术中保存了大量的外来文化因素，而且这个外来文化并非单一的，它包括印度、古希腊罗马以及波斯、粟特等多种文化。亚历山大的东征将古希腊文明带进了中亚，中亚这个世界的十字路口，犹如一个文化的大熔炉，当各种文化因素经中亚被带进中国时，它就已经发生了一些改变。当然，北齐工匠对于外来文化并非一成不变地被动接收，而是有着主动改造，以更适合中国的审美和习惯。

（作者单位：中国社会科学院文学研究所）

注经、著论与修史：玄学著述体制与魏晋学术转型[*]

刘 宁

魏晋时期，士人表达玄学思考有两种重要的体式：注经与著论，王弼、郭象创作了重要的经典注释之作，而嵇康、阮籍等人则偏长于著论。在思想表达功能上，注经与著论有显著的差异。王、郭、嵇、阮在体式运用上的偏擅独诣，与其学术渊源、著述格局，都有密切联系。

就著述形式而言，专注于注经的王、郭，未曾着意于修史；而擅长著论的嵇、阮等人，则都有史学撰述。这种对"史"的不同态度，倘若从魏晋以来经史关系的演变来看，就很值得关注。魏晋学术格局的转型，内涵十分复杂，但经史关系的变化，则是其中的关键，目录学上的"史部独立"，即是这一变化的反映。汉代学者之著述，往往涉及多种形式，但经史兼擅，则并不多见。东汉学者多偏重于经、史之一端，专注于经学而不涉及史学著述的情形十分普遍，魏晋以后，经史并重的现象开始增多。东晋以下，经史

---

[*] 本文为国家社科基金一般项目"中唐古文与儒学转型"（项目编号：10BZW038）的阶段成果。

兼擅已经相当普遍。魏晋史书写作的繁盛，正与此有关。从这个大背景来看，王弼、郭象之著述结构，仍然承袭了东汉专注于经学而无涉史学的传统，嵇、阮则较为接近经史兼擅的新格局。他们的体式选择、学术格局与玄学造诣之间的关系，是个很耐人寻味的问题。

一 注经与著论

玄学家最常采用的文体，有经注与"论"体文两种。王弼的《老子注》《周易注》，向秀、郭象的《庄子注》，是前者的代表，而阮籍、嵇康则是著论的高手，其主要的作品，都是"论"体文，如《声无哀乐论》《养生论》《宅无吉凶论》《通易论》《达庄论》等。《晋书·向秀传》记载："（向）秀欲注《庄子》，嵇康曰：'此书讵复须注？正是妨人作乐耳。'"①"论"之作手嵇康对注《庄子》不以为然，大概并非偶然，而是隐含了对表达体式的看法。"论"体文与经典注释在表达功能上，有什么区别，与玄学思想的展开，有怎样的内在联系，这对于理解玄学思潮十分重要。

著论与魏晋时期的士人清谈，有着极为密切的联系。②刘永济《文心雕龙校释·论说十八》就揭示了清谈与"论著之风郁然兴起"的共生现象：

> 魏晋之际，世极乱离，学靡宗主，俗好臧否，人竞唇舌，而论著之风郁然兴起。于是周成、汉昭之优劣，共论于庙堂；

---

① （唐）房玄龄：《晋书》，中华书局1974年版，第1374页。
② 关于魏晋清谈与"论"体文写作的关系，彭玉平有细致的讨论，见彭玉平《魏晋清谈与论体文之关系》，《中国社会科学》2001年第2期。

圣人喜怒之有无，竞辩于闲燕。文帝兄弟倡其始，钟、傅、王、何继其踪。迨风会既成，论题弥广。①

在这种共生关系中，"论"体文的内容，往往就是清谈反复讨论的话题，其中既有人物之品评，也有更为丰富的玄学义理的讨论。有时，清谈与著论甚至是同时进行的，如《世说新语·文学》云：

支道林、许（询）、谢（安）盛德，共集王（濛）家，谢顾谓诸人："今日可谓彦会。时既不可留，此集固亦难常，当共言咏，以写其怀。"许便问主人有《庄子》不？正得《渔父》一篇，谢看题，便使四座通。支道林先通，作七百许语，叙致精丽，才藻奇拔，众咸称善。于是四座各言怀毕。谢问曰：卿等尽不？皆曰：今日之言，少不自竭。谢后粗难，因自叙其意，作万余语，才峰秀逸。既自难干，加意气拟托，萧然自得，四座莫不厌心。支谓谢曰：君一往奔诣，故复自佳耳。②

在这样的环境中，清谈的积极参与者，往往也是论文的作手，例如，何晏是早期清谈的领袖人物，《世说新语·文学》刘孝标注引《文章叙录》云："晏能清言，而当时权势，天下谈士，多宗尚之。"③ 而何晏著论甚多，其《道德论》即有重要影响。王弼也是清谈之高手，《世说新语·文学》："何晏为吏部尚书，有位望，时谈客盈座，王弼未弱冠往见之，晏闻弼名，因条向者胜理语弼曰：此理

---

① （南朝梁）刘勰撰，刘永济校释：《文心雕龙校释》，中华书局上海编辑所 1962 年版，第 65 页。
② （南朝宋）刘义庆撰，（南朝梁）刘孝标注，余嘉锡笺疏：《世说新语笺疏》，上海古籍出版社 1993 年版，第 237 页。
③ 同上书，第 195 页。

仆以为极，可得复难否？弼便作难，一坐人便以为屈，于是弼自为客主数番，皆一座所不及。"① 何晏、钟会、王弼等人关于圣人情感之有无的争论，被辑为《圣人无情》六卷，《隋书·经籍志》有著录，但今天已经亡佚。

在清谈中，思理深刻的论文，往往成为清谈的依据和取资。《世说新语·文学》："旧云王丞相过江左，止道声无哀乐、养生、言尽意三理。"刘孝标注认为，此处所言三理，即指嵇康《声无哀乐论》《养生论》及欧阳建的《言尽意论》。② 为了增强谈辩之力，士人要对重要论文反复研习，《世说新语·文学》载殷仲堪"三日不读《道德论》，便觉舌本间强"。③ 这种研习，往往从少年初学之日就开始了，《三国志·魏志·曹植本传》："（植）年十余岁，诵诗、论及辞赋数万言。"④ 王僧虔在《诫子书》中，特别强调了学习重要论文的必要性："且论注百氏、荆州《八帙》，又《才性四本》、《声无哀乐》，皆言家口实，如客至之有设也。"⑤ 其中《才性四本论》《声无哀乐论》都是重要的论文，而所谓"言家口实"，是指清谈时据以取资的文献。⑥ 余嘉锡认为："清谈之重《四本论》如此，殆如儒佛之经典矣。"⑦

"论"体文源于《荀子》，以"述经叙理""辨正然否"为其特

---

① （南朝宋）刘义庆撰，（南朝梁）刘孝标注，余嘉锡笺疏：《世说新语笺疏》，上海古籍出版社1993年版，第195—196页。
② 同上书，第211页。
③ 同上书，第242页。
④ （晋）陈寿撰，（宋）裴松之注：《三国志》，中华书局1963年版，第557页。
⑤ （南朝梁）萧子显：《南齐书》，中华书局1972年版，第598页。
⑥ 汤用彤与余英时皆认为，此处"言家口实"云云，乃清谈者必读之书之谓，见汤用彤《魏晋玄学论稿·王弼之〈周易〉〈论语〉新义》，《汤用彤全集》，河北人民出版社2000年版，第四卷，第73页；余英时《王僧虔〈诫子书〉与南朝清谈考辩》，《中国文化》第8期，生活·读书·新知三联书店1993年版。
⑦ （南朝宋）刘义庆撰，（南朝梁）刘孝标注，余嘉锡笺疏：《世说新语笺疏》，上海古籍出版社1993年版，第195页。

点，而魏晋时期的"论"体文，在"辨正然否"方面有极大的发展，这就与清谈的论辩方式，有很大的关系。清谈时，一人发论之后，必以有人发难为盛。一般是一方发论，一方诘难，发论方再加答辩，往复争论可至数番（或称"数出"）。清谈时如何折服对方，如同用兵作战，很讲究战略战术，一些清谈名词如"坚守城垒""云梯仰攻""汤池铁城""崤函之固"等，都是清谈策略的形象概括，这种复杂的论辩，反映到"论体文"中，就是"辨析群言"的内容极大地丰富，例如，嵇康《声无哀乐论》，其中有七难七答，就可以想见往复辩难的云谲波诡。同时，还出现了许多相互辩难的论文，如钟荀的《太平论》与王粲的《难钟荀太平论》，阮籍的《乐论》与夏侯玄的《辨乐论》，嵇康的《养生论》与向子期的《难嵇叔夜养生论》。著论与清谈相比，还可以从容构思，因此辨析的精微颖锐，可以更胜一筹。有些人清谈的敏锐未见其佳，而著论更为擅长，例如，殷融著有《象不尽意论》《大贤须易论》，"理义精微，谈者称焉"，但"兄子浩，亦能清言，每与浩谈，有时而屈。退而著论，融更居长"。[①]《世说新语·文学》："太叔广甚辩给，而挚仲治长于翰墨，俱为列卿。每至公坐，广谈，仲治不能对；退著笔难广，广又不能答。"[②]

在清谈风气中，经典注释也扮演着重要角色。魏晋清谈之大宗是玄学义理，而通过注释《老子》《庄子》《周易》等经典阐发玄理的风气十分流行，王弼的《老子注》《周易注》，向秀、郭象的《庄子注》都是这种风气的产物，而这些新注释对玄理的阐发，也成为清谈的重要"口实"。《晋书·向秀传》云："庄周著内外数十篇，

[①] 此为刘孝标注引《中兴书》之语。（南朝宋）刘义庆撰，（南朝梁）刘孝标注，余嘉锡笺疏：《世说新语笺疏》，上海古籍出版社1993年版，第255页。

[②] （南朝宋）刘义庆撰，（南朝梁）刘孝标注，余嘉锡笺疏：《世说新语笺疏》，上海古籍出版社1993年版，第255页。以上讨论，参考了彭玉平在《魏晋清谈与论体文之关系》中的论述。

历代才士虽有观者，莫适论其旨统也。秀乃为之隐解，发明奇趣，振起玄风。读之者超然心悟，莫不自足一时也。惠帝之世，郭象又述而广之，儒、墨之迹见鄙，道家之言遂盛焉。"① 南朝王僧虔批评子弟："汝开《老子》卷头五尺许，未知辅嗣何所道，平叔何所说，马、郑何所异，《指例》何所明，而便盛于麈尾，自呼谈士，此最险事。"② 从中可以见出，重要的经典注释，是谈士必须掌握的。

与著论相比，经注写作的独立性更强，其与清谈的共生互动，远不像著论那样密切。著论的题目，往往直接来自清谈话题，既有内容相对具体的话题，例如"声无哀乐""宅无吉凶"，也有抽象玄理的讨论，例如《道德论》《言不尽意论》等。至于注经，则是在经典阐释中讨论玄学义理，并不直接由清谈话题所促发。

注经在阐发玄理的广度上，也要明显超过著论。论文的题目来自清谈的话题，而论文围绕论题的层层解析，往往受到清谈论域的制约，其所辨析的"群言"许多就是清谈中论敌所提出的意见，当然，可以从容构思的论文，对论题的内涵，可以思考得更丰富，深入前言往哲，涉及更多层面，但这仍然难以和经典注释所涉及的丰富内容相比。经典注释，是与经典本身，以及所有前代与当代的阐释者的对话，这样的对话，在深度和广度上，都要远超由现实讨论所激发的思考。阮籍的《通易论》《达庄论》，与王弼的《周易注》、郭象的《庄子注》；仅从讨论所涉及问题的广度上看，注释之作就远在论文之上。就是王弼本人的《周易略例》《老子指略》是解经义例之文，与其注释相比，前者所论的内容，也比后者要集中得多。

在形式上，魏晋时期注经与著论最显著的差异，就是"论辩"内容之有无。王、郭等人的经注，以解说为主，几乎没有辨析群言

---

① （唐）房玄龄：《晋书》，中华书局1974年版，第1374页。
② （南朝梁）萧子显：《南齐书》，中华书局1972年版，第598页。

的内容；而这种辨析性内容，显然是"论"体文不可或缺，也最引人注目的成分。

如前所述，撰作了《周易注》《老子注》的王弼，本身是清谈的高手，也以著论而擅名一时，遗憾的是，王弼的论，今皆不传，但可以想见，王弼亦是长于论辩者，但其《周易注》《老子注》都是以直接阐发大义为主，很少针对有分歧的言论进行辨析。西晋郭象之《庄子注》也是这样的格局。王、郭注经的特点，从两汉魏晋南北朝经学注释传统的演变来看，尤其值得关注。

经典注释的基本特征是发明和解说，但从先秦的传记，到汉代以后形成的传注与义疏，其中经常可以看到问答、论辩的内容。例如《春秋公羊传》《春秋穀梁传》，其解经都是以问答进行，例如《公羊传》隐公元年"郑伯克段于鄢"云：

> 克之者何？杀之也。杀之则曷为谓之克？大郑伯之恶也。曷为大郑伯之恶？母欲立之，己杀之，如勿与而已矣。段者何？郑伯之弟也。何以不称弟？当国也。其地何？当国也。齐人杀无知，何以不地？在内也，在内，虽当国不地也。不当国，虽在外，亦不地也。①

这里以回答问难的方式，对经义进行说解，这些问难，换一个角度，其实就可以看作分歧性意见的呈现。又如《礼记》中的《乐记》《学记》《丧服小记》《杂记》等，汇编有关礼的说解内容，其中也包含着辨析群言的因素，《荀子》对"论"体文的开拓，正是在接续"记"的传统中所形成。西汉时期的今文章句，

---

① （汉）公羊寿传，（汉）何休解诂，徐彦疏：《春秋公羊传注疏》，李学勤：《十三经注疏》，北京大学出版社1999年版，第17—18页。

如前所述，说经牵合甚广，"说五字之文，至二、三万言"，其中很可能包含辨析论难的内容，但由于西汉章句，完帙皆已亡佚，所以无法确知。

南北朝时期所形成的"义疏体"，同样拥有显著的问答论辩因素。例如今天传世的义疏体著作，目前学界认为是北齐人徐彦所作的《公羊传疏》，就有许多问答之语：

> 问曰：案宋氏之注《春秋说》："三科者，一曰张三世，二曰存三统，三曰异外内，是三科也。九旨者，一曰时，二曰月，三曰日，四曰王，五曰天王，六曰天子，七曰讥，八曰贬，九曰绝。时与日月，详略之旨也；王与天王天子，是录远近亲疏之旨也；讥与贬绝，则轻重之旨也。"如是，三科九旨，聊不相干，何故然乎？〇答曰：《春秋》之内，具斯二种理，故宋氏又有此说，贤者择之。〇问曰：《文谥例》云："此《春秋》五始、三科、九旨、七等、六辅、二类之义，以矫枉拨乱，为受命品道之端，正德之纪也。"然则三科九旨之义，已蒙前说，未审五始、六辅、二类、七等之义如何？〇答曰：案《文谥例》下文云：五始者，元年、春、王、正月、公即位是也。七等者，州、国、氏、人、名、字、子是也。六辅者，公辅天子，卿辅公，大夫辅卿，士辅大夫，京师辅君，诸夏辅京师是也。二类者，人事与灾异是也。①

在上述经典解释文体中，问答论辩因素的出现，与经学的论辩

---

① （汉）公羊寿传，（汉）何休解诂，徐彦疏：《春秋公羊传注疏》，李学勤：《十三经注疏》，北京大学出版社1999年版，第5页。徐彦之时代，目前学界认为为北齐人，参见赵伯雄《春秋学史》，山东教育出版社2004年版，第331—335页。

风气有直接的关系。西汉经师极重论辩,牟润孙云:"西汉经师即重论辩,《汉书·儒林传》颇载之,如赵宾说《易》,持论巧慧,论家不能难,皆曰非古法也。后宾死,莫能持其说,以此不见信。瑕丘江公受《穀梁春秋》于鲁申公,传子至孙为博士。江公呐于口,武帝使与董仲舒议,仲舒善持论,江公不如仲舒,于是因尊《公羊》家。江公弟子荣广高才捷敏,与《公羊》大师眭孟等论,数困之,好学者颇复受《穀梁》。是论辩关系一家学派之盛衰有如此者。"[1] 至于"义疏体"中大量问答论辩因素的存在,牟润孙认为,与南北朝时期经学传授中的论辩有密切关系,是玄谈与讲经深入联系的结果。[2]

但是,经学论辩风气的存在,与经学注释中有无论辩因素,并不是一个线性的影响关系,同样是经学论辩丰富的东汉时代,经学注释中的论辩问答因素就十分罕见。东汉古文经学兴盛,在注释形式上,以训诂明大义为主,辨析异说、牵合说解的内容,概从简化。郑玄遍注群经,训示字义,发明文义,平正简要,不枝不蔓,《毛诗笺》创"笺"体,亦以发明补正为主。东汉的经学论辩也很丰富,但有关的经学著作,却难以看到论辩之迹,例如西汉的"石渠阁奏议"保留了不少论辩问难的内容,而东汉的《白虎通义》则完全看不到论辩的往复之迹,留下的只有最终之"定论"。这样的变化,与东汉经学突破家法,追求博通,显然是有关系的。西汉之今文章句学,注重师法、家法,守家法,故当发扬师说,攻驳异见,论难辨析的"求异"之论,自然十分重要。东汉治经趋于博通,故不重"求异",而重"会通"。郑玄注经,兼采今古文,同则同之,异则

---

[1] 牟润孙:《论魏晋以来之崇尚谈辩及其影响》,《注史斋丛稿(增订本)》,中华书局2009年版,第161页。
[2] 牟润孙:《论儒释两家的讲经与义疏》,《注史斋丛稿(增订本)》,第88—155页。

异之，故殊少辨析攻驳之论。

从两汉魏晋南北朝经学注释的演变来看，王弼、郭象的注释，与东汉古文经学的注释特点十分接近。在魏晋谈辩大兴的环境里，王、郭的经典注释，一扫论辩之迹，以平正会通之论为主，这与东汉古文家，在经学论辩的风气里，选择平正简要的注释之体，颇为接近。王、郭经注之不重"论辩"与"论"体文之长于"论辩"，形成了鲜明的对比，由此也带来了两者在发明玄理之方式上的显著差异。王、郭之所以选择这样的经典注释形式，既有来自东汉古文经学的影响，也源自其玄学思想表达的深刻内在需要。

"论"体文在辨析群言时，有许多精力是放在辨名析理的"名理"探讨上，对玄理的体察，往往不那么直接而鲜明。这在嵇康著名的论文中，有鲜明的体现。戴琏璋先生指出，嵇康的论文包含了"名理的思辨"与"玄理的体察"两方面内容，前一方面是指，他为了"纠正对方谬误，申述自己意见，在思辨理则与推理方法方面，都有所讲究"，具体表现就是对矛盾律、排中律，以及"推类辨物""辨名析理"等推理方法的运用；而"玄理的体察"，则是对有别于"常理"的"至理"的体察，主要表现在性命自然、和声无象、释私无措这些议题上。[①] 由于嵇康的论文关于名理的论辩内容十分突出，因此，很多人"往往被他的滔滔雄辩所吸引，而忽略了玄理方面的微意。尤有甚者，模糊了名理与玄理的分际"，甚至"完全以名理思辨的方式来认识玄理"。[②] 戴先生对此做了深入的辩驳，指出"嵇康虽然重视名理，但是他卓越的成就还是在玄理方面"。[③]

对嵇康"名理""至理"之论的混淆，甚或对其"至理"之体

[①] 戴琏璋先生对嵇康思想中"名理"与"玄理"的辨析，参见所著《玄智、玄理与文化发展》，"中央"研究院中国文哲研究所2002年版，第117—161页。
[②] 同上书，第156页。
[③] 同上书，第161页。

察的漠视，是很常见的理解误区，但这个误区的产生，与嵇康论体文中大量着眼于"名理"的论辩内容的存在，显然不无关系。至于王、郭的经注，由于不采"论辩"入注，因此能发明经义，直探玄理，绕开了辨析"名理"的枝蔓而直接着眼于玄理的体察与解悟。

其次，论体文大量出现的"名理"辨析，是以"别异"为特点，即别白名实之差异与矛盾。魏晋论体文，受到法家之文的深刻影响。《文心雕龙·论说》："魏之初霸，术兼名法；傅嘏、王粲，校练名理。"① 刘师培云：

> 魏祖提倡名法，趋重深刻，故法家纵横又被于文学。……王仲宣介乎儒、法之间，其文大都渊懿，惟议论之文推析尽致，渐开校练名理之风，已与两汉之儒家异贯。盖论理之文，"迹坚求通，钩深取极"，意尚新奇，文必深刻，如剥芭蕉，层脱层现，如转螺旋，节节逼深。不可为肤里脉外之言及铺张门面之语，故非参以名法家之言不可，仲宣开此派之端也。……至嵇叔夜将文体益加恢宏，其面貌虽与韩非全殊，而其神髓仍与法家无异。②

如前所述，《韩非子》对正名逻辑的运用，主要是从矛盾的辨析入手，而韩非之文的犀利老辣，正来自他对"名"与"名"之间，不可两存的尖锐对立的揭示。魏晋时期的"论"体文，在辨析群言时，就接续了韩非之文的"别异"，而辨析更趋精微，论证更为恢宏。

王弼、郭象的经典注释，在回避辨析异说这一内容的同时，也淡化了"别异"的思路，而更注重"会通"。这里所谓的"会通"，

---

① 周振甫：《文心雕龙今译》，第166页。
② 刘师培：《中国中古文学史讲义》，刘跃进讲评，第176—177页。

有经学和玄学两层含义。从经学上讲，东汉经学追求博通兼采，打破家法门户之见，郑玄遍注群经、兼采古今，其对前人经说，正体现出一种"会通"的态度。在这种"会通"态度下产生的经典注释，就比较淡化"攻驳异说"的内容，以直接的取舍成说为其特点。王弼、郭象的经典注释，其形式与东汉经学之"会通"性的注释传统，十分接近。从经学渊源上讲，王弼与东汉古文经学有直接的渊源关系，其《周易注》《老子注》也具有鲜明的"会通"成说的特色。

从玄理探讨的角度看，王、郭的经注，与阮、嵇之"论"体文相比，更好地体现了玄理在体用层面上的贯通性，这是"会通"在玄学意义上的体现。在经典注释中，注释者要全面回应经典以及注释传统所呈现的疑难，这在哲学意义上，正是一个本末体用如何通贯的问题。要实现这个通贯与会通，"名理"的辨析与推求，固然有所助益，但在根本上还有赖于玄理的体悟与发明。因此，在玄理的层面，倘若对体用关系有深入的会通，名理的辨析就会相对淡化。这也是王、郭经注，不采"论辩"入注的原因。

在玄学史上，王弼、郭象的玄理思考，都体现了贯通体用的深刻追求，余敦康先生在分析魏晋玄学之发展阶段时说："玄学思潮的演变……有一条清晰的发展线索。如果说王弼的贵无论的玄学体系致力于结合本体与现象、自然与名教，代表了玄学思潮的正题，那么阮籍、嵇康的自然论以及裴頠的崇有论则是作为反题而出现的。阮籍、嵇康强调本体、崇尚自然，裴頠则相反，强调现象，重视名教，他们从不同的侧面破坏了王弼的贵无论的玄学体系，促使它解体，但却围绕着本体与现象、自然与名教这个核心进行了新的探索，在深度和广度方面极大地丰富了玄学思想。郭象的独化论是玄学思潮的合题……在更高的水平上把本体与现象、自然与名教结合在一起。"① 可见，在玄学史上，对本体与现象、自然与名教的关系，王弼与郭象都致力于结合与通贯，而阮籍、嵇康所追求的"越名教而任自然"，则突出了两者的矛盾。追求统一的王、郭，运用经典注释的形式表达自己的思想，而突出矛盾的阮、嵇，倾力于"论"体之文，而在经典注释上殊少建树，这正透露出注经与著论，在思想表达上的显著差异。

当然，魏晋时期，王、郭之外，还有很多士人，从事经典注释，例如何晏的《论语集解》等，这些经典注释也并未在玄理表达上有突出建树；另一方面，王弼的玄理思考，也通过著论的形式来表达。但是，从总体情况来看，经典注释，为王、郭贯通体用、结合名教与自然的玄学思考，提供了最好的思想表达形式，而其时蔚为大宗的"论"体文，则不能承担这样一种独特的思想追求。

魏晋以下，经典注释在中国的思想表达传统中，一直扮演着极为重要的角色，朱熹之《四书集注》成为理学经典而被悬为楷式。从玄学时代经典注释与论文的分殊，可以看出，注释经典为思想者深入解决体用矛盾的努力，提供了一个最充分的表达形式。在中国哲学中，体用关系作为一个核心问题，其所涉及的内容，包罗丰富，并不能简单地化约为本体论、宇宙论、认识论、人生观等课题，只有在经典注释中，思想者才能尽可能全面地回答体用结合所可能碰到的问题，从而做出有深度的思想建树。

二 注经、著论与修史：体式选择与学术转型

王弼、郭象之精于注经，嵇康、阮籍之偏长著论，这不仅折射

---

① 余敦康：《魏晋玄学史》，北京大学出版社 2004 年版，第 323 页。

出彼此才性好尚的差异，也反映了各自学术格局的不同。在魏晋学术转型背景下观察这一差异，其间有很多耐人寻味之处。

王弼等人的著述，多有散佚，《汉晋学术编年》结合传世目录，总结各人之著述如下：①

王弼	《周易注》六卷、《易略例》一卷、《周易大衍论》三卷、《周易穷微论》一卷、《易辨》一卷、《论语释疑》三卷、《老子道德经注》二卷、《老子指略》二卷、集五卷、录一卷
郭象	《论语体略》二卷，《论语隐》一卷，《庄子注》三十卷，《目》一卷，《庄子音》三卷，《述征记》二卷，碑、论十三篇，集五卷、录一卷

从中可见，王、郭二人倾力于注经而极少史学撰作，其中所提到的郭象《述征记》类似史著，但今本《隋志》所记《述征记》为郭缘生撰，《编年》疑误。

嵇、阮著述之体类则与此颇为不同：

嵇康	《周易言不尽意论》一篇、《春秋左氏传音》三篇、《圣贤高士传赞》三卷、《养生论》三卷、集十五卷、录一卷、《家诫》、《声无哀乐论》、《巢父许由图》、《狮子击象图》
阮籍	《通老论》、《达庄论》、《通易论》一卷（五篇）、《道德论》、《乐论》、《宜阳记》、《秦记》、集十二卷、录一卷

从中可见，嵇、阮多有与史学相关之撰述，如嵇康的《圣贤高士传赞》、阮籍的《宜阳记》《秦记》等。高贵乡公二年，司马昭辅政，以阮籍为侍中，典著作，与王沈、荀顗等人共撰《魏书》。② 这一任命，也是阮籍具有史才的反映。

王、郭与嵇、阮，对史学撰述的不同态度，是一个透视彼此学术格局差异的重要角度。魏晋学术格局，相对于两汉发生了显著的变化，而经史关系的转变，则是关键所在。魏晋史著繁盛，目录学

---

① 本文所述有关士人的著述目录，参考了刘汝霖《汉晋学术编年》，华东师范大学出版社2010年版；刘汝霖《东晋南北朝学术编年》，华东师范大学出版社2010年版。
② （唐）房玄龄等撰：《晋书》卷三十九，中华书局1974年版，第1143页。

上出现了"史部独立"的现象。反映在士人之著述格局上，则是从汉代的经、史不能兼擅，转向经、史并重情形的大量出现。

汉代士人的著述涉及多种类型，但如果用魏晋以后目录学经史分部的标准来观察，会发现其中经史并重的情形比较少见。西汉之经学家，极少史学著述，而史家如司马迁，也没有经学方面的撰作。西汉末年的刘向、扬雄等人，格局稍见拓展，但东汉以后，在经学著述繁盛的格局中，经、史之间的分立，又突出出来。东汉大量的经学家，其著述于经学卷帙众多，于史学，或全无涉猎，或仅一二短制厕身其间。其中专力经学，而于史学几无涉猎的经学家，最有代表性的，有郑众、贾逵、郑玄、何休等人，据传世文献，可知其著述目录如下：

郑众	《毛诗传》、《春秋删》十九篇、《婚礼》、《春秋外传训注》、《周官解诂》、《孝经注》二卷、《春秋左氏传难记条例》九卷、《牒例章句》九卷
贾逵	《古文尚书训》、《欧阳大小夏侯尚书古文异同》三卷、《齐鲁韩毛四家诗异同》、《毛诗传》、《毛诗杂议难》十卷、《春秋左氏长经》二十卷、《春秋左氏解诂》三十卷、《春秋左氏经传朱墨例》一卷、《春秋外国语注》二十卷、《春秋释训》一卷、《春秋三家经本训诂》十二卷、《周官解诂》、集二卷
郑玄	《周易注》十卷、《尚书注》九卷、《尚书音》五卷、《尚书大传注》三卷、《毛诗故训传笺》二十卷、《诗谱》二卷、《诗音》、《周官注》、《周礼音》二卷、《答临孝存周礼难》、《仪礼注》十七卷、《礼议》二十卷、《仪礼音》二卷、《礼记注》二十卷、《礼记音》二卷、《丧服经传注》一卷、《丧服记》一卷、《丧服变除》一卷、《三礼目录》一卷、《三礼图》、《五宗图》一卷、《驳何氏汉议》二卷、《发公羊墨守》一卷、《箴左氏膏肓》十卷、《起穀梁废疾》三卷、《春秋十二公名》一卷、《春秋左氏分野》一卷、《论语注》十卷、《论语释义》十卷、《孔子弟子目录》一卷、《六艺论》一卷、《答甄子然》、《驳许慎五经异议》、《鲁礼禘祫义》、《孟子注》七卷、《易纬注》九卷、《乾凿度注》、《通卦验注》、《尚书纬注》六卷、《尚书中候注》八卷、《诗纬注》三卷、《礼纬注》二卷、《礼记默房注》三卷、《春秋纬注》、《孝经纬注》、《洛书灵准听注》、《九宫经注》三卷、《九宫行棋经注》三卷、《九旗飞变》一卷、《乐纬动声仪》、《乾象历注》、《天文七政论》、《汉律章句》、《汉宫香法注》、《日月交会图注》、集二卷、录一卷
何休	《春秋公羊传解诂》十一卷、《春秋左氏膏肓》十卷、《春秋穀梁废疾》三卷、《春秋汉议》十三卷、《春秋公羊墨守》十四卷、《春秋公羊文谥例》一卷、《春秋公羊传条例》一卷、《春秋议》十卷、《孝经注》、《论语注》、《风角注》、《七分注》、《冠礼约制》

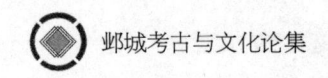

东汉士人，其著述以经学为主，仅稍稍涉及史著的，则有马融、服虔等人：

马融	《易传》十卷、《尚书注》十一卷、《毛诗注》十卷、《周官传》十二卷、《仪礼注》、《丧服经注》、《三传同异说》、《孝经注》、《论语注》、《礼记注》、《列女传注》、《老子注》、《淮南子注》、《离骚注》、《律章句》、集九卷
刘熙	《谥法注》三卷、《孝经注》、《孟子注》七篇、《列女传》八卷、《释名》八卷
服虔	《春秋左氏传解谊》三十卷、《春秋左氏膏肓释疴》十卷、《春秋成长说》九卷、《春秋塞难》三卷、《春秋音隐》一卷、《汉书音训》一卷、《通俗文》一卷
许慎	《孝经孔氏古文说》、《五经异义》十卷、《说文》十五卷、《史记注》、《淮南鸿烈间诂》二十一卷
卢植	《尚书章句》、《仪礼解诂》、《周官礼注》、《礼记解诂》二十卷、《碑诔表记》六篇、《冀州风土记》

这类作者之史著，如马融的《列女传注》、服虔的《汉书音训》、许慎的《史记注》都是训诂注释之作，与其经学著述形式，颇多接近，独立性并不明显。

东汉留意史学著述者不多，班固、应劭、胡广是比较有代表性的，他们在史学撰述上成就卓著，而像应劭、胡广等人，经学方面几无任何涉猎：

班固	《白虎通义》、《汉书》、《续仓颉篇》十三章、《弈旨》一篇、《离骚经章句》一卷、集四十一篇
应劭	《汉书集解》百五十卷、《汉纪注》三十卷、《中汉辑序》、《汉官注》、《汉官仪》十卷、《汉朝驳仪》三十篇、《律本章句》等二百五十篇、《状人纪》、《十三州记》、《地理风俗记》、《风俗通义》、《感骚》三十篇、《律略论》五卷、集四卷
胡广	《汉书解诂》、《汉官解诂》三卷、《百官箴》四十八篇、《汉制度》、集二十二卷

东汉这种经史不能兼擅的著述格局，在魏晋之后开始改变，史部著述大量增加，而经过三国西晋的变化，东晋士人的著述格局，已经相对于东汉发生了根本的转变，经史并重，成为相当普遍的现象，在东晋学术史上有重要地位的孔衍、郭璞、干宝、谢沈、孙盛、袁宏等人，其著述格局就很有代表性：

孔衍	《凶礼》一卷、《琴操》三卷、《春秋公羊集解》十四卷、《春秋穀梁传训注》十四卷、《汉魏春秋》九卷、《魏尚书》十卷、《汉尚书》十卷、《汉春秋》十卷、《后汉尚书》六卷、《后汉春秋》六卷、《后魏春秋》九卷、《春秋时国语》十卷、《春秋后国语》十卷、《国历志》五卷、《孔氏说林》二卷、《兵林》六卷
郭璞	《毛诗拾遗》一卷、《夏小正注》、《尔雅注》、《尔雅音义》、《尔雅图》十卷、《尔雅图赞》二卷、《方言注》十三卷、《三仓注》三卷、《汉书注》、《汉书音义》、《穆天子传注》、《山海经图赞》二卷、《山海经注》二十三卷、《山海经音》二卷、《水经注》三卷、《周易新林》四卷、《易洞林》三卷、《易八卦命录斗内图》一卷、《易斗图》一卷、《易脑》一卷、《周易林》五卷、《易立成林》二卷、《卜韵》一篇、《楚辞注》三卷、集十卷、录一卷
干宝	《周易爻义》一卷、《周易问难》二卷、《周易玄品》二卷、《周易宗涂》四卷、《毛诗音隐》一卷、《周官礼注》十二卷、《周礼音》、《后养议》五卷、《春秋序论》二卷、《春秋左氏函传义》十五卷、《晋纪》三十卷、《司徒仪》一卷、《杂议》五卷、《搜神记》三十卷、《干子》十八卷、集五卷、《百志诗》九卷
谢沈	《尚书注》十五卷、《毛诗注》二十卷、《毛诗释义》十卷、《毛诗义疏》十卷、《毛诗谱钞》一卷、《后汉书》八十五卷、《晋书》三十余卷、《汉书外传》十卷、《文章志录杂文》八卷、《名文集》四十卷
孙盛	《易象妙于形论》、《魏氏春秋》二十卷、《晋阳秋》三十二卷、《三国异同评》、《逸民传》、《魏世谱》、《蜀世谱》、《杂记》、集十卷、录一卷
袁宏	《周易谱》一卷、《集议孝经》一卷、《论语注》、《后汉纪》三十卷、《竹林名士传》三卷、《罗浮山记》、《去代论》、集二十卷、录一卷

当然，东汉士人偏长于经、史之一端的著述格局，并未消失，东晋时也有像范宁这样专精经学，像习凿齿这样偏长史学的例子，其著述如下：

范宁	《尚书注》十卷、《古文尚书舜典注》一卷、《礼记答问》九卷、《礼杂问》十卷、《春秋穀梁传集解》十二卷、《春秋穀梁传例》一卷、《论语注》、集十六卷
习凿齿	《汉晋春秋》四十七卷、《襄阳耆旧记》五卷、《逸人高士传》八卷、集五卷

在经、史偏重一端的著述格局被延续的同时，东晋有大量士人表现出经、史并重的著述取向，这就是魏晋学术转型的重要体现。处于东汉与东晋之间的三国西晋，则是这个转型的过渡阶段。汉末以来，士人的史学著述热情，就开始增长，王粲的《汉末英雄记》十卷、曹丕的《列异传》、曹植的《列女传颂》一卷、《画赞传》五

卷等都是士人作史热情的体现。著述能综括经、史的情形也逐渐增多，西晋学术史上有重要地位的学人皇甫谧，其著述囊括经、史，博涉子、集，其格局已完全不是经、史偏擅的规模：

皇甫谧	《周易解》、《帝王世纪》十卷、《年历》六卷、《玄晏春秋》三卷、《高士传》六卷、《逸士传》一卷、《韦氏家传》五卷、《列女传》六卷、《鬼谷子注》三卷、《朔气长历》二卷、《黄帝三部针经》、集二卷、录一卷

汉末三国时期，是一个新旧交织、错综复杂的时代。东汉那种专力经学，对史学绝少涉足的著述格局，在当时仍很多见：

刘表	《周易章句》九卷、《荆州占》二卷、《丧服后定》一卷、集一卷
宋忠	《周易注》十卷、《世本注》十卷、《太玄经注》九卷、《法言注》十三卷、《易纬注》、《乐纬注》、《春秋纬注》、《孝经纬注》
王朗	《易传》、《周官传》、《春秋左氏传》十二卷、《春秋左氏释驳》一卷、《孝经传》、集三十四卷
董遇	《周易章句》十卷、《春秋左氏传章句》三十卷、《春秋左氏传朱墨别异》、《老子训》
虞翻	《周易注》十卷、《周易日月变例》六卷、《论语注》十卷、《孝经注》、《郑注五经违失事目》、《春秋外传国语注》二十一卷、《川渎记》、《太玄经注》十四卷、《老子注》二卷、《京氏易律历注》一卷、《周易集林律历》一卷、集三卷、录一卷
王肃	《周易注》十卷、《周易音》、《尚书传》十一卷、《尚书驳议》五卷、《尚书答问》三卷、《毛诗注》二十卷、《毛诗义驳》八卷、《毛诗奏事》一卷、《毛诗问难》二卷、《毛诗音》、《周官礼注》十二卷、《仪礼注》十七卷、《丧服经传注》一卷、《丧服要记》一卷、《丧服变除》、《礼记》三十卷、《祭法》五卷、《明堂议》三卷、《宗庙诗颂》十二篇、《三礼音》、《春秋左氏传注》三十卷、《春秋外传章句》二十二卷、《孝经解》一卷、《论语注》十卷、《论语释驳》三卷、《孔子家语解》二十一卷、《圣证论》十二卷、《杨子太玄经注》七卷、《玄言新记道德》二卷、《王子正论》十卷、集五卷、录一卷
孙炎	《周易例》、《毛诗注》、《春秋例》、《礼记注》三十卷、《春秋三传注》、《圣证论驳》、《尔雅注》三卷、《尔雅音》一卷、《春秋外传国语注》、集十余篇
钟会	《周易尽神论》一卷、《周易无互体论》三卷、《老子道德经注》二卷、《刍尧论》五卷、《道论》二十篇、《四本论》、集十一卷、录一卷
向秀	《庄子注》二十卷、《庄子音》一卷、《周易注》、集二卷、录一卷

以上多为当时有代表性的经学家，专注于经学著述；与此同时，

注经、著论与修史：玄学著述体制与魏晋学术转型

史学撰述越来越多地吸引了士人的兴趣，不少人的著述出现综括经史的现象：

刘劭	《乐论》十四篇、《孝经注》一卷、《尔雅注》、《魏国爵制》、《都官考课》七十二条、《说略》一篇、《魏新律》十八篇、《律略论》五篇、《法论》十卷、《人物志》三卷、集二卷、录一卷
何晏	《老子道德论》二卷、《老子讲疏》四卷、《老子杂论》一卷、《道德问》二卷、《论语集解》十卷、《孝经注》一卷、《魏明帝谥议》二卷、《官族传》十四卷、《周易何氏解》、《乐悬》一卷、集十一卷
张揖	《广雅》三卷、《埤仓》三卷、《三仓训诂》三卷、《古今字诂》三卷、《杂字》一卷、《错误字》一卷、《集古文》、《汉书注》一卷、《老子注》
曹丕	《海内士品录》三卷、《典论》五卷、《士操》一卷、《列异传》三卷、《皇博经》一卷、《兴赤龙图》、《兴兵符图》、集二十三卷
曹植	《鼙舞歌》五篇、《列女传颂》一卷、《画赞传》五卷、《前录》七十八篇、集二十卷
王粲	《尚书问》四卷、《汉末英雄记》十卷、《新撰杂阴阳书》三十卷、《去伐论集》三卷、《算术》、《荆州文学官志》、《魏国登歌》、《魏国安世歌》、《魏国俞儿舞歌》四篇、《魏朝仪》、集六十篇
王基	《毛诗驳》五卷、《春秋左氏传注》、《东莱耆旧传》一卷、《新书》五卷、《时要论》

在魏晋学术经史关系演变的大背景下，不难看到，王弼、郭象专注经学而不涉及史学的著述结构，比较接近东汉经学家的传统格局。在三国时期，这一格局被一些与东汉经学有密切渊源关系的经学家所继承。对史学著述表现出兴趣的士人，往往与东汉经学学术传统较为疏离。王弼与荆州经学的关系，正体现出与东汉经学传统的密切联系。与之形成鲜明对照的，是何晏，何晏著述兼综经、史，其格局与王弼颇为不同，较为疏离东汉经学传统。比较而言，何晏之格局，更切合魏晋后的学术新变，但其玄学造诣却未如格局更为传统的王弼那样深厚。身处西晋的郭象，在经史兼擅之新格局更为流行的时代环境中，仍然独重经学而无留意于史学，而同样是在传统的格局下，郭象的经典注释，对玄理做了深入的发明。偏长于著

论的嵇康、阮籍等人，显然与魏晋以后经史并重的新格局更为接近，他们对玄理的阐发，体现出与王弼、郭象颇为不同的面貌。

经学与史学在魏晋时期交织出的复杂关系，深刻地影响了士人的知识结构和思维方式，王弼、郭象专意经学，与嵇、阮等人经、史兼综，对"史"的回避与融摄，与其玄理思考的联系，无疑是个值得深入思考的问题。

（作者单位：中国社会科学院文学研究所）

"建安风骨"的历史内涵及其意义

刘跃进

建安是东汉最后一位皇帝刘协的年号，始于公元 196 年，讫于公元 220 年，前后 25 年。这是汉魏历史转折的关键时期，各种政治势力明争暗斗，角力厮杀，充满血腥味道；这又是中国文学史上"建安风骨"异彩纷呈的特殊时期。生逢乱世的诗人，"整日驱车走，不见所问津"，想找一个相对稳定的靠山都不容易。进入建安时期，他们在曹操求贤若渴的感召下，终于在邺下找到栖身之所。

建安改元前一年的四月，董卓旧部李傕、郭汜内斗互攻，郭汜劫持了汉献帝刘协，烧毁宫殿。六月，李傕、郭汜议和，刘协得以东归。这年秋冬，李傕、郭汜又反悔，试图再追挟汉献帝。杨奉等拒阻，护送东渡黄河，驻安邑。袁绍幕僚沮授也曾提议将汉献帝接过来。但是袁绍没有这个远见，错失良机。早在初平二年（191 年），毛玠接替鲍信为曹操军师，就曾建议曹操将汉献帝迎接过来。后来，荀彧再次提出这样的建议。建安元年八月，在这样的背景下，曹操将处于困境中的汉献帝接过来，迁都许。从此，曹操动辄"奉辞伐罪"，时常致敌于不利的尴尬境地，在战略上占据了主动，开启了全新的局面。

这一年，孔融四十四岁，曹操四十二岁，陈琳约四十岁，阮瑀约三十岁，徐幹二十六岁，应玚约二十二岁，刘桢约二十二岁，王粲二十岁，曹丕十岁，曹植五岁。建安七子及其他重要诗人，如蔡文姬、仲长统、繁钦等，都进入创作的活跃时期，奋发有为，渴望一展宏图。这是一个什么样的文学时代呢？钟嵘《诗品》说：

> 东京二百载中，唯有班固《咏史》，质木无文。降及建安，曹公父子，笃好斯文，平原兄弟，郁为文栋，刘桢、王粲，为其羽翼。次有攀龙托凤，自致于属车者，盖将百计，彬彬之盛，大备于时矣。

刘勰《文心雕龙·明诗》说：

> 暨建安之初，五言腾踊，文帝、陈思，纵辔以骋节；王、徐、应、刘，望路而争驱；并怜风月，狎池苑，述恩荣，叙酣宴，慷慨以任气，磊落以使才；造怀指事，不求纤密之巧；驱辞逐貌，唯取昭晰之能；此其所同也。

沈约《宋书·谢灵运传论》说：

> 至于建安，曹氏基命，三祖陈王，咸蓄盛藻。甫乃以情纬文，以文被质。

慷慨任气，磊落使才，这是建安文学最鲜明的时代特色。钟嵘用"建安风力"来形容，初唐以来代之以建安风骨，这已成为建安诗歌的名片。另外一个显著特色是人才众多。各路才俊，"彬彬之盛，盖将百计"，纷纷汇集到曹操幕下。他们纵辔骋节，望路争趋，

128

表现出强烈的创作欲望。第三个特色表现在内容方面，沈约用"以情纬文，以文被志"八个字来概括。从懂事时起，他们就见惯了各种混乱纷争的严酷现实，经历了种种颠沛流离的生活。"出门无所见，白骨蔽平原"，这些惨不忍睹的景象时刻萦绕于怀，叫他们无法回避，不能平静。他们只有把自己最真实的感受，用老百姓喜闻乐见的五言诗的形式表达出来，才能对得起自己的内心。"国家不幸诗家幸，赋到沧桑句便工。"移用清人赵翼这两句诗形容建安诗人的创作，其实是很恰当的。

一　建安诗人的选择

建安七子中，孔融最长，还大曹操二岁。在诗歌创作中，孔融的《离合诗·郡姓名诗》具有代表性：

> 渔父屈节，水潜匿方。与时进止，出行施张。
> 吕公饥钓，阖口渭旁。九域有圣，无土不王。
> 好是正直，女回予匡。海外有截，隼逝鹰扬。
> 六翮不奋，羽仪未彰。蚖龙之蛰，俾也可忘。
> 玟璇隐曜，美玉韬光。无名无誉，放言深藏。
> 按辔安行，谁谓路长。

此诗最早见于《艺文类聚》卷五十六，又见章樵注《古文苑》卷八，题作《离合作郡姓名字诗》。离合诗属于杂体诗的一种，通常为字相拆成文。如这首诗两句一组，二十二句，离合而成"鲁国孔融文举"六字。这种文字游戏，后来多有模仿者。《艺文类聚》在孔融诗后辑录有西晋潘岳、刘宋何长瑜、刘宋孝武帝刘骏、谢惠连、谢灵运，南齐石道慧、王融，梁代萧绎、萧巡，陈代沈炯等所作的离合诗。由此生发开去，又有所谓回文诗、数字诗之类的游戏诗。如鲍照有《数名诗》："一身仕关西，家族满山东。二年从车驾，斋祭甘泉宫。三朝国庆毕，休沐还旧邦。四牡曜长路，轻盖若飞鸿。五侯相饯送，高会集新丰。六乐陈广坐，组帐扬春风。七盘起长袖，庭下列歌钟。八珍盈雕俎，绮肴纷错重。九族共瞻迟，宾友仰徽容。十载学无就，善宦一朝通。"李白有《三五七言诗》："秋风清，秋月明。落叶聚还散，寒鸦栖复惊。相思相见知何日，此日此夜难为情。"白居易有《一至七字诗》："诗，绮美，瑰奇。明月夜，落花时，能助欢笑，亦伤别离。调清金石怨，吟苦鬼神愁。天下只应我爱，世间唯有君知。自从都尉别苏句，便到司空送白辞。"宋代吴文英词"何处合成愁，离人心上秋"，也属于这类作品。中国古典诗歌，很多情况下常用于日常生活之中，盛行于歌舞宴席之上、酒酣耳热之余。从思想内容上说，这类作品可能无足称道，但就诗歌抒情性而言，也确有一定意义。诗歌创作，固然应当与社会人生保持密切联系，但并不妨碍表现日常生活中的意趣。

孔融与曹操彼此都非常熟悉。孔融在《荐盛孝章书》中说："岁月不居，时节如流。五十之年，忽焉已至。公为始满，融又过二。"曹操起兵时，以恢复汉室相号召，孔融深信不疑："曹公辅政，思贤并立。策书屡下，殷勤款至"（《与王朗书》），认为只有曹操才能平定战乱。曹操多次发布求贤令，他也积极配合，不遗余力地推荐人才。《文选》中收录的《荐盛孝章书》《荐祢衡表》就是非常有名的代表作。《荐盛孝章书》说："公匡复汉室，宗社将绝，又能正之。正之之术，实须得贤。珠玉无胫而自至者，以人好之，况贤者之有足乎？"《荐祢衡表》称其"性与道合，思若有神"，"忠果正直，志怀霜雪，见善若惊，疾恶如仇。"此外，《后汉书》中记载孔融的

《上书荐谢该》，称谢该"博通群艺，周览古今，物来有应，事至不惑，清白异行，敦悦道训"，评价甚高。孔融还曾极力推荐汉末著名学者赵岐、郑玄等，并为修缮郑玄故居，作《告高密县立郑公乡教》，称"郑君好学，实怀明德"，改郑君乡为郑公乡。其实，他在私底下对于郑玄的评价也有所保留，如谓"郑康成多臆说，人见其名学，谓有所出也。证案大较，要在五经四部书。如非此文，近为妄矣"（《与诸卿书》）。言下之意，孔融认为郑玄只是长于经学，其他则罔。但是，他还是力推其所长，希望这些推荐可以"昭近署之多士，增四门之穆穆。钧天广乐，必有奇丽之观；帝室皇居，必蓄非常之宝"（《荐祢衡表》），表现出非常乐观的入世态度。建安元年，曹操将陷于困境的汉献帝接到许昌，孔融感佩不已，作六言诗三首，极尽赞美曹操。第一首叙写董卓之乱，渴望曹操能够平定战乱："瞻望关东可哀，梦想曹公归来。"第二首叙写李傕、郭汜之乱，"万官惶怖莫违，百姓惨毒心悲"。第三首盛赞曹操从洛阳迁都到许，励精图治："从洛到许巍巍，曹公谋国无私。"

从孔融全部作品来看，在其归顺曹操初期，确实表现出积极的从政热情和对曹操的支持态度。后来，曹操挟天子以令诸侯，孔融逐渐感觉到他有代汉的野心，逐渐疏远，采取了不合作态度。官渡之战得势后，曹丕霸占甄夫人，孔融上表祝贺说："武王伐纣，以妲己赐周公。"曹操未听说此典，便问其故。孔融说："以今例古，想当然耳。"这当然是有意羞辱曹操。曹操下禁酒令，他又作《难曹公禁酒书》，称"酒之为德久矣"。如果说这类冷嘲热讽的文字，曹操还能勉强忍受的话，有些事情他就不能接受了。孔融担心曹操分封子弟，控制王室，为代汉做制度上的准备，于是《上书请准古王畿制》，建议"千里国内，可略从《周官》六乡、六遂之文，分比北郡，皆令属司隶校尉，以正王赋，以崇帝室"。这就引发了曹操的忌讳和愤懑。但曹操并没有以此治罪,而是从道德上对他进行抹黑。建安十三年(208年),他让路粹作《枉状奏孔融》,就从儒家最为推崇的孝道入手,攻击孔融伤风败俗:"前与白衣祢衡跌荡放言,云'父之于子,当有何亲?论其本意,实为情欲发耳。子之于母,亦复奚为?譬如寄物瓶中,出则离矣'"。曹操接过这个话题,特作《宣示孔融罪状令》,说:"此州人说,平原祢衡受融传论,以为父母与人无亲,譬如缶器,寄盛其中。……融违天反道,败伦乱理!"注意"违天反道,败伦乱理"这八个字,分量很重,必置孔融于死地,且容易得到别人的支持。按理说,这些观点并非孔融所创。王充《论衡·物势》就说:"夫天地合气,人偶自生也;犹夫妇合气,子则自生也。夫妇合气,非当时欲得生子,情欲动而合,合而生子矣。"佛教亦持此理。《朱子语类》卷一二六:释氏"以生为寄,故要见得父母未生时面目。……黄檗一僧有偈与其母云:'先曾寄宿此婆家';止以父母之身为寄宿处,其去情义、绝绝天理可知!"孔融的论调只不过是王充的翻版,话说得更直白而已。《文心雕龙·程器》说:"文举傲诞以速诛。"以傲诞而引火烧身,这是孔融没有想到的结局。他作《临终诗》流露出无限遗憾:

言多令事败,器漏苦不密。河溃蚁孔端,山坏由猿穴。涓涓江汉流,天窗通冥室。谗邪害公正,浮云翳白日。靡辞无忠诚,华繁竟不实。人有两三心,安能合为一?三人成市虎,浸渍解胶漆。生存多所虑,长寝万事毕。

他说:"谗邪害公正,浮云翳白日",认为是有小人作祟。当然,他也为自己出言不慎而后悔,故云:"言多令事败,器漏苦不密。河溃蚁孔端,山坏由猿穴。"孔融的悲剧,想必给建安文人敲响了警钟。

孔融被杀这年，赤壁大战爆发，确定了三国鼎立的历史格局。如何扩大自己的地盘和影响，是曹操必须面对并加以解决的迫切问题。几十年来的身世际遇，让曹操非常清楚，国家的兴亡，政治的成败，固然取决于严饬吏治，取决于朝廷清明，但更取决于人才的选拔重用。三国纷争，从某种意义上说，就是人才的竞争。从当时的情况看，曹操幕下真正具有广泛号召力的文人学者，孔融还真不容小觑。当年，祢衡何等狂妄，但曹操未敢下手，而是把他送给黄祖，是黄祖杀了祢衡。他知道，杀文人这件事，负面作用很大。他杀孔融，所依据的法理是儒家的孝道。而他本人，是宦官养子的后代，如何体现孝道？这本身就是一道绕不过去的难题。要想使自己立于不败之地，要想取得当政的合法性，他就必须要打破过去的用人制度和精神壁垒，广开渠道，延揽人才。他曾不止一次地发布求贤令，唯才是举。只要有才，哪怕背负着不忠不孝的罪名，也可以委以重任。当然，这里有个前提，必须对他忠心耿耿。曹操杀孔融，实属忍无可忍，也有杀一儆百的作用。

与孔融相比，阮瑀、刘桢、应场等相对年轻，在建安初年进入曹操幕府，陈琳、王粲、徐干等人是在建安十年前后陆续来到邺下的。他们都缺少像孔融那样傲慢的资本，对曹操只有臣服。曹植《与杨德祖书》："仲宣独步于汉南，孔璋鹰扬于河朔，伟长擅名于青土，公干振藻于海隅，德琏发迹于此魏（一作大魏），足下高视于上京。"王粲曾在荆州依附刘表，故曰"汉南"。陈琳曾在冀州袁绍幕下，故曰"河朔"。徐干世居青州，故曰"青土"。刘桢为东平宁阳人，离齐地海边不远，故曰"海隅"。应场南顿人，地接魏都，故曰"此魏"。至于杨修，乃是太尉杨彪之子，世居京城，故曰"上京"。所谓独步、鹰扬、擅名、振藻、发迹、高视，意思都是一样的，即名扬一时。所以说"当此之时，人人自谓握灵蛇之珠，家家自谓抱荆山之玉。"灵蛇之珠，即隋侯之珠。荆山之玉，即和氏之玉，都是举世珍宝。这里用以比喻各位才华如玉，文章雄视天下。"吾王于是设天网以该之，顿八纮以掩之，今悉集兹国矣。"吾王指曹操，当时称魏王，能延揽天下英才而用之，悉集兹国，即汇集京都，汇集邺下。

阮瑀字元瑜，陈留尉氏（今属河南）人。年轻时曾随蔡邕问学。蔡邕与曹操是旧相识。可能是由于这层关系，阮瑀进入曹操幕府比较早，大约在建安初年，与刘桢一起，就被召为司空军谋祭酒，管记室。他擅长章表书记，《文选》收录其《为曹公作书与孙权》，文气顺畅，舒卷自如。所以曹丕《又与吴质书》说："元瑜书记翩翩，致足乐也。"《文心雕龙·才略》篇也说阮瑀"以符檄擅声"。他的辞赋创作如《纪征赋》《止欲赋》《筝赋》《鹦鹉赋》等，虽为应招之作，亦文采斐然。他还著有《文质论》，认为文"远不可识"，质"近而得察"，"文虚质实，远疏近密"，故主张"意崇敦朴"，即以质实为上。他的诗今存诗十余首，大都以质实无华。名篇有《咏史诗》二首、《七哀诗》二首及《驾出北郭门行》《杂诗》《公宴诗》《苦雨诗》等。《咏史诗》乃与王粲、曹植同时所作，描写秦穆公杀三良的史事。从诗歌内容看，作者对三良深表同情，但也好像并未讥刺秦穆公。在作者看来，三良很重"恩义"，并非被迫从死。《驾出北郭门行》为其代表作，表现孤儿的悲惨境遇等，反映了当时严重的社会问题，文学史多有论及。

刘桢，字公幹，东平宁阳（今属山东）人。他的性格有点像孔融，比较直率，很少媚骨。曹丕《与吴质书》、刘勰《文心雕龙·体性》、钟嵘《诗品》都说刘桢为人为文，都表现为气盛。曹丕说："公幹有逸气，但未遒耳。其五言诗之善者，妙绝时人。"王昶《家戒》就说："东平刘公幹，博学有高才，诚节有大意，然性行不均，少所拘忌，得失足以相补。"同样是《公宴诗》，其他人多是赞美皇帝永无疆,而他的诗则突出表现宴会场面的恬静典雅的园林气氛。"投翰长叹息,绮丽不可忘"的感叹颇有意味。唯其如此,建安七子中,除孔融外,刘桢也多次得罪曹氏父子,因而备受冷落。《赠徐幹》一诗,可能写于他失志的时候。当时,徐幹等人能够随曹丕在西园游宴,而自己却不能随意出入西园,不能预宴,心中非常郁闷。尽管如此,他并不想改变自己的性格。《文选》卷二十三"赠答"类收录的《赠从弟》三首,分别以蘋藻、松柏、凤凰作比,勉励他的从弟能够坚持节操,端正不阿,反映出刘桢对独立人格的追求。诗曰:

> 泛泛东流水,磷磷水中石。蘋藻生其涯,华纷何扰弱?
> 采之荐宗庙,可以羞嘉客。岂无园中葵,懿此出深泽。
> 亭亭山上松,瑟瑟谷中风。风声一何盛,松枝一何劲!
> 冰霜正惨怆,终岁常端正。岂不罗凝寒,松柏有本性。
> 凤凰集南岳,徘徊孤竹根。于心有不厌,奋翅凌紫氛。
> 岂不常勤苦?羞与黄雀群。何时当来仪?将须圣明君。

第一首说,蘋藻虽然不是很值钱,但是出于纯净的深水,所以值得格外珍惜。王夫之《古诗评选》卷四:"短章有万里之势。"第二首诗则紧紧扣住松柏经寒不衰、枝杆坚挺的特征来着墨,写出松柏的凛然正气,借此表现作者对高风亮节的赞美和追求。第三首,《初学记》卷三十作《凤凰诗》。凤凰是神话中的百鸟之王,本诗以超世脱俗的凤凰风格赞美从弟。

应玚,字德琏,出身于世代官宦之家,祖父应奉、伯父应劭,均为汉末著名文士、学者。他早年流寓南北,建安初入曹操幕府为掾属。曹植为平原侯,应玚为平原侯庶子,后转为曹丕的五官中郎将文学。《文心雕龙·才略》："应玚学优以得文。"曹丕《与吴质书》也说："德琏常斐然有述作之意，其才学足以著书，美志不遂，良可痛惜。"曹丕说他"美志不遂"，也不尽然。《艺文类聚》卷二十二载其《文质论》，篇幅较之阮瑀的同题之作为长。《文心雕龙·序志》称："至于魏文述典，陈思序书，应玚文论，陆机《文赋》，仲治《流别》，宏范《翰林》，各照隅隙，鲜观衢路，或臧否当时之才，或铨品前修之文，或泛举雅俗之旨，或撮题篇章之意。魏典密而不周，陈书辩而无当，应论华而疏略，陆赋巧而碎乱，《流别》精而少巧，《翰林》浅而寡要。"这里提到"应玚文论"，应当是指其《文质论》。在刘勰看来，这篇文论与《典论》《流别论》《翰林论》《文赋》同等重要，也算是不朽之作了。当然，这篇《文质论》也有不足，最主要的问题是"华而疏略"，即华丽而缺少实质内容。这与阮瑀正好相反。他的诗也具有这个特点，华丽纤巧。如《侍五官中郎将建章台集诗》构思比较巧妙，代雁为词。不过，这终究是一篇应酬之作，曹丕用"和而不壮"四字来评论他，还是比较确切的。

徐幹，字伟长，北海剧（今属山东）人。建安十年（205年），曹操平定袁绍，徐幹应诏入曹操幕，为司空军谋祭酒掾属。建安十三年（208年），随曹操南征，作《序征赋》。建安十六年（211年），曹丕受封为五官中郎将，徐幹为五官将文学。建安十八年（213年）前后，因病隐退，潜心写作《中论》。在建安七子中，内心最为平和的非徐幹莫属。徐幹不仅性格舒缓，下笔亦托古见意，含蓄委婉。徐幹现存诗歌三首，以组诗《室思》最为传诵。室思，犹言闺情，集中描写相思离别之情，上下章之间并无严格的逻辑线索。陈祚明《采菽堂古诗选》卷七："亦是多用虚字，句句转掉，有此健笔方可。如率意学之，易沦卑弱，结句佳，明是疑其不思，而不欲遽以为然也，用意忠厚。"其中第三章"自君之出矣，明镜暗不治。思君如流水，无有穷已时"四句，以流水比喻相思之无穷，新巧而韵味深长。后来"思君如流水"，成为诗题，为后人拟作。《乐府诗集》卷十六《杂曲歌辞》所收唐前《思君如流水》一共有十六首之多。明代陆时雍《古诗镜》说"徐幹诗浅浅生动，是为诗中小品"。精致、恬淡，耐人寻味。

陈琳亦在建安十三年前后进入曹操幕府。他字孔璋，广陵射阳人（今属江苏）。早年在何进幕下任职，曾作《谏何进召外兵》书，认为"今将军总皇威，握兵要，龙骧虎步，高下在心，以此行事，无异于鼓洪炉以燎毛发。但当速发雷霆，行权立断"。他认为如果招纳董卓进京，"大兵合聚，强者为雄，所谓倒持干戈，授人以柄，功必不成，只为乱阶"。事实证明陈琳的判断是对的，说明他很有政治眼光。后来他追随袁绍，曾作《为袁绍檄豫州文》讨伐曹操。文章气势磅礴，排江倒海。《文心雕龙·檄移》称其"壮有骨鲠"。官渡之战后，曹操灭袁绍，不计前嫌，将陈琳纳入幕府，任命其为司空军谋祭酒，管记室，主管军国书檄。《檄吴将校部曲文》即作于此时。这两篇文章被收录在《文选》中而成为一代名文。此外，《文选》还收录了其《答东阿王笺》《为曹洪与魏文帝书》两文，与曹丕在《与吴质书》中的评论完全吻合："孔璋章表殊健，微为繁富。"他的诗歌现存比较有名的有四首，其中《游览诗》二首和《游宴诗》带有干谒色彩，而《玉台新咏》卷一所收《饮马长城窟》，作者题为陈琳，《饮马长城窟行》则是中国诗歌史上的名篇，久为传诵。

饮马长城窟，水寒伤马骨。往谓长城吏：慎莫稽留太原卒。官作自有程，举筑谐汝声。男儿宁当格斗死，何能怫郁筑长城？长城何连连，连连三千里。边城多健少，内舍多寡妇。作书与内舍：便嫁莫留住。善事新姑嫜，时时念我故夫子。报书往边地：君今出语一何鄙？身在祸难中，何为稽留他家子？生男慎莫举，生女哺用脯。君独不见长城下，死人骸骨相撑拄？结发行事君，慊慊心意关。明知边地苦，贱妾何能久自全？

作者借用秦时修长城故事，通过筑城卒和他妻子的对话形式，控诉了秦朝为修筑长城，连年征役，给老百姓造成了极大痛苦。诗中五、七言杂用，有对话，有描写，有抒情，文辞古朴，颇有汉乐府古风。这种风格，与陈琳作品风格不类。因此，是否为陈琳所作，目前尚有疑问。《文选》卷二十七收录古词《饮马长城窟行》："青青河边草，绵绵思远道。远道不可思，夙昔梦见之。梦见在我傍，忽觉在它乡。它乡各异县，展转不可见。枯桑知天风，海水知天寒。入门各自媚，谁肯相为言？客从远方来，遗我双鲤鱼。呼儿烹鲤鱼，中有尺素书。长跪读素书，书上竟何如？上有加餐食，下有长相忆。"这只是一般的描写相思离别之作，似乎与长城没有任何关系。李善注引有郦道元所见古诗《饮马长城窟行》。他说："郦善长《水经》曰：余至长城，其下往往有泉窟，可饮马。古诗《饮马长城窟行》，信不虚也。然长城蒙恬所筑也，言征戍之客至于长城而饮其马，妇思之，故为《长城窟行》。"由此看来，郦道元所见《饮马长城窟行》，围绕着长城这个主题，描写征夫思妇的痛苦。旧题陈琳《饮马长城窟行》"饮马长城窟，水寒伤马骨"云云，应正是郦道元所见古诗。据此，我们有理由认为，《玉台新咏》所收陈琳这首《饮马长城窟行》，很可能是真正的古词，而《文选》所录古词《饮马长城窟行》"青青河边草，绵绵思远道"思绪绵绵，具有鲜明的文人色彩。唐吴兢《乐府古题要解》说："右古词青青河边草，绵绵思远道。伤良人流宕不归。或云蔡邕之词。若陈琳水寒伤马骨，则言秦人苦长城之役也。"张玉穀《古诗赏析》卷九也说："此伤秦时役卒筑城，民不聊生之诗，比汉蔡中郎作为切题矣。"即便作者不是蔡邕，也是陈琳这样很有文学造诣的诗人所写，文人气息很重。

王粲追随曹操最晚，却最为近切。他字仲宣，山阳高平（今属山东）人。他出身名门，曾祖父王龚、祖父王畅均为汉代三公，父亲王谦为何进长史。但他幼年丧父，十三岁时逢董卓之乱。十七岁时南下荆州，依附刘表。从其所著《七哀诗》《登楼赋》等诗文看出，他对这里的生活并不满足，因为他有着更高的志向。如《七哀诗》三首：

西京乱无象，豺虎方遘患。复弃中国去，远身适荆蛮。
亲戚对我悲，朋友相追攀。出门无所见，白骨蔽平原。
路有饥妇人，抱子弃草间。顾闻号泣声，挥涕独不还。
未知身死处，何能两相完？驱马弃之去，不忍听此言。
南登霸陵岸，回首望长安。悟彼下泉人，喟然伤心肝。
荆蛮非我乡，何为久滞淫？方舟溯大江，日暮愁我心。
山岗有余暎，岩阿增重阴。狐狸驰赴穴，飞鸟翔故林。
流波激清响，猴猿临岸吟。迅风拂裳袂，白露沾衣衿。
独夜不能寐，摄衣起抚琴。丝桐感人情，为我发悲音。
羁旅无终极，忧思壮难任。
边城使心悲，昔吾亲更之。冰雪截肌胃，风飘无止期。
百里不见人，草木谁当迟。登城望亭燧，翩翩飞戍旗。
行者不顾反，出门与家辞。子弟多俘虏，哭泣无已时。
天下尽乐土，何为久留兹。蓼虫不知辛，去来勿与谘。

这组诗前两首收录在《文选》卷二十三"哀伤"类，就像是一幅难民图，描写了诗人在逃难途中所见所感。他怀着愤激的心情把那些虐民乱世的军阀斥为"豺虎"，用"白骨蔽平原"五个字描绘了一幅积尸盈路、白骨累累的惨景。诗人还抓住饥妇弃子这一典型事例，集中揭露兵祸的惨毒。第三首见章樵本《古文苑》卷八，关于此诗的写作背景有三说，一说王粲到边地是随曹操北征乌桓。曹操征乌桓是建安十一年，当时王粲还在荆州。二说建安十六年，马超与韩遂、杨秋、李堪、成宜等叛。曹操先遣曹仁讨伐。这年七月，又亲自西征，自潼关北渡，九月，进军渡渭。三说建安二十年四、五月间曹操西平金城，这诗所谓边城或指此，但其时未有风雪严寒的记载。而建安十六年西征时，九月即天寒地冻。裴松之注引《曹瞒传》载娄子伯说曹操曰："今天寒，可起沙为城，以水灌之，可一夜而成。"一夜而成，或谓一夜冰冻。据此，裴松之推测当年为闰八月。九月已经有"冰雪截肌胃，风飘无止期"的天气。这年十月，曹操又从长安出发北征杨秋，围安定。十二月，自安定还。因此，作于建安十六年的可能性最大。

建安十三年（208年），曹操南征刘表，会刘表病死，刘表之子刘琮继守荆州，因降曹操。王粲亦投归曹操，被征为丞相掾，赐爵关内侯，后为军谋祭酒，参与政务。《三国志》本传著录其诗、赋、论、议六十余篇。《隋书·经籍志》著录《王粲集》十一卷。建安七子中，王粲的诗歌存世最多，四言、五言、杂言，都有优秀作品。《七哀诗》三首、《从军诗》五首、《杂诗》五首为其代表作。曹丕《典论·论文》《与吴质书》都说到王粲体弱，不足以其起文。自从归顺曹操之后，他似乎看到了政治上的希望。他在《从军诗》中说："从军有苦乐，但闻所从谁。"他曾与曹植、阮瑀等人并作《三良诗》，曹、阮二人继承《诗经·秦风·黄鸟》的传统，哀叹三良，对殉葬一事表达了或明或暗的愤懑情绪。王粲《三良诗》对秦穆公也有所批评，但更多

140

的是赞扬三良知恩图报、不惜殉葬的牺牲精神。这样写，不排除借机会向曹操表示效忠的可能，多少有点才子献媚色彩。

《太平御览》卷806引曹丕《蔡伯喈女赋》曰："家公与蔡伯喈有管鲍之好。"蔡邕的女儿蔡文姬流落匈奴十二年，"曹操素与蔡邕善，痛其无嗣，乃遣使者以金璧赎之"。[①] 文姬归汉，在建安十年前后，以曹丕为首的文士曾同题作《蔡伯喈女赋》描述此事。蔡文姬的两首著名的《悲愤诗》大约就作于这个时期。五言《悲愤诗》总共108句540字，收录在《后汉书·列女传》中。后人往往把这首诗和同样产生于建安时期的《孔雀东南飞》相提并论，被公认为汉魏时期最重要的长篇五言诗代表作。诗云：

> 汉季失权柄，董卓乱天常。志欲图篡弑，先害诸贤良。
> 逼迫迁旧邦，拥主以自强。海内兴义师，欲共讨不祥。
> 卓众来东下，金甲耀日光。平土人脆弱，来兵皆胡羌。
> 猎野围城邑，所向悉破亡。斩截无孑遗，尸骸相撑拒。
> 马边县男头，马后载妇女。长驱西入关，迥路险且阻。
> 还顾邈冥冥，肝脾为烂腐。所略有万计，不得令屯聚。
> 或有骨肉俱，欲言不敢语。失意机微间，辄言毙降虏。
> 要当以亭刃，我曹不活汝。岂复惜性命，不堪其詈骂。
> 或便加棰杖，毒痛参并下。旦则号泣行，夜则悲吟坐。
> 欲死不能得，欲生无一可。彼苍者何辜，乃遭此厄祸！
> 边荒与华异，人俗少义理。处所多霜雪，胡风春夏起。
> 翩翩吹我衣，肃肃入我耳。感时念父母，哀叹无穷已。
> 有客从外来，闻之常欢喜。迎问其消息，辄复非乡里。

---

① 《后汉书·列女·董祀妻传》。

邂逅徼时愿，骨肉来迎己。已得自解免，当复弃儿子。
天属缀人心，念别无会期。存亡永乖隔，不忍与之辞。
儿前抱我颈，问母欲何之。人言母当去，岂复有还时？
阿母常仁恻，今何更不慈？我尚未成人，奈何不顾思？
见此崩五内，恍惚生狂痴。号泣手抚摩，当发复回疑。
兼有同时辈，相送告离别。慕我独得归，哀叫声摧裂。
马为立踟蹰，车为不转辙。观者皆歔欷，行路亦呜咽。
去去割情恋，遄征日遐迈。悠悠三千里，何时复交会？
念我出腹子，匈臆为摧败。既至家人尽，又复无中外。
城郭为山林，庭宇生荆艾。白骨不知谁，从横莫覆盖。
出门无人声，豺狼号且吠。茕茕对孤景，怛咤糜肝肺。
登高远眺望，魂神忽飞逝。奄若寿命尽，旁人相宽大。
为复强视息，虽生何聊赖！托命于新人，竭心自勖厉。
流离成鄙贱，常恐复捐废。人生几何时，怀忧终年岁！

全诗根据蔡文姬的身世线索，分为遭乱、流亡、归汉等三个部分。从"汉季失权柄"到"乃遭此厄祸！"是全诗的第一部分，生动描写了汉代末年中原大地的混乱场景以及自己遭乱被掠入关途中所遭受的苦难。前八句所描写汉末混乱，董卓一时得势，大开杀戒，尸骨遍野。男人被杀尽，妇女则被掠走。穷苦的人们，日则流泪而行，夜则悲吟而坐，想死死不了，想活又活不下去。蔡文姬就走在这些人群中，也经历着异常的苦难。她问苍天：我们到底犯了哪些罪过，却要经受如此残酷的虐待！从"边荒与华异，人俗少义理"到"念我出腹子，匈臆为摧败"为全诗的第二部分，叙述作者在南匈奴的生活和听到自己被赎消息时的悲喜交加时的心情以及和胡子分别时的惨痛。作者通过对话的方式，反复详尽地表现孩子是如何不肯离开自己，实际是在处处暗写自己的离情难耐。她哭泣着、爱抚着自己的孩子，依依不舍，一步一回头。当我们读到"当发复回疑"的时候，就会想到唐代张籍的著名诗句："复恐匆匆说不尽，行人临发又开封。"这就是人生离别的苦况，这就是艺术描写的魅力。"黯然消魂者，唯别而已矣。"而且离别之际，每个人所怀的感情并不相同，因此也就有着截然不同的感受。为文姬送行的"同时辈"当然不是胡地的远亲近朋，而是与文姬同时流落到此的内地同胞。他们羡慕文姬独自"归汉"，联想到自己的后半生，不禁失声痛哭。而他们又哪里能完全理解文姬此时此刻的心情：这种"归汉"却是以抛弃亲生骨肉为代价的啊！撕心裂肺的离别场面，令旁观者也感到无尽的哀伤，而即将上路的人，当然就更加凄惨，更加绝望了。到底是如何的凄惨，又是如何的绝望，作者几乎无法细说，转而用"马为立踟蹰，车为不转辙"来表现，此情此景，甚至感动了车马，马为之踟蹰不进，车为之停滞不前。这就有点像《离骚》，作者即将离开祖国之际，"仆夫悲余马怀兮，蜷局顾而不行"。感天动地，情深似海。遄征，即疾行，日遐迈，即一天一天地走远。然而悲剧还不仅仅如此。从"既至家人尽，又复无中外"到结尾，是全诗的第三部分。回到家中，才知道，亲人已经死尽，甚至连中表近亲也没有了。不仅亲人没有了，就连自己朝思暮想的家园业已成一片狼藉。诗人茕茕孑立，形影相吊，面对着眼前惨不忍睹的景象，忍不住发生惊痛的哀叹。"托命于新人，竭心自勖厉"，是说文姬重新嫁人，勉强生活。作为一个女人，颠沛流离，几次出嫁，她非常渴望能够过上相对稳定的生活。因此，她非常害怕被"新人"重新抛弃。因此，她说自己"流离成鄙贱，常恐复捐废"。这里，"鄙贱"二字用得很重，因为她自感已经成为一个被人轻视的女人，谁又能预料到生活还会有哪些意想不到的变故呢？想到这里，作者只能用"人生几何时，怀忧终年岁"收结全篇，那一声声沉重的哀叹，就这样永远地驻留在读者的耳畔。

骚体《悲愤诗》也收录在《后汉书·列女传》中，写作年代与五言《悲愤诗》应大体同时。从"嗟薄祜兮遭世患，宗族殄兮门户单"两句来看，作者在被掠入塞之前，父母已经死去。就离乱的描写而言，五言诗颇多惊心动魄的句子，而骚体《悲愤诗》的动人之处是对边地风物以及自己和子女分别场面的描写，刻骨铭心。五言诗由于形式上的局限，还很难让读者体会到作者那种如泣如诉的悲情，而骚体诗则充分地利用了灵活的语言形式，抑扬顿挫，悠长动人。

在建安诗人中，吴质的创作也值得一提。曹植《与吴季重书》称其"文采委曲，晔若春荣，浏若清风"，并非虚语。当然，他志不在文学，而是积极倡导文以致用，认为阮瑀、陈琳等短于将略，徐幹又只是潜心著述不问世事。他在《答魏太子笺》中说到自己年已四十二岁，老大不小，"幸得下愚之才，值风云之会"。他在文中隐隐自命，兼资文武："时迈齿载，犹欲触匈奋首，展其割裂之用也。"话说得很明白，尽管自己老大不小，但依然愿意效命沙场，不想做一介书生。这种观点，在当时并不新鲜，可以说是大多数文人的想法。能够帮助吴质实现这个理想的人，他选择了曹丕，成为曹丕文人集团的重要成员。《三国志》裴松之注记载，曹丕死后，吴质作诗哀悼："怆怆怀殷忧，殷忧不可居。徙倚不能坐，出入步踟蹰。念蒙圣主恩，荣爵与众殊。自谓永终身，志气甫当舒。何意中见弃，弃我归黄垆。茕茕靡所恃，泪下如连珠。随没无所益，身死名不书。慷慨自俛俛，庶几烈丈夫。"诗歌与当时的风格大体相近。其中"念蒙圣主恩，荣爵与众殊"十字，虽然直白，却也是发自肺腑之言。

综上所述，可以这样说，建安诗歌的繁荣，与曹操的用人政策以及他们对文学的积极倡导，有着密不可分的关系。所以，《文心雕龙·时序》这样说："自献帝播迁，文学蓬转，建安之末，区宇方辑。魏武以相王之尊，雅爱诗章；文帝以副君之重，妙善辞赋；陈思以公子之豪，下笔琳琅；并体貌英逸，故俊才云蒸。仲宣委质于汉南，孔璋归命于河北，伟长从宦于青土，公干徇质于海隅；德琏综其斐然之思；元瑜展其翩翩之乐。文蔚、休伯之俦，于叔、德祖之侣，傲雅觞豆之前，雍容衽席之上，洒笔以成酣歌，和墨以藉谈笑。观其时文，雅好慷慨，良由世积乱离，风衰俗怨，并志深而笔长，故梗概而多气也。"

二 "三曹"的创作实践

孔融被杀那年，曹操五十四岁，其创作风格日益苍劲老道。他的两个儿子，曹丕二十二岁，曹植十七岁，在建安诗人影响下，兄弟二人的文学才能由此逐渐显现出来。在建安诗坛，"三曹"引领了一时风气。

曹操（155—220），字孟德，小名阿瞒，沛国谯县（今安徽亳州市）人。初举孝廉，任洛阳北部尉，迁顿丘令。初平三年（192年），为兖州牧。建安五年（201年），官渡一战，击败袁绍，此后即逐步统一了北方广大地区，结束了中原地区持续20年之久的战乱。建安十三年（209年），拜丞相，南征荆州，在赤壁被孙权、刘备联军击败，三国鼎立形势初步形成。

曹操是一个非常复杂的历史人物，有关他的争论，从未消歇。理解曹操，不妨从建安十五年所作的《让县自明本志令》开始。这篇著名文章被收录在《三国志·魏志·武帝纪》裴注引《魏武故事》中。文曰：

孤始举孝廉，年少，自以本非岩穴知名之士，恐为海内人之所见凡愚，欲为一郡守，好作政教，以建立名誉，使世士明知之；故在济南，始除残去秽，平心选举，违迕诸常侍。以为强豪所忿，恐致家祸，故以病还。去官之后，年纪尚少，顾视同岁中，年有五十，未名为老，内自图之，从此却去二十年，待天下清，乃与同岁中始举者等耳。故以四时归乡里，于谯东五十里筑精舍，欲秋夏读书，冬春射猎，求底下之地，欲以泥水自蔽，绝宾客往来之望，然不能得如意。后征为都尉，迁典军校尉，意遂更欲为国家讨贼立功，欲望封侯作征西将军，然后题墓道言"汉故征西将军曹侯之墓"。此其志也。

而遭值董卓之难，兴举义兵。是时合兵能多得耳，然常自损，不欲多之；所以然者，多兵意盛，与强敌争，倘更为祸始。故汴水之战数千，后还到扬州更募，亦复不过三千人，此其本志有限也。后领兖州，破降黄巾三十万众。又袁术僭号于九江，下皆称臣，名门曰建号门，衣被皆为天子之制，两妇预争为皇后。志计已定，人有劝术使遂即帝位，露布天下，答言"曹公尚在，未可也"。后孤讨禽其四将，获其人众，遂使术穷亡解沮，发病而死。及至袁绍据河北，兵势强盛，孤自度势，实不敌之，但计投死为国，以义灭身，足垂于后。幸而破绍，枭其二子。又刘表自以为宗室，包藏奸心，乍前乍却，以观世事，据有当州，孤复定之，遂平天下。身为宰相，人臣之贵已极，意望已过矣。今孤言此，若为自大，欲人言尽，故无讳耳。设使国家无有孤，不知当几人称帝，几人称王。

或者人见孤强盛，又性不信天命之事，恐私心相评，言有不逊之志，妄相忖度，每用耿耿。齐桓、晋文所以垂称至今日者，以其兵势广大，犹能奉事周室也。《论语》云："三分天下有其二，以服事殷，周之德可谓至德矣。"夫能以大事小也。昔乐毅走赵，赵王欲与之图燕，乐毅伏而垂泣，对曰："臣事昭王，犹事大王；臣若获戾，放在他国，没世然后已，不忍谋赵之徒隶，况燕后嗣乎！"胡亥之杀蒙恬也，恬曰："自吾先人及至子孙，积信于秦三世矣；今臣将兵三十余万，其势足以背叛，然自知必死而守义者，不敢辱先人之教以忘先王也。"孤每读此二人书，未尝不怆然流涕也。

孤祖父以至孤身，皆当亲重之任，可谓见信者矣，以及子植子桓兄弟，过于三世矣。孤非徒对诸君说此也，常以语妻妾，皆令深知此意。孤谓之言："顾我万年之后，汝曹皆当出嫁，欲令传道我心，使他人皆知之。"孤此言皆肝鬲之要也。所以勤勤恳恳叙心腹者，见周公有《金縢》之书以自明，恐人不信之故。然欲孤便尔委捐所典兵众以还执事，归就武平侯国，实不可也。何者？诚恐已离兵为人所祸也。既为子孙计，又已败则国家倾危，是以不得慕虚名而处实祸，此所不得为也。前朝恩封三子为侯，固辞不受，今更欲受之，非欲复以为荣，欲以为外援，为万安计。孤闻介推之避晋封，申胥之逃楚赏，未尝不舍书而叹，有以自省也。奉国威灵，仗钺征伐，推弱以克强，处小而禽大，意之所图，动无违事，心之所虑，何向不济，遂荡平天下，不辱主命，可谓天助汉室，非人力也。然封兼四县，食户三万，何德堪之！江湖未静，不可让位；至于邑土，可得而辞。今上还阳夏、柘、苦三县户二万，但食武平万户，且以分损谤议，少减孤之责也。

曹操的祖父曹腾是东汉著名宦官，收养了曹嵩，生曹操。在安徽亳州，至今还保留着以曹腾墓为核心的曹氏家族陵园，非常壮观。

由此推想，曹氏家族不缺钱，缺少的是受人尊重的社会地位。曹操自感出身卑贱，"恐为海内之人"看不起，以为"所见凡愚"。陈琳在为袁绍撰写讨伐曹操的檄文中就骂曹操"赘阉遗丑，本无令德"，不难看出曹操在世族大家心目中的可悲位置。李斯就说过："诟莫大于卑贱，而悲莫甚于穷困。"他最初的志向，只是做一郡太守，建立好名声，这就很不容易了。后来到济南做官，推出一些改革措施，"除残去秽，平心选举"，结果得罪了很多人。他怕当地豪强加害，就赶紧逃回家乡，隐居去了。"去官之后，年纪尚少，环顾同岁中"，有的已"年有五十"，而当时他才二十多岁，便这样安慰自己：即便沉沦二三十年，等到天下太平，再出来考试做官，也不过五十来岁，依然来得及。于是，他安心在家乡买了小房子，定居下来，秋夏读书，冬春打猎，过着简单快乐的生活。

汉灵帝光和七年（184年）黄巾起义爆发，中平六年（189年）灵帝死，外戚何进谋诛宦官，反被诛杀，朝中大乱。西凉军阀董卓带兵入据洛阳，废少帝刘辩，立献帝刘协。曹操逃出洛阳，东归陈留。这时，袁绍、袁术等实力人物起兵讨伐董卓。[①] 曹操也募得五千兵力参加混战，被授予典军校尉。这是他建立军事大权的开始。那年，他三十五岁，志向又升级了，希望能封侯，死后墓碑上写上"汉故征西将军曹侯之墓"。对他而言，这已是崇高的理想。古代封爵分为五等，即公、侯、伯、子、男。三公，永远为豪门望族把持。东汉后期有两股泾渭分明的势力。一种是所谓清流，多为出身高贵

[①] 袁氏累世三公：袁安为司空、司徒，袁敞为司空，袁汤为司空、司徒，袁逢为司空，其弟袁隗为太傅。袁绍为袁逢之庶子，出后伯父袁成，所以袁术也看不起他，称"吾家奴"。袁绍依然以此自重。当时董卓逼迫袁绍赞同废帝，袁绍说："汉家君天下四百许年，恩泽深渥，兆民戴之。今上富于春秋，未有不善宣于天下。公欲废嫡立庶，恐众不从公议也！"卓按剑叱绍曰："竖子敢然！天下之事，岂不在我！我欲为之，谁敢不从！尔谓董卓刀为不利乎！"绍勃然曰："天下健者岂惟董公！"引佩刀，横揖，径出。董卓以新至，见绍大家，故不敢害。可见，袁绍也是有骨气的人。

的人，还有一部分处士横议的读书人。另外一种叫浊流，以曹操祖上曹腾这样的宦官为代表。这个阶层有权有势，但是没有社会清誉，多为士人所不齿。设想一下，如果没有东汉后期的巨变，像曹操这样的人，可能永远被钉在那个社会的耻辱柱上，很难翻身发迹。他想封侯，无异于天方夜谭。曹操曾注过《孙子兵法》，对兵法非常精通，知道什么时候收敛，什么时候张扬。董卓之乱后，他凭借自己的经济实力，征募兵力。"然常自损"，就是自己主动压缩势力，不敢张扬。他认为，"多兵意盛，与强敌争"，乃是祸乱的开始。建安元年（196年），曹操将处于困境的汉献帝迎至许昌，自己充当了保护人的角色。建安五年（200年）官渡一战，消灭了称雄于北方而又最看不起他的袁绍十万精兵。到建安十三年（208年），前后共有十余年的时间，曹操消灭了陶谦、张济、吕布、袁术、刘表等这些原本是北方望族的首领人物。这使他不无自豪地夸耀说："设使国家无有孤，不知当几人称帝、几人称王。"

谁都知道，此时的汉天子，已经名存实亡。于是，闲话就多起来，说曹操要篡汉。这时，曹操毕竟还没有强大到足以改朝换代的地步。他在文章中举齐桓公、晋文公为例，说这两人虽然很有势力，但绝没有取代天子的意思。周文王"三分天下有其二"，依然臣服于殷商。说了这些还不够，他又以乐毅和胡亥为例，说明自己向无二心。他告诫子孙，曹家世代受到汉家天子的重视，不可能有非分之想。别人说他有"不逊之志"，毫无根据。这些道理，他不仅要跟儿孙讲，还要跟妻妾絮叨，"顾我万年之后，汝曹皆当出嫁"，出嫁后再把我的心事告诉天下人，他曹某人根本不想篡权。最后他引用周公金縢藏信的典故，借以表白自己的耿耿忠心。说到这里，他明确地告诉那些攻击他的人，为后代平安，为家族利益，为国家前途，你们说归说，但我不会照着你们说的去做。为什么呢？因为交出军权,危险随之而来。"既为子孙计,又己败则国家倾危",所以绝对不会做那种"慕虚名而受实祸"的蠢事。文章最后说,可以让出封爵,让出一些实际利益,但绝不会让出兵权,那是核心利益所在。

阅读《让县自明本志令》,我总会想到在安徽凤阳耸立的那方《大明皇陵之碑》。朱元璋说:"皇陵碑记,皆儒臣粉饰之文,恐不足为后世子孙戒,特述艰难,明昌运,俾世代见之。"碑文如实记载了朱元璋幼年的贫困。父母死后,连一块坟地都买不起,东凑西凑买了块坟地,草草把父母埋藏。那时穷得连饭吃不饱,只好寄食佛门。他当了皇帝以后,要给父母修坟,请文人写碑文。文人的撰写,把朱元璋身世大大地美化一番。朱元璋倒也实在,就像曹操一样,真实地交代了自己的身世。不过,朱元璋的文学功底远不及曹操,缺乏力度。

曹操《让县自明本志令》,真可以用"古直、悲凉、霸气"这六个词来概括。其实曹操的全部作品,也都可以用这六个字来概括。古直,即古朴率直,没有掩饰。如《善哉行》自述孤苦的身世和困难遭遇:"自惜身薄祜,夙贱罹孤苦。既无三徙教,不闻过庭语。其穷如抽裂,自以思所怙。虽怀一介志,是时其能与!守穷者贫贱,惋叹泪如雨。泣涕于悲夫,乞活安能睹?"表现了他壮志未酬、不能建功立业的激愤之情。悲凉,即悲慨,既为自己的身世,也为时代之乱。《薤露行》《蒿里行》《苦寒行》就是这样的作品。如《薤露行》:

> 惟汉廿二世,所任诚不良。沐猴而冠带,智小而谋强。
> 犹豫不敢断,因狩执君王。白虹为贯日,己亦先受殃。
> 贼臣持国柄,杀主灭宇京。荡覆帝基业,宗庙以燔丧。
> 播越西迁移,号泣而且行。瞻彼洛城郭,微子为哀伤。

"建安风骨"的历史内涵及其意义

《薤露行》原是送葬的挽歌。诗注中多次提到这段历史背景,中平六年(公元189年)是东汉历史上一个重要的分水岭。先是宦官专权,何太后临朝,外戚又把持朝政。但不是不久,董卓进京,窃取了国家大权,密谋废立,大开杀戒。汉关东各州郡的兵马愤起讨伐董卓,董卓又放火烧毁京城洛阳,挟持献帝西迁长安。整个社会陷入军阀混战的局面。汉帝国从此名存实亡。历史进入了诸侯纷争的时代,三国的历史由此开启。曹操这首诗形象生动地展现了汉末动乱的历史画面。故陈祚明《采菽堂古诗选》卷五称其"老笔直断",而沈德潜《古诗源》谓其"汉末实录"。又如《蒿里行》:

关东有义士,兴兵讨群凶。初期会盟津,乃心在咸阳。
军合力不齐,踌躇而雁行。势利使人争,嗣还自相戕。
淮南弟称号,刻玺于北方。铠甲生虮虱,万姓以死亡。
白骨露于野,千里无鸡鸣。生民百遗一,念之断人肠。

《蒿里行》,同《薤露行》一样,同属送葬的挽歌。曹操借旧题写时事,表现东汉末年军阀混战,民不聊生的惨痛场面。所以沈德潜《古诗源》卷五说:"借古乐府写时事,始于曹公。"又如《苦寒行》:

北上太行山,艰哉何巍巍。羊肠坂诘屈,车轮为之摧。
树木何萧瑟,北风声正悲。熊罴对我蹲,虎豹夹路啼。
溪谷少人民,雪落何霏霏。延颈长叹息,远行多所怀。
我心何怫郁,思欲一东归。水深桥梁绝,中路正徘徊。
迷惑失故路,薄暮无宿栖。行行日已远,人马同时饥。
檐囊行取薪,斧冰持作糜。悲彼《东山》诗,悠悠使我哀。

所谓霸气,就是充满抱负,不顾及别人怎么评论他。如《步出夏门行·龟虽寿》以"老骥伏枥,志在千里;烈士暮年,壮心不已"为己志。《短歌行》以周公自比,抒发了延揽人才、使"天下归心"的愿望:

对酒当歌,人生几何?譬如朝露,去日苦多。慨当以慷,忧思难忘。何以解忧,唯有杜康。青青子衿,悠悠我心。但为君故,沈吟至今。呦呦鹿鸣,食野之苹。我有嘉宾,鼓瑟吹笙。明明如月,何时可掇?忧从中来,不可断绝。越陌度阡,枉用相存。契阔谈䜩,心念旧恩。月明星稀,乌鹊南飞。绕树三匝,何枝可依?山不厌高,海不厌深。周公吐哺,天下归心。

周公是中国历史上的圣人,曹操却以周公自比,不在乎别人怎么说他。所以,沈德潜说曹操的诗有一种霸气,鲁迅说曹操是改造文章的祖师爷。

曹操有条件取代汉帝,但他到死也没有敢这样做。建安十六年(211年)任曹丕为副丞相,封诸子为侯,形成了"盘石之固"。建安十八年(213年)封魏公,加九锡;魏国置尚书、侍中、六卿,已有完整的制度机构。建安二十一年(216年)进号魏王,孙权让他称帝,他说:"是儿欲踞吾著炉火邪?"建安二十二年(217年)更设天子大旗,立曹丕为太子,说:"若天命在吾,吾为周文王矣。"曹操死于建安二十五年(220年),曹丕即位,即刻完成了武王废立的工作,正式称帝,改元黄初元年,并追封曹操为魏武帝。随即,刘备称帝于成都,孙权称帝于建康(今南京)。汉代正式宣告结束。

作为诗坛领袖,"三曹"的风格各不相同。如果说,曹操的诗是以一个英雄的气魄取胜的话,那么,他的两个儿子,曹丕以诗人细腻感受见长，曹植以才子想象丰富称雄。对于曹植和曹丕的评价，历来分歧很大。《诗品》推许曹植为"建安之雄"，比作人伦之有周孔，音乐之有琴声。这可能是同情失败者的心理所致，认为曹丕在政治上是成功者，他一定用了很多政治手腕，所以文人多讨厌他。《文心雕龙》与此相左，认为曹丕有"洋洋清绮"之才。郭沫若《论曹植》也认为曹植虚夸，不值得同情。不管如何评说，今天来读俩人的诗，确实感到风格迥异。刘勰说："子建思捷而才俊"，"子桓虑详而力缓"。曹植思维敏捷，才华横溢，故曰"思捷而才俊"。曹丕考虑周详，文章舒缓，故曰"虑详而力缓"。这是两种截然不同的性格类型。曹丕内向、沉静，以理智来衡量一切，是权力型人物。曹植外向、活跃，有时过于情绪化，是审美型人物。性格不同，反映在创作中，就有明显的风格差异。

同样是抒发友情，曹丕《与吴质书》开头这样写："岁月易得，别来行复四年。三年不见，《东山》犹叹其远，况乃过之。"《诗经·东山》诗描写一个征夫多年征战，终于有机会回到家乡："我徂东山，慆慆不归。我来自东，零雨其蒙。"在回家的路上，他见到很多熟悉的景物，自然就触发了很多联想。这里用《东山诗》的典故，寥寥数语，将饱含不尽的离情别绪表达得淋漓尽致。曹植《与杨德祖书》开头说，"数日不见，思子为劳，想同之也"，情感的表达就比较浮泛。

同样是描写思妇，曹丕的《燕歌行》婉转悠扬："秋风萧瑟天气凉，草木摇落露为霜。群燕辞归鹄南翔，念君客游多思肠。慊慊思归恋故乡，君何淹留寄他方？贱妾茕茕守空房，忧来思君不能忘，不觉泪下沾衣裳。援琴鸣弦发清商，明月皎皎照我床，星汉西流夜未央。牵牛织女遥相望，尔独何辜限河梁？"女主人公夜不能寐，遥望星空，看到天上的牛郎织女，自然会想到远方的亲人。人间有难以逾越的障碍，造成分别，天上的牛郎织女，因为什么罪过被银河隔开？曹植《七哀》也写思妇，很不相同："明月照高楼，流光正徘徊。上有愁思妇，悲叹有余哀。借问叹者谁？云是客子妻。君行逾十年，孤妾常独栖。君若清路尘，妾若浊水泥。浮沉各异势，会合何时谐？愿为西南风，长逝入君怀。君怀良不开，贱妾当何依？"男人就像尘埃一样，到处漂泊，而女人就像泥土一样，永远沉沦。什么时候化作西南风，飞到情人的怀里呢？两相比较，曹植的诗比较浅显，而曹丕的诗更具有感染力。

曹植看不起文学，认为是"词赋小道，不足以揄扬大义"。曹丕《典论·论文》正持相反意见，认为"文章经国之大业，不朽之盛事。年寿有时而尽，荣乐止乎其身，二者必至之常期，未若文章之无穷"。曹丕、曹植兄弟生活在同样的环境中，对于文学的看法截然相反，一个力主文章可以经国，一个蔑视辞赋小道。鲁迅在《魏晋风度及文章与药及酒之关系》的讲演中对此有所分析，认为曹植所以轻视辞赋，只因为他自己文章做得好，故可如此大言。还有一个原因，曹植活动的目标在于政治，政治方面不甚得意，遂说文章是无用的。所以鲁迅说"子建大概是违心之论"。曹丕已经当上太子，政治方面已经胜出，所以更重视文学名声，渴望名实双收。他不希望人人都有政治抱负。因此，曹丕发表这一通文学不朽的议论，其实并非真心倡导文学。正如曹植贬抑文学，也并非真正看不起文学一样。虽然曹丕、曹植对于文学的看法大相径庭，但骨子里是一致的，都是站在政治立场上看文学，只是观察的角度不同而已。

曹植《豫章行》说："他人虽同盟，骨肉天性然。"在《陈审举表》中，曹植又说："苟吉专其位，凶离其患者，异姓之臣也。"在作者看来，建安时期，确实存在着若干同盟体。他希望曹丕明白，外人虽然可以结成同盟，但是骨肉亲情是天然形成的密切关系。问题是，这话谁信呢？我想曹植内心深处也未必认可这一点。从当时情形看，这种同盟或者类似的利益集团并不少见。曹植本人就曾与他人结盟。曹丕即位之后，对曹植党羽剪除殆尽，就是看到了这种结盟的危险存在。曹植在《野田黄雀行》中说"利剑不在掌，结友何须多"，这利剑就是权力。结友，就是结成同盟。他失势之后，同盟也被摧毁，他才这样说。曹丕当然不会相信这样的话。事实上，在建安时期，曹丕在政治上依靠司马懿、陈群、吴质、朱铄等所谓四友，加速夺权步伐，在文化领域，他与曹植积极争取文化话语权，举行了很多类似于后世的沙龙聚会，饮酒赋诗，相互唱和。前面曾提到的吴质，就是曹丕文人集团中的重要成员，对曹丕感恩戴德。曹丕《典论·论文》与《与吴质书》重点讨论建安七子的创作，而吴质的《答魏太子笺》主要论述的是曹丕的创作特色。他推崇曹丕"优游典籍之场，休息篇章之囿"，利用自己的特殊身份，积极组织文学活动，游宴赋诗，拓展人脉。

曹植也曾有这种登高呼应的优势。他思捷才俊，聪明外露，从小就深受父亲的宠爱，甚至认为他是"儿中最可定大事者"（《三国志·曹植传》注引《魏武故事》）。曹操长子曹昂为刘夫人生，建安二年（197年）随曹操征战而死。其次是环夫人所生曹冲，非常聪明，曹冲称象的故事家喻户晓。曹操"有欲传后意"。但是在建安十三年也死了。接下来就是卞夫人所生诸子，即：曹丕、曹彰、曹植、曹熊。曹丕居长，应当"立嫡以长"。然而，从十三年到二十二年，到底立谁为长，在长达十年的时间里，曹操似乎一直举棋不定。建安十五年（210年）春，曹操作《求贤令》，称"今天下得无有被褐怀玉而钓于渭滨者乎？又得无盗嫂受金而未遇无知者乎？二三子其佐我明扬仄陋，唯才是举，吾得而用之"。宋代叶适《习学记言》根据这些资料推测说："操于诸子，将择才而与之，意不专在嫡。"曹操爱才如命，在四个儿子中，最看重才华横溢的曹植，甚至"几为太子数矣"。建安十七年春，铜雀台落成，众文士赋诗作文以为庆贺，曹植就好像事先打好腹稿似的，援笔立成《铜雀台赋》，得到曹操的高度赞赏。建安十九年，曹操东征孙权，让曹植守城，告诫说："吾昔为顿丘令年二十三，……今汝年亦二十三矣，可不勉与？"这是对他的考验。不无遗憾的是，曹植依仗自己特殊的地位和过人的才气，"任性而行，不自雕励，饮酒不节"，一次次地让曹操失望。《三国志·曹植传》载，曹植独守邺城时，"尝乘车行驰道中，开司马门出"。这使曹操大怒，因为只有帝王本人举行大典时才能通行，而曹植却公开违禁，这使曹操颇为难堪。他处死了掌管车马的公车令，还就此发布命令，说自从曹植违犯此令，"令吾异目视此儿矣"。可见，曹操对曹植是彻底失望了。

起初，曹操对于曹丕似乎并不怎么看好。《三国志·魏志·武文世王公传》载，建安十三年，曹冲病死，曹丕前去安慰乃父，曹操却对曹丕说："此我之不幸，而汝曹之幸也。"父子心里当然都清楚这话的含义。《三国志》裴松之注引《世语》记载，曹丕看到曹植深得父亲欣赏，内心很焦虑，就让吴质藏在密封的大筐中进宫密谋。这事让曹植的死党杨修知道，向曹操告密，曹丕很紧张。吴质设计说，明天继续拉着这个大筐进宫，杨修肯定告状，并强制查验。如果没有这个事，杨修就有欺君之罪。第二天，杨修果然上当。曹操由此反而怀疑杨修另有企图。《世语》还记载，曹操每次出征，他的儿子都要到路边送行，曹植通常会称颂大王的功德，表奏成功，曹操听后很高兴，而曹丕口才、文笔皆不如，怅然自失。吴质当时为朝歌令，出主意说：以后大王出行，就流涕送行，表示孝心。这个办法很奏效，大家都觉得曹植辞多浮华，而曹丕心诚意切，在父亲面前竖立了很好的形象。在做足了外围工作后，吴质等串通一些大臣拼命在曹操面前吹风，说袁绍、刘表改变旧制，没有立嫡长子为太子，结果闹得国破家亡。这些办法非常奏效，在经历了十年诚惶诚恐的岁月之后，曹丕在建安二十二年终于当上太子。他高兴地搂着丞相辛毗的脖子问："辛君知我喜不？"前面说过，曹操生前曾说，"若天命在吾，吾为周文王矣"。到了建安二十五年曹操死，曹丕就正式扮演了周武王的角色，演出禅让闹剧。三劝三让之后，登基为帝，他不无得意地说："舜禹之事，吾知之矣。"

公元220年曹操死，曹丕即位，以此为界，曹植的生平明显分为前后两个时期，诗的内容也发生了重大变化。此前，他过着贵公子孙的生活，自由自在，无所顾忌。其作品中有两个鲜明的主题：一是悲悯民生，一是慷慨大志。前者以《送应氏》为代表，后者以《白马篇》为代表。在整个建安时期，曹植的政治热情始终处在巅峰状态，他的文学创作，无不染上浓郁的政治色彩。在太子继承人问题上的明争暗斗，已经使得曹植与曹丕之间的关系产生极大裂痕。偏偏曹植又不知收敛，依然锋芒毕露。结果，政治热情越高，得到的猜忌自然就越深，受到的打击也就更大。曹丕上台伊始，王室各就封国，不让留在京城。这是对一般兄弟的政策；而对曹植的防范尤其严苛。他首先杀掉曹植党羽丁仪兄弟及家中男口，又使曹植三徙封地、六换爵位，并派监国使随时监视曹植的活动，两次使之获罪，要行"大辟"。要不是卞太后的干预和保护，曹植早就成了曹丕的刀下鬼了。

曹植后期创作，以《文选》卷二十四"赠答"类所收《赠白马王彪》为代表：

谒帝承明庐，逝将归旧疆。清晨发皇邑，日夕过首阳。
伊洛广且深，欲济川无梁。泛舟越洪涛，怨彼东路长。

顾瞻恋城阙，引领情内伤。
太谷何寥廓，山树郁苍苍。霖雨泥我涂，流潦浩纵横。
中逵绝无轨，改辙登高岗。修坂造云日，我马玄以黄。
玄黄犹能进，我思郁以纡。郁纡将难进，亲爱在离居。
本图相与偕，中更不克俱。鸱枭鸣衡轭，豺狼当路衢。
苍蝇间白黑，谗巧令亲疏。欲还绝无蹊，揽辔止踟蹰。
踟蹰亦何留？相思无终极。秋风发微凉，寒蝉鸣我侧。
原野何萧条，白日忽西匿。归鸟赴乔林，翩翩厉羽翼。
孤兽走索群，衔草不遑食。感物伤我怀，抚心长太息。
太息将何为？天命与我违。奈何念同生，一往形不归。
孤魂翔故域，灵柩寄京师。存者忽复过，亡没身自衰。
人生处一世，去若朝露晞。年在桑榆间，影响不能追。
自顾非金石，咄唶令心悲。
心悲动我神，弃置莫复陈。丈夫志四海，万里犹比邻。
恩爱苟不亏，在远分日亲。何必同衾帱，然后展殷勤。
忧思成疾疢，无乃儿女仁。仓卒骨肉情，能不怀苦辛？
苦辛何虑思？天命信可疑。虚无求列仙，松子久吾欺。
变故在斯须，百年谁能持？离别永无会，执手将何时？
王其爱玉体，俱享黄发期。收泪即长路，援笔从此辞。

李善注："《魏志》曰：楚王彪，字朱虎，武帝子也。初封白马王，后徙封楚。《集》曰：于圈城作。又曰：黄初四年五月，白马王、任城王与余俱朝京师，会节气，日不阳，任城王薨。至七月，与白马王还国。后有司以二王归藩，道路宜异宿止，意毒恨之。盖以大别在数日，是用自剖，与王辞焉，愤而成篇。"这篇序至少涉及五个重要问题。第一是曹彪任白马王的时间，第二是黄初四年会节气的时间。第三是曹彪、曹彰与曹丕、曹植的关系,第四是写作此诗的悲愤心态,第五是全诗的分章。

第一个问题,据《三国志·魏书·武文世王公传》载,曹彪建安二十一年封寿春侯。黄初二年进爵,徙封汝阳公。三年,封为弋阳王,同年徙封吴王。五年,改寿春县。七年徙封白马王。此诗作于黄初四年,此时曹彪为吴王,似非白马王。故杭世骏《三国志补注》谓当时未有此封,宜称吴王。但是,序文明明记载这年曹彪为白马王,如果这篇是真的,那就有另外一种可能,黄初四年,曹彪曾有被封为白马王的事,《三国志》失载。黄节《曹子建诗注》:植是时以鄄城王应诏至京师,东归后始徙封雍丘,则与白马王同路东归者,归鄄城也。鄄城在今濮州东二十里,白马在今滑县东二十里。魏时同属兖州东郡,故能同路东归。如吴,则当南下,不能同东矣。又《初学记》卷十八载曹彪《答东阿王诗》:盘径难怀抱,停驾与君诀。即车登北路,永叹寻先辙。观此诗序:有司以二王归藩,道路宜异宿止。故白马中途先发,归路虽同,而宿止则异矣。由洛阳东归,则鄄城、白马皆在东北,而鄄城又在白马之东,故诗云"怨彼东路长"也。地理方向明白如此,是彪于黄初四年曾徙白马,可无疑矣。

第二个问题,序称事在黄初四年(223年)五月,《汉魏六朝百三名家集》作正月。余冠英先生《汉魏六朝诗选》说:文帝于黄初三年十一月行幸宛,四年三月方回洛阳。诸王朝京师不可能在正月。根据郑玄《礼记》注,汉四时迎气,其礼则简。每年在立春、立夏、立秋、立冬四个节气之前,各诸侯藩王都要到京师来和皇帝一同行"迎气"之礼,并举行一定的朝会仪式,这叫作会节气。《后汉书·礼仪志》曰:先立秋十八日,迎黄灵于中兆,五月朝京师,会节气。黄初四年六月二十四日立秋,依旧制要在立秋前十八天迎气,故曹植等须提前在五月出发赴洛阳。

第三个问题，白马王曹彪，字朱虎，曹操妾孙姬所生，系曹植异母弟。任城王曹彰，字子文，卞太后所生，系曹植、曹丕同母弟。他作战英勇，屡建大功，常受曹操的赞扬。有一次曹操竟至摸着曹彰的小胡须说："我黄须儿竟可用也！"他到洛阳后，曹彰突然死去。据《世说新语·尤悔》记载："魏文帝忌弟任城王骁壮，因在卞太后阁共围棋，并啖枣。文帝以毒置诸枣蒂中，自选可食者而进。王弗悟，遂杂进之。既中毒，太后索水救之，帝预敕左右毁瓶罐，太后徒跣趣井，无以汲，须臾遂卒。复欲害东阿，太后曰：汝已杀我任城，不得复杀我东阿。"可见，任城王是被魏文帝曹丕毒死的。余，曹植自己，时为鄄城王。鄄城，今山东省濮县东。《三国志·魏志·曹植传》载，这次去洛阳，曹植是"科头负斧锧，徒跣诣阙下"去见曹丕的，曹丕"犹严颜色，不与语，又不使冠履"，还是在卞太后的干预下，才让他"复王服"。

第四个问题，写作此诗的悲愤心态。诗序中说此次分别为"大别"，诗中也说到"离别永无会"，可见曹植深知自己随时都有可能遭到灭顶之灾。既然是永别，本来应当作最后的叙别。没有想到，"有司以二王归藩，道路宜异宿止"。根据李善注，有司指监国使者灌均，要求兄弟之间不得同行同宿。他们知道这次分别，很可能就是永别，为表白心意，与曹彪告辞，愤然写下这篇诗歌。全诗交织着生离死别之情与理想幻灭之悲。诗歌以感情活动为线索，集中抒发了诗人这几年来屡受迫害而积压在心头的愤慨。

全诗通常被分为七章。第一章的最后一句是"顾瞻恋城阙，引领情内伤"，第二章首句为"太谷何寥廓，山树郁苍苍"。明代王世贞《艺苑卮言》对此提出异议，他认为："此诗全法《大雅·文王之什》体，以故言首二章不相承耳。后人不知，合而为一者。"清人徐攀凤《选注规李》赞同其说："太谷何寥廓，山树郁苍苍，正蒙引领伤情说下。盖此篇自首句'谒帝承明庐'至'我马玄以黄'，止一韵，是为其一。'玄黄犹能进'至'揽辔止踟蹰'为其二。"张云璈《选学胶言》卷十一谓此诗各篇体格逐段蝉联而下，"若引领句下接'太谷何寥廓，山树郁苍苍'，既不蝉联，又不换韵，与通篇之体格戾矣。宜以发端'谒帝承明庐'至'我马玄以黄'为其一，共分六段，不当云七也"。不过这里，我们还是依据李善注本分为七章。第一章描写对京师的眷恋，交代了写诗的背景。第二章与第四章集中写景，渲染悲凉的气氛。第三章痛骂监国使者是"鸱枭""豺狼""苍蝇"，可见诗人愤怒之深。第五章是对任城王曹彰的怀念，由曹彰之死，想到人生之无常，哀叹自己的不幸遭遇。最后两章回到与白马王曹彪分别的现实，强自劝慰，虽作宽心语，但是最后两人执手，一再互勉："王其爱玉体，俱享黄发期"，从字里行间不难看出，在生离死别之际，兄弟二人已经涕泣涟涟。据诗序及七章诗来寻绎，曹植之悲至少有三重含义：一是死别之悲，这是为任城王曹彰而悲。二是生离之悲，这是为白马王曹彪而悲。三是诗中没有明写却在字里行间渗透着的幻灭之悲，这是全诗的核心内容，叙事、抒情、写景，无论哪一章的描写实质都在衬托诗人的理想幻灭之悲。清人方东树在其《昭昧詹言》中评此诗曰："气体高峻雄深，直书见事，直书目前，直书胸臆，沈郁顿挫，淋漓悲壮，与以上诸篇（指曹植的《鰕䱇篇》《箜篌引》《怨歌行》《名都》《美女》《白马》《远游》等）空论泛咏者不同，遂开杜公之宗。"

可以这样说，曹植的政治悲剧主要是由其性格悲剧决定的。当然，换一个角度看，也许正是这种悲剧性格，也玉成了他的文学成就。

在政治方面，他虽然是一个失败者，但是在文学领域，他却要比同时代的其他作家幸运得多。他经历了那么的磨难，悲欢离合，世态炎凉，使他对人生、对社会有了更加真实的体验和理解。在年辈方面，他也较之其他建安诗人为晚。孔融卒于建安十三年（208年）、阮瑀卒于建安十七年（212年）、王粲、陈琳、刘桢、应玚卒于建安二十二年（217年）、徐幹卒于建安二十三年（218年）。至此，建安七子都已离世。建安二十五年（220年）曹操死，黄初七年（226年）曹丕死，而曹植一直活到太和六年（232年）。历史赋予他双重使命，一方面，他既是建安文学创作活动的参与者，另一方面，他实际又充当了建安文学的总结者。这种特殊的身份，有似后来的杜甫，尽管他是盛唐时期的代表诗人，但是在开元、天宝时期，他的作用并不明显。安史之乱以后，盛唐著名诗人纷纷退出诗坛，老杜才承担起集盛唐诗歌创作之大成的重任。曹植的作用也是如此，他的创作承前启后。从当时诗坛的具体情况来看，他的创作既有建安时期慷慨悲凉的余韵，又开启了正始以后弥漫于诗坛的荒漠凄冷的诗风；再从整个中国古典诗歌发展的脉络来看，曹植的创作既为五言古诗奠定了基石，同时又为近体诗的发展开辟了道路。

三 "建安风骨"的意蕴

钟嵘《诗品序》论及东晋"贵黄老，稍尚虚谈"的诗风时，首次提出"建安风力"这个概念。初唐陈子昂《修竹篇序》：

文章道弊五百年矣！汉、魏风骨，晋、宋莫传，然而文献有可征者。仆尝暇时观齐梁间诗，彩丽竞繁，而兴寄都绝，每以咏叹，思古人常恐逶迤颓靡，风雅不作，以耿耿也。一昨于解三处见明公《咏孤桐篇》，骨气端翔，音情顿挫，光英朗练，有金石声。遂用洗心饰视，发挥幽郁。不图正始之音，复睹于兹，可使建安作者相视而笑。

作者认为，从建安到初唐五百年间，风骨莫存，兴寄都绝，故发愤振起，倡导弘扬"骨气端翔，音情顿挫，光英朗练，有金石声"的"建安风骨"。李白也说："自从建安来，绮丽不足珍。"

"风骨"是六朝以来非常流行的一个概念。《文心雕龙》专辟《风骨篇》，称：

> 诗总六义，风冠其首，斯乃化感之本源，志气之符契也。是以怊怅述情，必始乎风，沉吟铺辞，莫先于骨。故辞之待骨，如体之树骸，情之含风，犹形之包气。结言端直，则文骨成焉；意气骏爽，则文风清焉。若丰藻克赡，风骨不飞，则振采失鲜，负声无力。是以缀虑裁篇，务盈守气，刚健既实，辉光乃新，其为文用，譬征鸟之使翼也。故练于骨者，析辞必精，深乎风者，述情必显。捶字坚而难移，结响凝而不滞，此风骨之力也。

风，这一概念源于"六义"之风，即风雅颂赋比兴的"风"，有风化的意思。骨，犹如骨干，强劲有力。由此推测，建安风骨具有如下几个特点。

第一，建安风骨，是一种气的概念。

曹丕《典论·论文》说：

> 文以气为主，气之清浊有体，不可力强而致。譬诸音乐，曲度虽均，节奏同检，至于引气不齐，巧拙有素，虽在父兄，

不能以移子弟。

风，是气体流动的表现形态，气为风本。气与骨的联系，就是风骨。钟嵘《诗品》认为曹植"骨气奇高，词采华茂"，就认为曹植的创作最具有风骨。气，是中国古代的一种含义最为丰富的概念。在不同场合、不同学科中，尽管理解有很大的差异，但是一个共同点就是，气是由内而外地自然发出，具有先天的特质，所以"不可力强而致"。就像音乐，同样的节奏，同样曲调，运气不同，好坏就有很大的差别。检，法度。这些只能意会，即便父兄之间，也不可言传。联系前面所论，孔融"体气高妙，有过人者"，又评王粲"惜其体弱，不足起其文"。认为王粲虽然有才，但是体弱，缺乏壮气。说徐幹"时有齐气"，什么叫"齐气"？若就历史传承而言，应当是从田横以来该地就普遍推崇的气节。若就齐人性格而言，似乎是指恬淡自然的风气。若就文章而言，则是指舒缓平易的风格。齐气，《三国志》《艺文类聚》《初学记》并作"逸气"。若此，则徐幹的创作就不是舒缓，而是骏逸风发。黄侃《文选评点》卷六说："文帝论文，主于遒健，故以齐气为嫌。"曹丕在《与吴质书》也明确说："伟长独怀文抱质，恬惔寡欲，有箕山之志，可谓彬彬君子者矣。著《中论》二十余篇，成一家之言，辞义典雅，足传于后，此子为不朽矣。"所谓"箕山之志"，其实就是尧时许由所奉行的"终身无经天下之色"（《吕氏春秋·求人》）。同时代的王昶作《家戒》，其中说到他所敬佩的徐幹："北海徐伟长，不治名高，不求苟得，淡然自守，惟道是务。其有所是非，则托古人以见其意，当时无所褒贬。"这里所说的"不求苟得，淡然自守"，与曹丕所说的"怀文抱质，恬淡寡欲"，是一个意思，即舒缓平淡。这应是"齐气"的本意。而"逸气"非徐幹所有，而是刘桢的风格。从曹丕对七子的评论中可以看出，他更欣赏和推崇壮大有力之气。

第二，建安风骨，是一种力的概念。

"公幹有逸气，但未遒耳"，就是说刘桢诗歌的力量还是不够。《文心雕龙·体性》也说："公干气褊，故言壮而情骇。"《风骨篇》《定势篇》还分别记载了刘桢"重气"的话。如《风骨篇》载刘桢评论孔融："孔氏卓卓，信含异气，笔墨之性，殆不可胜。"对孔融非常欣赏。《定势篇》载刘桢的话说："文之体指实强弱，使其辞已尽而势有余，天下一人耳，不可得也。"刘勰总结说："公幹所谈，颇亦兼气。然文之任势，势有刚柔，不必壮言慷慨，乃称势也。"《诗品》说刘桢："仗气爱奇，动多振绝，真骨凌霜，高风跨俗。但气过其文，雕润恨少。"以上各家都说刘桢的诗以气取胜。所谓气、所谓势，与陆厥《与沈约书》所说"刘桢奏书，大明体势之制"，道理是一样的，就是要求文章要有气势，有风骨，有气象。有气才有风骨，有风骨，才能壮大。这是建安诗歌的重要特点。不仅诗文要求风骨，书画的最高标准，也在风清骨峻。谢赫《古画品录》就常常用"气""气力""壮气"等概念推崇那些有气势的作品。

第三，建安风骨，是内在的丰沛情思与外在的壮大华丽的完美结合。

建安时期的思想界非常活跃，佛、道兴盛，各种学说竞相驰骋。曹植最后封地在东阿，在那里创立梵呗新声。后来的佛教界，都把曹植视为佛教音乐的鼻祖。道家也兴盛于建安时期。由于社会动荡，战乱频仍，神仙之说非常盛行，求仙访道，幻想长生成为统治阶层中的一种普遍思潮，游仙诗也开始大量产生。曹操的《陌上桑》，近似于《荀子·成相》和秦简《为吏之道》以及《楚词钞》所收"今有人"，都是三、七言句式。其内容也很接近，描写列仙之趣，或借描写仙境以寄托情怀。《气出唱》三首则描绘了一个梦幻般的神仙世界，他可以御风而行，远游昆仑山，上达天门，与仙人欢宴，获得长生仙药，静心养气，得以长生不老。《秋胡行》二首又表现出一种更加矛盾的心理。他一方面渴望长生不老，另一方面，严酷的社会现实又让作者感到疑惑不解。曹植早年信道，《远游篇》《仙人篇》幻想升天入地，云游天外。但是后来也意识到"虚无求列仙，松子久吾欺"。在动荡的社会里，他们抒写的虽是一己感受，却反映了那个时代的无奈、哀怨、理想、抗争。曹植的《泰山梁甫行》写"妻子象禽兽，行止依林阻"，陈琳的《饮马长城窟行》写长城吏与妻子的对话，很容易引起人们的共鸣。在战乱中，人们向往和平；在饥寒中，最希望得到温饱。曹操的《对酒》就描绘出这样一个政通人和、国泰民安的理想社会，在那里，国君贤明，臣子贤良，政治清平，礼法公正，没有犯罪，没有争讼，没有战乱，没有灾祸，社会安定和平，百姓安居乐业。这些良好的愿望，既是统治阶级的理想，也是普通百姓所向往的社会。

第四，建安风骨，雅与俗的统一。

东汉时期的思想文化界有一个突出的表现，那就是文化中心的下移。钟嵘《诗品》评论曹植：

> 其源出于国风。骨气奇高，词彩华茂，情兼雅怨，体被文质，粲溢今古，卓尔不群。嗟乎！陈思之于文章也，譬人伦之有周孔，鳞羽之有龙凤，音乐之有琴笙，女工之有黼黻。俾尔怀铅吮墨者，抱篇章而景慕，映余晖以自烛。故孔氏之门如用诗，则公幹升堂，思王入室，景阳、潘、陆，自可坐于廊庑之间矣。

这里特别值得注意的是"情兼雅怨，体被文质"八个字。"雅怨"

与"文质"对举,说明是并列关系。雅,有渊雅、文雅、清雅、闲雅之意,其文意大抵与今天所说的"高雅"相近。"怨"字,按照通常的理解,当本于《论语》中所说的"诗可以怨"。钟嵘《诗品》论曹植创作之"情兼雅怨"之"怨",确有司马迁"发愤著书"之怨,这应当没有疑问。我们读《赠白马王彪》《洛神赋》《九愁赋》等,深深地感受到字里行间所弥漫的哀怨之情。但这"怨"字还有一层特别的含义在里面,那就是建安时期的"风衰俗怨"的怨,体现出鲜明的下层文化的特点。这一点,又与曹氏家族的倡导不无关系。

曹家为寒门,"起自幽贱"(《三国志·魏书·后妃传》)。因此,这个家族成员的生活方式、处世态度乃至人生追求就与豪门望族有着明显的差异。《三国志·杨阜传》载曹洪击败马超后,"置酒大会,令女倡著罗縠之衣,蹋鼓,一坐皆笑"。杨阜虽然表示不满又能怎样?而曹植的生母卞氏也出身寒门,她自己就是"倡家",也就是专以歌舞美色娱人的卖唱者。不仅如此,魏氏"三世立贱",[①]所以《三国志·魏书·后妃传》载:"初,明帝为王,始纳河内虞氏为妃,帝即位,虞氏不得立为后,太皇后卞太后慰勉焉。虞氏曰:'曹氏自好立贱,未有能以义举者也。'"

在这样的家族中成长起来的曹植,尽管其幼年、青年时期都得到了乃父的特别呵护,走马斗鸡,过着贵族子孙的放荡生活,但是其骨子里依然摆脱不了下层文化的强烈影响。《三国志·王卫二刘傅传》裴注引《魏略》记载,曹植约见当时著名小说家邯郸淳,"延入坐,不先与谈。时天暑热,植因呼常从取水自澡讫,傅粉。遂科头拍袒,胡舞五椎锻,跳丸击剑,诵俳优小说数千言讫,谓淳曰:

---

① 周勋初:《魏氏"三世立贱"的分析》,见《魏晋南北朝文学论丛》,江苏古籍出版社1999年版。

'邯郸生何如邪？'于是乃更著衣帻，整仪容，与淳评说混元造化之端，品物区别之意，然后论羲皇以来贤圣名臣烈士优劣之差，次颂古今文章赋诔及当官政事宜所先后，又论用武行兵倚伏之势。乃命厨宰，酒炙交至，坐席默然，无与伉者。及暮，淳归，对其所知叹植之材，谓之'天人'。"

曹植现存作品有二百三十余篇，其中《蝙蝠赋》《鹞雀赋》《令禽恶鸟论》这三篇比较特别。《鹞雀赋》则通过鹞和雀的对话，表现了当时社会以强凌弱的现象。《令禽恶鸟论》则论述了伯劳之鸣与人的灾难没有必然联系且为伯劳鸣冤叫屈。这三篇作品在曹植的全部创作中显得很另类，而它们之间却有着共同的特色：第一，都通过鸟的形象来比喻社会现象，具有批判现实的色彩。第二，文字古朴，运用了很多当时的口语俗字。我们知道，用拟人手法写鸟的文学作品，以《诗·豳风·鸱鸮》为最早。曹植《赠白马王彪》："鸱枭鸣衡轭，豺狼当路衢"，就本于此。汉代乐府诗，很多也常用鸟兽鱼虫作比喻。譬如《铙歌十八曲》中的《战城南》，通过即将死去的士兵和乌鸦的对话，表达了作者对战争的诅咒之情。相和歌辞中的《乌生》则描写乌鸦被人用弹射杀，乌鸦自叹藏身不密，又以白鹿、黄鹄和鲤鱼之死自我安慰，认为死生有命。杂曲歌辞中的《枯鱼过河泣》则以鱼喻人，告诫人们世情险恶，慎于出行。曹植《野田黄雀行》描写黄鸟无辜被捕杀，又与汉乐府《乌生》《枯鱼过河泣》等有着相近的艺术构思。1993年在江苏东海县尹湾村出土的《神乌赋》，描述了一个乌鸦之间的故事，与曹植的《蝙蝠赋》《鹞雀赋》非常接近，基本上用四言句式，内容都讲到不同类的鸟之间的争斗。这些以拟人手法写鸟的文学作品之间，大概存在着某种传承关系。如果联系汉代乐府诗及《神乌赋》，并结合曹植其他创作，我们似乎可以作这样的推断：曹植创作的这三篇作品，不像是率意为之，而是有意借鉴当时流行甚广的民间文学创作。① 他在《与杨德祖书》中明确说，街谈巷说，击辕之歌，乃市井俗说、野人之歌虽是"匹夫之思，未易轻弃也"。这个观点也很重要。建安时期的诗歌创作，最重要的特点之一，就是充分吸收民间创作的经验。

以往的研究在论及建安文学成就时，通常概括为两点，第一是反映了离乱的社会现实，第二是反映了知识分子建功立业的情怀。问题是，在中国古代，社会离乱的时间多于天下太平时期。为什么说只有建安文学表现的离乱才会感人？读书人通常怀有兼济天下的情怀，这种想法绝非建安诗人所独有。为什么说只是建安文学表现功业才会感人？这个概括很可能不准确。

由此看来，建安诗歌的意义，不仅仅是真实地描写了那个"风衰俗怨"的时代变乱，也不仅仅是强烈地抒发了诗人感时叹世的情怀，更重要的是，他们的文学实践昭示后人，文学的生命，首先要获得最广大读者的共鸣。而要唤醒这种共鸣，就要求作者必须抒发真实的情感，必须表达善良的愿望，必须给读者展现美好的希望。只求在高雅中自娱自乐，或是媚俗到了没有是非标准，都背离了文学的本意。这样的文学是没有价值的。这是"建安风骨"，乃至中国优秀的古典诗歌留给世人最深刻的启迪。

（作者单位：中国社会科学院文学研究所）

---

① 参见刘跃进《曹植创作"情兼雅怨"说略》，《光明日报》2006年1月27日"文学遗产"专刊。

论建安文学批评的发生

傅 刚

一 引言

中国的文学批评为何会在建安时期发生,这当然与两汉以来文学写作的繁盛、具有文学性质的作品增多、文体的发展是紧密相关的。我在《汉魏六朝文体辨析的学术渊源》和《论汉魏六朝文体辨析观念的产生和发展》两篇文章中讨论过这个问题,事实上文学的自觉已经随着汉代文人群体的成熟和作品写作实践的增多,人们对文学与子、史不同的性质有了深刻的理解,同时也对于各文体的区分和掌握,有了清楚的认识,这对于汉末建安时期的文学写作的繁荣和批评的兴起,奠定了基础。但是,这只是一个必然的条件,任何一种现象的产生,除了历史发展的必然因素外,还需要有一些诱因。建安文人在曹氏父子带领下展开的文学写作和批评,开创了一个时代的风气,其实还是需要一些重要的刺激的。从表面上来看,建安时期具有了文学领袖,也形成了文学集团,这是重要的文学独立自觉的标志,但批评是如何发生的?为何能够在这个时候产生出对文学性质、文体特征、文人间的关系等带有重大理论意义的命题探讨？这个问题很值得我们研究。

代表建安文学理论成果的是曹丕的《典论·论文》。在这篇文章中，主要涉及这样几个问题：文学的价值问题、批评家态度问题、作家的个性与写作间的关系问题、作品风格的形成以及不同作家具有不同风格的问题、文体的问题等。应该说这些问题都是文学理论中最为核心的，也是后世文学批评理论不断讨论和加深的问题。这样一些精深的文学理论问题，为什么能够在文学刚刚开始自觉、独立的时候就会产生呢？它们发生的原因是什么呢？

这是一篇专门讨论诗赋写作的论文，从其讨论的内容看，完全合于后世的文学观念。此文据《文选》所录被称为"论文"，又五臣注说："文帝《典论》二十篇，兼论古者经典文事，有此篇，论文章之体也。"明确了曹丕《典论》有二十篇，篇皆有题，故《文选》所载"论文"实为曹丕所定（文中之"而作论文"，已明示题目）。曹丕以"文"为专论，明确表示文学的自觉和独立，其后才有陆机的《文赋》、挚虞的《文章流别集》和《论》，这在文学发展史上的意义可谓非同一般。

曹丕的《典论·论文》触及了文学理论中最为核心的问题，总结起来有：文人相轻问题、批评应该具有的态度问题、作家写作的优劣问题、文体问题、文章价值问题。这些问题的产生以及曹丕的阐释，见出汉末人对文学性质和特征的认识如此深刻而高明，这很令人感到惊讶。因为建安时期，只能是文学自觉独立的初始期，五言诗的写作也刚刚开始，为什么这个时候会产生如此高明的文学观念和理论？在建安时期究竟发生了怎样的文学活动和促进当时文学活动的社会原因呢？

对此，我提出几点看法。我认为：

建安文学批评也就是中国文学批评的开始，其发生首先起源于当时的文学写作实践。而文学写作的兴盛，并能在写作中引起争议，则是因了一个相对集中的文学团体的成立，而这个团体需要有一个领袖，这就是曹丕所领导的建安文学集团，时间则是在集团的主要作家如王粲、刘桢、陈琳、阮瑀、应玚、徐干、吴质（孔融除外，因为他实际上并没有参加这个集团的文学活动）等皆聚于邺下时。此其一。

其二，当日的文学写作势必引起了争论，如孰高孰低的问题，事实上如何评价孰高孰低，标准是什么，这当引起当日文人尤其是曹丕的思考。在讨论中，每个人的表现代表了批评的态度是否客观的问题，这就是曹丕、曹植所讲的文人相轻（人人自谓抱荆山之玉），由此而有深入的体认。同时每个人的写作风格并不一样，每个人的表现，包括写作水平和批评态度，这便是个性问题，而个性问题又由于其禀性不同，亦即气的问题，这也就是曹丕体认的文气问题。每个人气质禀性不同，并不由于是同一父母所生就可以一样，如他和曹植就不一样，这也是曹丕所要考虑的。每个人由于个人之所好、禀性等，而各有所擅之文体，又各以所擅之体轻别人所短，此亦在写作和讨论中暴露无遗，而适为曹丕所深思。这些看法曹丕集中在《典论·论文》中进行讨论，显示他经过一段时间的思考，这些问题已经很成熟了。而在此之前，在建安二十年他给吴质的信中似乎还没有表述过这样的内容。① 但在建安二十三年二月他再给吴质写信时，便很完整成熟地表达了这种意见，与《典论·论文》内容可相参证。如这一部分内容：

---

① 《文选》载曹丕与吴质书两封，第一封题为《与朝歌令吴质书》，作于建安二十年，第二封题为《与吴质书》，作于建安二十三年。参见拙作《曹丕曹植文学价值观的一致性及其历史背景》，《汉魏六朝文学与文献论稿》，商务印书馆2017年版。

观古今文人,类不护细行,鲜能以名节自立。而伟长独怀文抱质,恬淡寡欲,有箕山之志,可谓彬彬君子者矣。着中论二十余篇,成一家之言,辞义典雅,足传于后,此子为不朽矣。德琏常斐然有述作之意,其才学足以著书,美志不遂,良可痛惜。间者历览诸子之文,对之抆泪,既痛逝者,行自念也。孔璋章表殊健,微为繁富。公干有逸气,但未遒耳;其五言诗之善者,妙绝时人。言其诗之善者,时人不能逮也。元瑜书记翩翩,致足乐也。仲宣续自善于辞赋,惜其体弱,不足起其文,至于所善,古人无以远过。

与《典论·论文》中"王粲长于辞赋"一段议论相近,《典论·论文》重点在说文人所擅文体有别,故各有所长,以此阐明不可以己之长度别人之短,讨论的是批评者应有的态度,此文则因系私人通信,主要是对诸子的忆念而简评诸子的写作成绩,这种褒奖则是建立在诸子所擅文体之上的。从这些评论看,曹丕的批评观已经成熟并形成了系统。也就是在这个时间,曹丕在给王朗的信中也谈到了文学的价值,他说:"生有七尺之形,死惟一棺之土。唯立德扬名,可以不朽;其次莫如著篇籍。疫疠数起,士人凋落,余独何人,能全其寿?"[1] 这个论述与《典论·论文》似有不同,似乎《典论·论文》宣扬了文章具有经国的价值,文人可以凭之不朽了,但在《与王朗书》中,文章只是立德以下的"其次"。其实,这两个论述并不矛盾,《典论·论文》是对文人而言,立德并不是他们的事业,著篇籍才能使他们不朽,在这之前,文章并不具有这样的价值,是曹丕发现这种功效的。曹丕的功业显然不是在著文章上,他身为太子,

---

[1] 《三国志·魏志·文帝纪》注引《魏书》,中华书局标点本。

"立德"才是符合他的功业。另外,《典论·论文》还具有明显的政治意义,是用来安慰争夺太子失败的曹植的,这一点可参考拙作《曹丕曹植文学价值观的一致性及其历史背景》。

总之,建安时期的热烈而具有多种形式的文学活动,很自然地促进了文学批评的产生。不独曹丕有这样的论述,建安其他作家的书信中也有不少与文学批评有关的内容,如:曹植的《与杨德祖书》《与吴季重书》,杨修的《答临淄侯笺》,吴质的《答东阿王书》等。① 这些书信透露了以下几个问题:

1. 曹植的《与杨德祖书》,时间与曹丕此信约略同时,曹植文中亦论及批评的态度及文学价值,与曹丕略有不同,二人当有所针对而为。

2. 据曹植信,吴质赴朝歌令任,诸贤均将辞赋作品赠送,曹植亦有,此亦当时作品流行及商讨之重要材料。

3. 吴质《答东阿王书》中用《左传》七子赋诗典故,当启曹丕论七子之说。

4. 曹植批评陈琳不娴于辞赋,而自谓能与司马相如同风。

5. 曹植作书对陈琳有所嘲讽,而陈琳却以为是夸奖,则见当时批评者尚含蓄,而被批评者则因为自信而未能辨识。

6. 刘季绪喜好批评文章,是亦当时文学批评风气一斑。

7. 人不能见己之短,虽曹植亦然。其在与杨修书中称自己作有辞赋一通,颇自矜,但后人并未多称。其作有《龟赋》一首,赠与陈琳,当亦有自得之意,然亦未见有称赞者。

8. 曹植谓"有南威之容乃可以论其淑媛",提到评论者的高度问题。

---

① 以上三篇文章皆载于《文选》卷四十二,中华书局1977年影印胡克家刻本。

9. 杨修驳曹植之论，而谓文章与建功立业并不相妨害。

以上的问题与《典论·论文》所讨论的问题相当，也都与如何批评有关，虽然是汉末，但文人的个性与自负表现得十分充分，都明显地显示出自重和轻视别人的倾向。这当然与建安时期给文人提供了一个安静的可以自由写作和评论的环境有关，与这个时期经过大乱的文人都具有慷慨情怀有关，也与他们因为来自不同地方，大都在地方获得了极高的声誉有关。所以才如曹植所说"人人自谓握灵蛇之珠，家家自谓抱荆山之玉"，要互相钦服是不可能的。曹植也看到了这一点，但他认为解决问题的方法是"盖有南威之容乃可以论于淑媛，有龙渊之利乃可以议于断割"，意思是只有水平高的人才能批评别人。这当然是曹植的自负，他自比南威之容、龙渊之剑，但显然这不是客观的批评态度，仍然失之主观，的确见解不及曹丕远甚。不过，从这些议论可以见出当日文学活动的景况是何等的有生气，当然，也愈见出曹丕对文学的意义和性质、特征等的理解多么深刻。

建安时期的文学活动，留下了不少材料，如应玚的《驰猎赋》，曹丕的《叙诗》，杨修的《节游赋》《孔雀赋》，刘桢的《瓜赋》等，皆反映了当日写作和讨论的情景。应玚的《驰猎赋》写道："于是阳春嘉日，讲肆余暇。逍遥于郊野，聊娱游于骋射。延宾鞠旅，星言凤驾。"（《全后汉文》卷四十二）杨修的《节游赋》："尔乃息偃暇豫，携手同征。游乎北阙，以娱以逞。……行中林以彷徨，玩奇树之抽英。……于是回旋详观，目周意倦。御于方舟，载笑载言。……乃升车而来返。"（《全后汉文》卷五十一）《孔雀赋序》："魏王园中有孔雀，久在池沼，与众鸟同列。其初至也，甚见奇伟，而今行者莫视。临淄侯感世人之待士，亦咸如此，故兴志而作赋。并见命及，遂作赋。"其他建安文人应丕、植兄弟命所作诗、赋材料还有很多，

175

由这些材料见出建安文人如何在曹丕、曹植兄弟带领下开展文学活动，并在文学活动中形成了文学批评的观念，加深了对文学写作和批评问题的思考。因此建安文学批评的发生，除了与建安文人旺盛的写作有关，更与各种不同形式的文学活动密切相关。

二　建安文学批评发生的直接因素

如上所言，建安文学批评的发生，当然是建安文学写作高度发展的结果，作家的写作经验、心得的深厚积累，自然会上升为理论总结，同时文学集团的形成、文学活动的开展，作家间的交流互动，谈艺论文，都促进了文学批评的发生。但是这些只是事件发生的必然条件，一个事件的发生，多是在必然条件下由偶然因素促生的。标志建安文学批评成就的，是产生于建安二十二年冬以后曹丕的《典论·论文》以及相关的几篇书信，这些文学批评为什么会集中在这个时间段里产生呢？什么动机促成了曹丕写作《典论·论文》？这是解决建安文学批评为什么发生的重要问题。

我以为起因和动机源于建安二十二年发生的那场瘟疫，它直接开启了曹丕等人关于文学价值的思考。

这场瘟疫带来的后果是建安七子中的徐幹、陈琳、应瑒、刘桢俱死于疾疫中，即曹丕的《与朝歌令吴质书》中说的"徐、陈、应、刘，一时俱逝"。加上之前死于建安十七年的阮瑀，加深了曹丕对人生意义的认识。因为在文学写作中结成的深厚文缘，曹丕尝试着为死去的人编集，编集正是出于欲其不朽的意思。由编集而深入思考这么多年的写作中所遇到的问题，即文人写作的价值问题、文学作品自身的价值问题、如何开展批评的问题。曹丕在回忆了昔日与诸子作文学之游的快乐生活后，不由伤感人生短浅："何图数年之间，零落略尽，言之伤心。"故"撰其遗文，都为一集"，可见为诸子编集起因于徐、陈、应、刘一时俱逝对他的刺激。以下从"观古今文人类不护细行"开始议论诸子的道德文章，与《典论·论文》从"文人相轻，自古而然"的开篇一样，皆从批评立场展开讨论，笔者以为这一段议论应该就是曹丕为诸子编集序言的内容。

汉末因为大乱，正如曹操《蒿里行》所说"白骨露于野"，故疾疫流行，史书所记汉末以来的瘟疫时有发生，如建安十四年曹操南征东吴，途遇疾疫，烧船自还；① 建安二十二年除曹丕所述徐、陈、应、刘外，又《魏志·司马朗传》亦记司马朗遇疾卒；建安二十四年，《三国志·吴志》卷二记："是岁大疫，尽除荆州民租税。"汉末流行的疾疫，时间如此之长，影响如此之广，甚至曹丕登基后的黄初年间，还不时有瘟疫发生，这给汉末人带来了痛彻心扉的伤感。曹植《说疫气》如实反映了当时瘟疫流行的现实："建安二十二年，疠气流行，家家有僵尸之痛，室室有号泣之哀。或阖门而殪，或覆族（原注：《续汉·五行志》五注补作'举族'）而丧。"② 人命

---

① 曹操赤壁之败，阮瑀《为曹公与孙权书》："昔赤壁之役，遭离疫气，烧船自还，以避恶地，非周瑜水军所能败也。"这当然是自讳之辞。《魏志·武帝纪》："（建安）十四年春三月，军至谯，作轻舟，治水军。秋七月自涡入淮，出肥水，军合肥。辛未令曰：'自顷已来，军数征行，或遇疫气，吏士死亡不归，家室怨旷，百姓流离，而仁者岂乐之哉？不得已也。'"又记："公至赤壁，与备战不利，于是大疫，吏士多死者，乃引军还。"虽为自辩，但瘟疫流行也是事实。《吴志·周瑜传》注引《江表传》说："瑜之破魏军也，曹公曰：'孤不羞走。'后书与权曰：'赤壁之役，值有疾病，孤烧船自退，横使周瑜虚获此名。'"此所谓曹操与孙权书，即是指阮瑀代其与孙权书那篇。关于赤壁之败，陈琳《檄吴将校部曲文》则说因西凉军事相逼的原因："大军所以临江不济者，以韩约、马超逋逸迸脱，走还凉州，复欲鸣吠；逆贼宋建，僭号河首，同恶相救，并为唇齿；又镇南将军张鲁，负固不恭，皆我王诛所当先加，故且观兵旋斾，复整六师，长驱西征，致天下诛。"与阮瑀所说不同。然而史臣裴松之于《魏志·贾诩传》注亦谓曹操荆州之败，乃出天祸："至于赤壁之败，盖有运数，实由疾疫大兴，以损凌厉之锋；凯风自南，用成焚如之势，天实为之，岂人事哉！然则魏武之东下非失算也矣。"看来，赤壁败事，虽主要因曹操失算，而疾疫流行和西凉军事相扰，以致曹操心乱，也应是原因之一。故《三国志·魏》卷一史臣记曰："公至赤壁，与备战，不利。于是大疫，吏士多死者，乃引军还。"

② 严可均：《全三国文》卷十八引《御览》七四二，中华书局1958年影印本。

177

短浅,朝不保夕,昨为诗朋,今为厉鬼,虽王公、士人皆不可免,因此,我们在建安文人的诗文中常能见到他们对生命的珍惜和留恋,对美好事物不能长久的哀叹。即如曹丕,他的诗文多有表现这方面的情绪和内容。如《戒盈赋》:"避暑东阁,延宾高会,酒酣乐作,怅然怀盈满之戒。"①《感物赋》:"丧乱以来,天下城郭丘墟,惟从太仆君宅尚在。南征荆州,还过乡里,舍焉。乃种诸蔗于中庭。涉夏历秋,先盛后衰,悟兴废之无常,慨然永叹,乃作斯赋。"赋曰:"堀中堂而为圃,种诸蔗于前庭。涉炎夏而既盛,迄凛秋而将衰。岂在斯之独然,信人物其有之。"②曹丕敏于感物,凡人之离别、物之盛衰、生死祝福,皆有感,故其题颇多"永思""戒盈""离居""感离""感物""哀己"。其《柳赋序》说:"建安五年,上与袁绍战于官渡,是时余始植斯柳。自彼迄今,十有五载矣。左右仆御已多亡,感物伤怀,乃作斯赋。"此植柳之感,实开东晋桓温之"人何以堪"之叹。建安五年,曹丕十四岁,赋中称:"在余年之二七,植斯柳乎中庭。"则其人事倏忽之感,见于文字。下文云:"始围寸而高尺,今连棋而九成。嗟日月之逝迈,忽曩曩以遄征。昔周游而处此,今倏忽而弗形。感造物而怀故,俛惆怅以伤情。"皆感伤于物事长久,人命斯须。这样的情绪在建安其他诗人的写作中也多有描写,比如曹丕与吴质书有"余顾而言,斯乐难常,足下之徒,咸以为然"。又《王仲宣诔》:"予戏夫子,金石难弊,人命靡常,吉凶异制,此骥之人,孰先殒越。""又论死生,存亡数度,子犹怀疑,求之明据。"这是汉末大乱之后士人普遍的情绪,劫后余生,痛定思痛。这些作品大都写于建安二十二年之前,曹丕、曹植兄弟抒发这种伤感时,与他们感情深厚的几位文人都还健在,但这种感伤却已弥漫在他们的作品中了,可见

---

① 汪绍楹校本:《艺文类聚》卷二十三,上海古籍出版社 1965 年版,第 417 页。
② 汪绍楹校本:《艺文类聚》卷三十四,上海古籍出版社 1965 年版,第 600 页。

这是一个时代的情绪。我们不知道曹丕对文学价值的思考开始于什么时候，但他能够在《典论·论文》中明确且成熟地提出他对文学价值和文学批评的诸种看法，应该是经过了一段时间的思考。也许当其他文人在用诗和文描摹自己的感受时，曹丕却已经开始从中思考人生的意义和价值。只是这种思考还没有明晰起来，还缺少刺激的偶发因素。因此，当建安二十二年这场瘟疫再次袭来，徐、陈、应、刘一时俱逝时，曹丕产生了震动。昔日南皮之游诸位好友，不意间一时化为异物，昨日之欢宴还在眼前，今日已物是人非。汉末以来的瘟疫夺去了无数人的生命，曹丕尽管有感伤，但都不如这一次对他的影响这样切至。曹丕与建安诸子间所结的文缘深厚，他在前后几次的书信中都提到当年在邺下南皮之游。如建安二十年《与朝歌令吴质书》中说："每念昔日南皮之游，诚不可忘。"建安二十三年《与吴质书》中又说："追思昔游，犹在心目。"而在延康元年《又与吴质书》中说："南皮之游，存者三人。"① 建安二十二年的瘟疫是曹丕思考文学写作意义和文学价值的直接因素，因此，《典论·论文》不是偶然的写作，而是曹丕长期思考的结果。这样我们再来看《典论·论文》，就能够充分认识到这篇论文所有涉及的问题都具有针对性，都有早期文学活动的影子作为背景。

三 《典论·论文》的针对性

《典论·论文》首先从文人相轻开始讨论，曹丕说："文人相轻，

---

① 参见《三国志·魏志·王粲传附吴质传》裴注引《魏略》曰："（丕）又与质书曰：'南皮之游，存者三人。烈祖龙飞，或将或侯。今惟吾子，栖迟下仕。从我游处，独不及门。瓯磬罍耻，能无怀愧。路不云远，今复相闻。'初曹真、曹休亦与质等俱在渤海游处，时休、真亦以宗亲并受爵封，出为列将，而质故为长史，王顾质有望，故称二人以慰之。"据《魏略》所说，此信乃曹丕即王位时所写，曹操建安二十五年正月卒于洛阳，曹丕即王位，至十月禅汉建魏，改元黄初，则此信当写于延康元年。又，此以曹休、曹真当"存者三人"，恐非是。曹丕既称"存者"，当包括他自己在内，此外还有曹植，故此三人不应有曹休、曹真，而是指曹丕、曹植和吴质三人。

自古而然。"值得注意的是，曹丕这里提出的"文人"概念，当是后汉以来出现的，王充《论衡·超奇》专门讨论到文人，可见后汉以来，区别于儒生和文吏的文人身份得到了社会的认同。文人相轻，曹丕举了班固和傅毅的例子，也都是东汉文人。也可见在文学活动中产生的文人相轻现象，主要发生在东汉以后。这种现象在建安时期应该更为突出，曹丕有所见，有所感，故有所针对。这一点在曹植与杨修的信中也得到了证明。比如他嘲讽陈琳自谓可与司马相如同风，事实上曹植本人已经堕入了文人相轻的窠臼。曹丕总结原因说："夫人善于自见，而文非一体，鲜能备善，是以各以所长，相轻所短。"人善于自见，是人性的通病，文人也有这种通病，但文人的善于自见，却与一般人不同，而是表现在写作上。写作上的孰高孰低，往往难以判断，曹丕却敏锐地发现了文体的问题。他认为文体不一，作家很少有擅长所有文体写作的。往往一个作家在某一种文体上的写作带来的声誉，会让大家也包括作家自己误以为自己什么都好，故此便会在批评别人的时候以己之长攻别人之短。这个现象的发现看似简单，其实却不容易，直至今日这个现象仍然会在社会各个领域发生，就说明了能够客观冷静地发现这个道理，是需要超出常人的视野和冷静的观察思考能力的。曹丕无疑具备这个能力，这就是他与曹植之间的重要区别。应该说，就文学写作来说，曹植获得的声誉比曹丕来得容易也得到当时的公认，相对来说，曹丕在这方面是一个落于下风的人，但正是不得意的人才更能冷静地看到人的长处和短处，也因此具有更客观的观察能力，相反，处于顺境中的人往往只看到自己的长处和别人的短处。曹丕正是长期处于舆论不利的环境中，所以他能够看到除了通人以外，人都有局限，表现在写作上，便是因文体的不同而写作的优劣便不同。

理论渊源上，曹丕的这种观点应该受到王充《论衡》的影响。

《论衡》将当时人分为俗人、儒生、通人、文人、鸿儒几个层次,儒生是能通一经者,通人是通书千篇以上万卷以下,弘畅闲雅,审定文读而以教授为人师者,文人是采掇传、书,以上书奏记者,鸿儒是能精思著文,联结篇章者,可见王充所论诸人还都是就儒学而言,所谓文人,与曹丕所说大不同。王充说的文人是指司马迁、刘向、刘歆父子一类,鸿儒则是陆贾、董仲舒一类。这是就儒学内造诣不同人的区分,事实上,东汉时有文吏和儒生两大阵营,文吏习于政事,儒生娴于典籍,当时俗皆重文吏而轻儒生,王充谓其实各有长短,所以《论衡》列有"程材""量知""谢短"篇,专门讨论文吏与儒生高下问题。至于儒生,根据其才能高下又可区分为儒生、通人、文人、鸿儒几类,《论衡》列"效力""别通""超奇"来讨论。从王充的讨论中我们可以看到,东汉时人才之间的高下优劣之争已经非常激烈。因此,建安时期文学活动中发生的文人间的相轻,正是从东汉以来人物品评与轩陟之风的表现,只不过这时的品评更多地集中在文学写作上了。

曹丕的理论依据来自《论衡》,但事实材料却得自他对当日文学活动的思考。所以他拈出文人相轻命题,范围却局限在写作上,故于东汉所举例为傅毅、班固,是从他们的写作成就上定义文人概念的。于今,则举七子说:"斯七子者,于学无所遗,于辞无所假,咸以自骋骥骐于千里,仰齐足而并驰,以此相服,亦良难矣!"可见建安七子互相之间并不相服,问题出在他们不能"审己以度人",所以是他们的病累。"盖君子审己以度人,故能免于斯累",是曹丕建立的批评立场。

"审己",五臣注说:"审己之才,以度前人,则无不相服之累也。"谓以度前人是不对的,曹丕的意思很明确,就是要他们不能只以自己的长处和别人的短处比,也要看到自己的短处和别人的长处。

七子的长处和短处分别是什么呢？曹丕说："王粲长于辞赋，徐幹时有齐气，然粲之匹也。如粲之《初征》《登楼》《槐赋》《征思》、幹之《玄猿》《漏卮》《圆扇》《橘赋》，虽张、蔡不过也。然于他文，未能称是。琳、瑀之章表书记，今之俊也。应瑒和而不壮，刘桢壮而不密，孔融体气高妙，有过人者，然不能持论，理不胜辞，以至乎杂以嘲戏。及其所善，杨、班俦也。"曹丕认为王粲和徐幹擅长辞赋，但在其他文体如诗、文上，曹丕说是"未能称是"。事实上，王粲的诗是写得很好的，如《七哀》等，所以钟嵘的《诗品》将他列为上品，但是曹丕却说"未能称是"，是曹丕的评价不公平吗，还是建安时期的人对王粲诗歌写作评价不高？这个材料给我们提供了很有意思的信息，让我们对这一时期的诗歌评价有了更多的认识。王、徐以外，曹丕认为陈琳、阮瑀所长在章表书记上，其短未说，可能是公认的事实，不必细说了。以下所论应瑒、刘桢、孔融却与对王粲、徐幹、阮瑀从文体讨论不同，直接就他们写作形成的风格上的得失谈。比如说应瑒的"和而不壮"、刘桢的"壮而不密"，是就他们什么文体写作形成的风格说的呢？对孔融的评价高，但批评也较多。说他"体气高妙，有过人者"，曹丕论文倡"文以气为主"，此处专评孔融"体气高妙"，自是极高的评语。这应该是公论，《文心雕龙·风骨》篇说："公干亦云孔氏卓卓，信含异气，笔墨之性，殆不可胜，并重气之旨也。"可见孔融文章重气有风骨，是有公论的。观孔融《荐祢衡表》《论盛孝章书》，正所谓"气扬采飞"，世传为名篇。但重气之人，若不能持论，难免杂驳，孔融正是如此，故曹丕说他"不能持论，理不胜辞"，理不胜辞的表现，便是杂以嘲戏。杂以嘲戏往往是才气高的人难以避免的通病，但正如《文心雕龙》所说，文章"义贵圆通，辞忌枝碎"，杂以嘲戏便是枝碎，且借文章发牢骚，冷嘲热讽，是不能持论的表现。大概孔融在入曹操之幕后，于时事有所看法，又借他与曹操旧交的关系，便在文章中不时杂以嘲戏，如《与曹操论酒禁书》《啁曹操讨乌桓书》，任性骋才，故以傲诞速诛。文章之失，可不慎哉！

总上诸子相轻的毛病以及相轻的原因后，曹丕正面提出其理论思考说：

> 常人贵远贱近，向声背实，又患暗于自见，谓己为贤。夫文本同而末异，盖奏议宜雅，书论宜理，铭诔尚实，诗赋欲丽：此四科不同，故能之者偏也。唯通才能备其体。

曹丕认为文人之所以相轻，源于贵远贱近，向声背实，为什么贵远贱近便会导致文人相轻呢？大概是因为一般人会对前人盲目崇拜，对当代的人则难以服气，又由于暗于自见，看不到自己的短处，总以为自己最好，其实并不知道人皆有短有长。曹丕以上所述都还是就事论事，是就文学活动中发生的现象有针对性的批评，曹丕并没有停留在这一点，而是从此引出他对文学批评的总体思考。人各有短长是一般性认识，当然能够认识到这一点也需要非常清醒的认知，表现在建安作家写作上，便是王粲擅辞赋，陈琳、阮瑀擅章表，其所得名，事实上只是在这些写作领域中。我们注意到这个批评其实应该隐喻有曹植。曹植是当时公认的才子，其名声如日中天，光芒四射，无人不夸奖其写作的才能，但从魏晋以后的评价看，曹植主要成就表现在诗歌上，文章写作并不比孔融、陈琳、阮瑀好，甚至也不如曹丕好。魏晋以来人对赋的看重远远超过诗歌，所以曹植也很用力于辞赋的写作，他自己编有《前录》，收自己所作赋七十余篇，若是有《后录》的话，数量当超过百篇，但是在萧统所编《文选》中，曹植仅有一首《洛神赋》被收录，而且被当作"情赋"编在最末一类，这与他的自我期许相差甚远。曹植的光芒掩盖了他的短处，当时代的人局限于贵远贱近，向声背实，为曹植光芒所蔽，也都同声赞誉。从个人感情说，曹丕应该是不爽的，在他写作这篇文章时，怀不怀有私怨，我们不得而知，但即使如此，曹丕长期处于舆论下风，掩蔽在曹植光芒之后，恰恰能够让他观察到事实的本质，能够让他保持清醒冷静的头脑和敏锐的思维，所以他才能就文学写作中出现的问题提出一系列批评理论。曹丕具有的这种理论思考能力和广阔的眼光，曹丕本人可能也没有意识到原因所在，倒是刘勰在《文心雕龙》中分析得十分中肯。《文心雕龙·才略》说："子桓虑详而力缓，故不竞于先鸣。而乐府清越，《典论》辩要，迭用短长，亦无懵焉。"以"虑详力缓，不竞于先鸣"评曹丕，真可谓曹丕知音！古往今来，先鸣者才捷敏速，然失之浅薄，后鸣者虑详思远，然长在深厚，曹丕、曹植中兄弟要为典型。曹丕没有停留在表面现象的简单批评上，而是正面提出了他的观点，即文体问题。文体不同，作家写作表现不一样，曹丕看到了本体本同而末实异，就是说不同文体有不同的风格要求，他在这里举了八种文体：奏议、书论、铭诔、诗赋，奏议宜雅，因为是上给天子的文书，必须典雅。书论以说理为主，刘勰说："论也者，弥纶群言，而研精一理者也。"论说文章，以条贯理晰，破除凝滞为要，故辞忌枝碎。铭诔尚实，铭诔是根据死去的人生前所为累其德行而旌之不朽者，故不能虚诞，所谓"叙事如传"（《文心雕龙·诔碑》），即如曹植，所撰《文帝诔》，也被刘勰批评为"体实繁缓"，其在"咨远臣之渺渺兮，感凶问以怛惊"下，百有余言，皆自陈之辞，所以刘勰说他"其乖甚矣"。[①] 诗赋为抒写情志文字，特征是感动人心，故文字靡丽是其特

[①] 《文心雕龙·诔碑》，詹锳：《文心雕龙义证》，上海古籍出版社1989年版，第436页。

征。是以各体风格不能混杂，而人抑或擅章表书奏，或擅诗赋辞章，能通者鲜矣，这是从建安诸子相轻的现象中观察出来的原因，这种透过现象提炼出来的理论总结，将文人相轻的表象上升到了理论指导的层面，从而建立了真正意义上的文学批评理论。

在此基础上，曹丕进而提出文气问题，他说：

> 文以气为主，气之清浊有体，不可力强而致。譬诸音乐，曲度虽均，节奏同检，至于引①气不齐，巧拙有素，虽在父兄，不能以遗子弟。

此论写作贵气，气则人与生俱来，各人气格不同，有清有浊，故表现为文章风格亦各自有异。气之清浊有体，理论渊源亦从王充而来。王充认为人之禀命有二，一是所当触值之命，一是强寿弱夭之命，所当触值谓"兵烧压溺"，由不可控制的外因造成，强寿弱夭则与人的禀气有关。王充认为人的禀气有厚有薄，禀气渥则其体强，体强则其命长，气薄则其体弱，体弱则短命。② 这是说人禀气而生，但各人的禀气不同，有厚有薄，得自自然（天），故人的运命除去所当触值外，与先天有关。曹丕所说的文气，受到王充观点的影响，人禀先天自然之气，但气并不相同，有清不浊，故表现在文章上，就表现为不同的风格，这不是可以后天的力强达到的。曹丕以音乐为例，谓音乐的曲度、节奏可以通过学习、训练，达成一致，但引气不齐，巧拙有自，则虽同为父子兄弟，亦各不同。这个看法，王

---

① 引日本古钞本作"孔"。案，《论衡·变虚篇》有："蝼蚁之体细，不若人形大，声音孔气不能达也。"（刘盼遂：《论衡集解》卷四，中华书局1957年版，第94页）是曹丕用"孔气"有所本，《典论·论文》此字当为"孔"字为是。另参见拙作《〈典论·论文〉二题》，《古代文学理论研究》第十九辑，上海古籍出版社2001年版。

② 参见《论衡·气寿篇》《命义篇》《无形篇》。

充也有类似的表述，比如《论衡·感虚篇》就称曾子母子不同气，不能互相感动。王充还从人的禀气不同，论到人的禀性有清有浊："凡人禀性也，清浊贪□，各有操行。"是人的善恶贪廉亦与人禀性有关，这些观点应该影响了曹丕对于文章写作与气的关系的思考。同时，这种思考也是曹丕的切身体会，比如他与曹植，同父同母，但二人禀气不同，故清浊各异，故文章优劣应该视其不同文体而作评判，这也许是曹丕要表达的意思。

由此曹丕论到了文章的价值：

盖文章经国之大业，不朽之盛事。年寿有时而尽，荣乐止乎其身，二者必至之常期，未若文章之无穷。是以古之作者，寄身于翰墨，见意于篇籍。不假良史之辞，不托飞驰之势，而声名自传于后。故西伯幽而演《易》，周旦显而制《礼》，不以隐约而不务，不以康乐而加思。① 夫然则古人贱尺璧，而重寸阴，惧乎时之过已。而人多不强力，贫贱则慑于饥寒，富贵则流于逸乐，遂营目前之务，而遗千载之功。日月逝于上，体貌衰于下，忽然与万物迁化，斯亦志士之大痛也。② 融等已逝，唯干著论，成一家言。③

此论文章之价值，谓文人不必托飞驰之势，不必立功，亦可借文章，而流名声于后世。末段则勉励文人要珍惜时光，生命有限，而文名足可传世。这是《典论·论文》中最为闪光的观点，将文章

---

① 思：日本古钞本作"忽"。高步瀛谓"思"乃"忽"字之误，引《淮南子·原道》"圣人不贵尺之璧，而重寸之阴，时难得而易失也"为注。然五臣注此句曰："隐约，失志儿。康，安也。加，移也。言文章之道不以通塞移思也。"是五臣所见作"思"字不误。
② 李善本无"亦"，五臣本无"之"。
③ 古钞本"言"上有"之"字。

写作提高到经国的地步，后人因此以之作为建安文学显示了文学自觉的标志。诚然，曹丕的这个口号的提出，与传统"三立"观点相违背，三立的"立言"并非指文章，是曹丕将文人所写的诗赋文章提高到了可以不朽的地位，这固然是因为汉末以来文章写作的刺激和促进，但其实这个话却具有政治上的安抚作用，实际上是针对失势的曹植所说的。这个问题我曾在《论曹丕曹植文学价值观的一致性及其历史背景》一文中做过分析，主要的意思是说，曹植位为藩王，但心系魏阙，故他在与杨修的信中说文章小道："吾虽德薄，位为蕃侯，犹庶几戮力上国，流惠下民，建永世之业，流金石之功，岂徒以翰墨为勋绩，辞赋为君子哉！"曹丕时已立为太子，故劝慰曹植安心从事写作，文章亦足以经国，达于不朽。曹丕在《论文》中极力推崇徐幹的"恬淡寡欲"，又劝文人"不托飞驰之势"，这其实不应是身为储君的他应该说的话，文人都"恬淡寡欲"了，"不托飞驰之势"，统治者如何驾驭文人、利用文人呢？所以说这个观点的提出是针对政治上失势的曹植的。这是这个观点提出的政治用意，当然，能够提出这个口号，自然与汉末以来的文章写作本身所取得的地位以及所表现出的价值有关，事实上班固在《两都赋序》中已经将辞赋提到了"国家之遗美"的地位了。他并且在《答宾戏》中就详细地阐述文章是文人可以留名青史的手段，所以自东汉以来，文章的功用和价值，是得到了文人的认可的。所以，曹丕虽然有政治上的用意，但也是符合文学发展的要求的。时代虽然已经达到了这个水平，但能够拨开迷雾，提炼为鲜明的口号，却是需要这个时代的先鸣者的。曹丕是这个先鸣者，他适时地提出这个口号，既利于其政治地位，也的确有助于文学地位的提高。

（作者单位：北京大学中文系）

邺下文学论略

傅 刚

邺下文学时期在文学史上占有极其重要的地位。然自刘勰概括了它的主要内容是"怜风月,狎池苑,述恩荣,叙酣宴"[①]以来,后人对它的评价便大打折扣,现在一些文学史甚至不去提它,或者简略带过,这是不公允的,也不符合历史唯物主义精神。忽略了它,便割断了文学发展的逻辑联系。

一 邺下文学时期界定

关于这一时期的确切时间,史无明文,从《三国志》和曹丕、曹植有关描述看,应是指建安十六年(211年)曹丕为五官中郎将、曹植为平原侯,曹操为他们各置官属以后到建安二十二年(217年),王粲、陈琳等相继去世为止。《魏志·王粲传》记载:"始文帝为五官将,及平原侯植皆好文学,粲与北海徐幹字伟长,广陵陈琳字孔璋,陈留阮瑀字元瑜,汝南应玚字德琏,东平刘桢字公干,

---

① 《文心雕龙·明诗》,范文澜注本,人民文学出版社1958年版,第66页。

并见友善。"曹植在《与杨德祖书》中说："昔仲宣独步于汉南，孔璋鹰扬于河朔，伟长擅名于青土，公干振藻于海隅，德琏发迹于大魏，足下高视于上京。当此之时，人人自谓握灵蛇之珠，家家自谓抱荆山之玉。吾王于是设天网以该之，顿八纮以掩之，今悉集兹国矣。"① 从这两条记载看，建安诸子的相聚，以及文学活动的开展，是在归顺曹操之后，由曹丕、曹植兄弟的倡导而进行的。建安七子之中当以王粲最晚归曹，是为建安十三年（208年），因此邺下文学时期的开始只能在此之后。至于活动的内容和曹氏兄弟与诸子之间的关系，曹丕有两段很形象的描绘文字："每念昔日南皮之游，诚不可忘。既妙思六经，逍遥百氏，弹棋间设，终以六博，交谈娱心，哀筝顺耳，驰骋北场，旅食南馆，浮甘瓜于清泉，沈朱李于寒水。白日既匿，继以朗月，同乘并载，以游后园，舆轮徐动，参从无声。"② "昔日游处，行则连舆，止则接席，何曾须臾相失？每至觞酌流行，丝竹并奏，酒酣耳热，仰而赋诗。"③ 这两封信，前一封写于建安二十年（215年），后一封写于建安二十三年（218年），在前一封信中，曹丕说到"元瑜长逝"，阮瑀死于建安十七年，是邺下文学开始的第二年，因此知道令曹丕深为怀念的"南皮之游"，大约发生于建安十六年和建安十七年。此外，参加南皮之游的诗人，除了丕、植兄弟之外，也仅王粲等六人以及吴质，其余如丁仪、丁廙兄弟，杨修，杜挚，缪袭，应璩等均未参加。建安七子中的孔融死于建安十三年（208年），自不待论，丁仪兄弟及杨修可能因为是曹植党羽而被排斥在外。此材料见于《魏志·王粲传》注引曹丕《又与吴质书》："南皮之游，存者三人。"此三人当指丕、植兄弟和吴

---

① 《文选》卷四十二，中华书局1977年影印胡刻本，第593页。
② 《与朝歌令吴质书》，《文选》卷四十二，中华书局1977年影印胡刻本，第591页。
③ 《与吴质书》，《文选》卷四十二，中华书局1977年影印胡刻本，第591页。

质。"南皮之游"是邺下文学时期中的著名活动，但并不是它的全部内容，建安二十年五月十八日在曹丕给吴质写信的同时，就正在进行一场游会，曹丕写道："方今蕤宾纪时，景风扇物，天气和暖，众果具繁，时驾而游，北遵河曲，从者鸣笳以启路，文学托乘于后车。"从以上叙述看，邺下文学活动的主持者是曹丕，曹植也只是倡和者，待建安二十二年七子相继去世后，这个活动便告结束。而这时曹丕的太子之位已定，文学聚会原本具有的政治意义也就无足轻重了。从此建安文学便转入后期，即以曹植创作为中心的时期。

二 "建安七子"形成于邺下时期

建安文学的主要内容就是三曹和七子的创作。曹操的文学创作主要在邺下之前，曹丕的主要作品以及曹植的部分作品创作于邺下时期。七子除孔融外，大部分作品也都写作于这一时期，并且形成了文学史上著名的"建安七子"的创作团体。即此一点，邺下时期的文学地位就值得重笔书写了。最早提出"七子"概念的是曹丕，在《典论·论文》中他说："今之文人，鲁国孔融文举，广陵陈琳孔璋，山阳王粲仲宣，北海徐幹伟长，陈留阮瑀元瑜，汝南应玚德琏，东平刘桢公干，斯七子者，于学无所遗，于辞无所假，咸以自骋骥骤于千里，仰齐足而并驰。""七子"之说，向无异议，只是近年来有人对孔融提出了疑问。因为在《典论·论文》之前的有关论述（如曹丕两封《与吴质书》、曹植的《与杨德祖书》、杨修的《答临淄侯笺》以及《魏志·王粲传》里，都没有孔融的名字。这大概是因为孔融死得早，值建安十三年时，邺下文学时期还未完全形成，孔融也就谈不上参加当时的文学活动了。曹丕之所以列孔融于"七子"，在这一点上，我比较同意高敏先生的意见，曹丕是怀有政治目的的，想借此打击曹植。① 然而"建安七子"既为文学史之显著事实，且产生了影响深巨，在还原历史本来面目的基础上，我们不妨仍然统而论之。

曹操是在建安九年（204年）攻下邺城的，建安十三年（208年），曹操将家属迁往邺城，自此以后，邺城便成为曹操大本营。在此之前，七子中的孔、陈、阮、应、刘、徐六人已经聚在邺下，这一年九月，王粲历尽艰辛，也终于归附曹操，建安七子也终于在邺下时期形成（事实上，"七子"并未团聚，因为孔融在这一年的八月即被弃市。为行文方便，姑且仍称"七子"）。

"七子"的形成，具有极重要的文学史意义。首先，它反映了曹氏父子对文学的提倡和重视。曹氏父子都是卓有成就的诗人，他们爱好文学创作，也特别优待文人，邺下文学集团的创建便是显著的例子。此外正是因为他们重视文人，优待文人，才使得七子先后投奔而来，从而组成了建安文学的主要力量。假使王粲等人没有归顺曹操，而分别去了当时的吴或蜀，那么今天中国的文学史也许就有另一种写法。从这个意义上说，曹氏父子一手造就了建安文学。因此，当我们论述建安文学繁荣的原因时，是不应该低估，当然更不能忽视曹氏父子的作用。其次，建安七子的形成，宣告了中国文学史上最早的文学创作团体的建立。当然，他们的相聚，并不是纯文学性的，这里还带有早期文人依附的特点，如像汉代司马相如、枚乘等人的依附梁孝王，但就其文学活动的性质看，两者绝不可等同。对于梁孝王来说，还是战国诸侯养士之风的延续，而曹氏兄弟的邺下之游，更具有文学活动性质。这主要表现在活动的内容围绕着文学创作进行，此外，曹氏昆仲与诸子的关系在创作上也相对平

---

① 参见高敏《略论"建安七子"说的分歧和由来》，《郑州大学学报》1980年第1期。

等。他们或互相赠和，或互相切磋研讨，当这种活动在进行的时候，是超越了政治功利目的的。真正意义上的文学批评产生于这一时期，是与这些活动所具有的文学性质有关联的。文学团体的形成，标志着一个时代文学成就所达到的高度，这在文学刚开始自觉的时代尤应引起重视。

三　邺下时期文学成就概说

邺下文学的成就主要表现为以下几个方面。

（一）积极的思想内容

邺下时期，实际上是曹魏政权的前期。曹氏最终要取代汉家天下，在这一时期已是非常明显的事实了。的确，历史也正朝着曹氏要统一天下的方向发展，因此早期的曹魏政权充满了蓬勃的朝气，这一时期甘心依附曹魏的士人，充分感受到历史精神的鼓舞，对国家及个人的前途无不满怀信心与希望。此外，东汉自公元184年黄巾起义以来，一直陷于军阀割据的动荡不安之中，上至王公贵族，下至百姓庶民，无不深受其苦，渴念安定的生活，是他们共同的意愿，王粲的"南登霸陵岸，回首望长安。悟彼下泉人，喟然伤心肝"的叹息，正是这种意愿的反映。在这样的背景下，一旦一个相对稳定、繁荣的历史环境——邺下时期出现在眼前，感情丰富而敏感的诗人怎能不由衷地歌唱呢？他们要歌唱这个环境中一切富于美感的事物，风月、花草自然会成为主要的内容。他们也要歌唱为他们提供这一环境的创造者，对曹氏父子的颂扬自然也是作品内容之一。所有的这一切，都发自他们的内心，情感真挚、自然，与后世的阿谀之作不同。王粲在《从军诗》中写道："从军有苦乐，但问所从谁？所从神且武，焉得久劳师。"① 诗写得很朴素，但的确反映了王粲跟随曹操南征，为统一天下而"庶几奋薄身"的愉快心情。除了这些表现出建功立业抱负的作品，那些所谓的"怜风月，狎池苑"作品，也具有积极的思想意义。阅读这些作品，一个很深刻的感受就是生命意识的流动：作家观察、描绘的事物，充满勃勃生机。如：

曲池扬素波，列树敷丹荣。上有特栖鸟，怀春向我鸣。

列车息众驾，相伴绿水湄。幽兰吐芳烈，芙蓉发红晖。百鸟何缤翻，振翼群相追。投网引潜鲤，强弩下高飞。白日已西迈，欢乐忽忘归。②

这是王粲的两首诗。诗中诗人满怀喜悦地写了红花、绿水、飞鸟、游鱼，注意选用富有动态美感的词语，如"扬""敷""吐""发"等，生动形象地描绘了大自然中蕴藏的生命力。这也正是诗人内心的感受，表现了诗人对生命现象的欣喜、热爱。这是邺下文人的共同特征，如刘桢的《公宴》是这样写的：

月出照园中，珍木郁苍苍。清川过石渠，流波为鱼防。芙蓉散其华，菡萏溢金塘。③

曹植的《公宴》：

清夜游西园，飞盖相追随。明月澄清影，列宿正参差。秋

---

① 逯钦立：《先秦汉魏晋南北朝诗》，中华书局1983年版，第361页。
② 同上书，第364页。
③ 同上书，第369页。

兰被长坂，朱华冒绿池。潜鱼跃清波，好鸟鸣高枝。①

在这样月明星稀的清夜，众宾欢坐一堂，美妙动人的清歌随风飘扬，婀娜多姿的美女轻歌曼舞；绿水清波中挺立着一朵朵鲜艳的荷花，调皮的游鱼时时跳出水面，划破夜的宁静。这些描写首先表现了诗人们对美的事物的颖悟，他们为充满了生命力的大自然景象所感动，为深具美感的事物而叹息。因此，他们的审美点比较集中在视觉与听觉上，绚丽的色彩和奇妙的音声深深攫住他们那爱美的心。其次，通过这些描写，透露出他们热爱生活、热爱生命的深情。他们对未来充满了向往、期待。这样的作品难道不是具有很积极的思想意义吗？同时，这些作品还显示了作为山水文学开始的文学史意义，也是值得充分肯定的。

（二）题材的开拓

文学题材的丰富，是文学独立、自觉的一个标志，它显示了文学反映现实生活的功能，以自己的特性，独立地发挥了。再不像以前的作品，由于题材范围的狭窄，自觉或不自觉地填充了历史和政治的内容。邺下时期引人注目的创作是五言诗和抒情小赋。这两种体裁的历史还很短暂，但由于邺下文人的努力，迅速在文学史上确定了地位，形成了优良的传统，直接影响着后人的创作。五言诗基本定型于东汉末年，其成熟的代表作是《古诗十九首》。从它表现的内容看，主要为游子思妇主题，还有一些反映了当时知识分子陷于人与大自然冲突中的不平衡心态。邺下时期的五言诗在这些题材之外，又扩展到赠别、公宴、咏物、从军、咏史等方面，扩大了诗歌的表现范围。抒情小赋也是如此，与它的产生期——东汉末年的小

---

① 逯钦立：《先秦汉魏晋南北朝诗》，中华书局1983年版，第449—450页。

赋比较，它的取材范围进一步扩大，抒情性也进一步加强。如咏物赋的内容愈加丰富，像鹦鹉、玛瑙勒、迷迭香、槐、柳等事物都成为描写的对象。又由于邺下时期文人团体的形成，文学创作更显示出它的有意识性。他们经常举行各种形式的诗酒集会，往往一人倡议，群体奉和。刘桢的《瓜赋序》说："桢在曹植坐，厨人进瓜，植命为赋，促立成。"[①]直呼曹植之名，可见此序文乃后人所加，但序文反映的情况却是真实的。现存曹植集中已找不到类似的证据，但在曹丕的作品中却比比可见。如《玛瑙勒赋序》写明"命陈琳王粲并作"，《槐赋序》与《寡妇赋序》则与曹植等人共作。这样的情况同样反映在诗歌创作中。从邺下诗人作品看，《寡妇诗》《代刘勋妻王氏杂诗》《见挽船士兄弟辞别诗》等，都为同题作品，显系倡和之作。因此，文学题材的扩展与邺下时期文学环境的形成是有关系的。这些题材的开拓，是有积极意义的。首先它的文学视角已经转移到日常生活的普遍事件上，使文学更具有平民性，强化了反映现实的功能。其次，文学特征得到了进一步确认。一方面，作家通过不同的事物，从不同侧面抒发了自己复杂多样的情感，使古代文学言志抒情的传统得到了强化和发展；另一方面，一些看似无意义的作品，如部分咏物之作和公宴诗，恰恰发展了文学作品的表现能力。最后，由于文学题材的开拓，文学作品的内容和形式都较以前发生了极大的变化，这一文学史事实促进了作家对文学的全面审视，因而真正意义上的文学批评便开始了。

（三）文学表现力的探索

1. 抒情方式

尽管"诗缘情以绮靡"的新观念产生于太康文学时期，缘情文

[①]《全后汉文》卷六十五，中华书局1985年版，第829页。

学却是从东汉末年便产生了。由于东汉政权的溃败,束缚人心的两汉官方宗教神学终于宣告破产,脱离于封建统治秩序之外的个性思想迅速弥漫,抒情文学由此开始了它的历程。经过一段时间发展,抒情作品已拥有相当的数量,同时,作家对"情"的体认也愈加深刻,"情"与"志"的对立和对抗越来越强烈、分明。抒什么情和怎样抒情的问题,作家已经有意识或无意识地在探索了,这一点,在整个邺下时期,都表现得极为鲜明。从他们的作品中看出,凡是凄伤感人的事物与事件都能引起创作冲动。建安十七年阮瑀逝世后,邺下文人不去悼念死者,却对阮瑀遗孀的孤苦情状有着深刻的体味。曹丕在《寡妇赋序》中说:"每念存其遗孤,未尝不怆然伤心,故作斯赋,以叙其妻子悲苦之情。"① 的确,阮瑀遗孀所忍受的痛苦更令人伤感,几篇《寡妇赋》也正从此着笔。其他如朋友间的分别,对家乡的思念,更是他们抒发感伤之情的题材,甚至是与他们毫无关系的人生别离现象,也会让他们有感而作(如《见挽船士兄弟辞别诗》)。这一种"抒发性"② 的时代特征,通过邺下文人集中地表现出来。所谓"抒发性",应该就是曹植在《前录序》中所说的"雅好慷慨"。"慷慨"之音,时时激扬于邺下文人的诗歌中,如曹丕的《于谯作诗》:"慷慨时激扬。"陈琳:"慷慨咏坟经。"曹植《赠徐幹》诗:"慷慨有悲心。"《杂诗》:"聆听慷慨音。"《情诗》:"慷慨对佳宾"等。南朝大批评家刘勰在《文心雕龙·明诗》中说他们的创作特征是"慷慨以任气,磊落以使才",邺下文人自己也承认,慷慨任气是他们兴文成篇的前提。如曹植的《赠徐幹》说:"慷慨有悲心,兴文自成篇。"这种观念明显表示了与秦汉以来诗教系统的对立,是对司马迁"发愤著书"说的发展,又是为陆机"缘情"说的

---

① 《全三国文》卷四,中华书局1985年版,第1073页。
② 余冠英:《三曹诗选·前言》,人民文学出版社1983年版,第2页。

张本。从此观念看出,邺下文人抒情方式的选择是自觉的,有意识的。这是抒什么情的问题,那么怎样抒情呢?刘勰说是"造怀指事不求纤密之巧,驱辞逐貌,唯取昭晰之能",① 前一句指抒情,后一句指写物,这是与刘勰生活的时代——齐梁文风对比而言,但若与建安之前的文学比较,无论抒情、写物都显示了向更细腻、更深刻方向的进步。这从几个方面可以看出:一、艺术处理景物与情感的关系。文学理论上的"感物"概念产生于晋以后,然创作上的感物现象却从抒情小赋产生之时便开始了,邺下文人继承并发扬了这一传统,并使其特性更集中、典型。创作中的丰富经验和作品显示的实绩,终于积淀为抽象的文学理论,这不能不看作是邺下文学的贡献。另一方面,邺下文人往往以可感的、具象的自然景物刻画内心隐秘的难以言喻的情感,如曹丕的《感离赋》用"柯条惨兮五色,绿草变兮萎黄。脱微霜兮零落,随风雨兮飞扬"的景物变化,刻画他独守邺城、思念亲人的孤苦凄凉情感,无疑抒情效果的获得,景物起到了极大的作用。二、咏物作品的寄托比喻性。在邺下文人的咏物作品中,往往赋予了一定的寄托比喻意义,从而使作品的内涵加深,也强化了抒情效果。如王粲的《槐树赋》委婉地表达了自己"望庇而披襟"的意愿。再如同题作品《车渠椀赋》《迷迭香赋》等,在物性优美品质的描摹中,寄托了自己的才性,使抒情的目的性更加明确。三、努力发掘人性中最敏感、动人的本质。由于人本体意识的觉醒,人价值的提高,人性得到了普遍重视和发扬,东汉末年以来全部抒情文学正是以此为主要内容,从而呈现了文学的崭新面貌,形成了与言志文学的对抗。邺下文人在继承这一传统的基础上,更致力于对人性的深入发掘。前所述同题《寡妇赋》很清楚

---

① 《文心雕龙·明诗》,范文澜注本,人民文学出版社1958年版,第66页。

地反映了人欢我哀的凄凉心态和以悲为美的美学思想。邺下文人抒情方式的探索，使中国文学的抒情传统得到了进一步巩固、强化，从而推动了文学的健康发展。

2. 五言诗创作

五言诗的历史并不长，在当时被视为"新声"，因此它的文学地位不高。在大约半个世纪之后，晋人挚虞在其《文章流别论》中还宣称"雅音之韵，四言为正"。在这样的文学背景下，邺下文人的诗歌创作以五言为主，因此他们在五言诗的发展史上应占重要地位。其实问题仍不在这里，他们历史地位的确定，应该考察他们对五言诗的发展做出了什么样的贡献。这里，我们想从以下两个方面论述。

第一，经过邺下文人的努力，五言诗第一次获得了强烈的个性特征，表现在作家身上，便是风格的形成。邺下文人之前的五言诗，主要是汉乐府民歌和"古诗十九首"一类的作品（包括附会的"苏、李"诗）。汉乐府民歌出于民间，其创作精神是"感于哀乐，缘事而发"，因此主要表现为叙事，文词质朴粗疏，它反映了真实的历史风貌，却缺乏鲜明的个性。"古诗十九首"是汉末一批文人所作，无论是感情的提炼，文辞的修饰，还是立意、结构，都表现出文人化特征。然而它只能是一个集合作品，即十九首诗具有共同的文学特征，却表现不出每个作品的独立特征。换言之，共性将他们融为一体，而形成了独特的文学现象。也许"无主名"的特点，便是一个证明。这些诗歌，后世便统称其为"汉魏古诗"。与此不同，邺下文人的五言诗，都已形成了鲜明的个性。依据《诗品》分析，王粲是发"愀怆之词，文秀而质羸"，刘桢是"仗气爱奇，动多振绝，真骨凌霜，高风跨俗"，曹植是"骨气奇高，辞采华茂"。曹植个性风格的成熟期主要在黄初以后，但毫无疑问，形成应在此一时期。他那脍炙人口的《白马篇》《箜篌引》，不正是"骨气奇高，辞采华茂"个性风格的表现吗？值得辨明的是，王粲、阮瑀、陈琳在邺下时期之前都有名作传世，如王之《七哀》，阮之《驾出北郭门行》、陈之《饮马长城窟行》，虽然都代表了建安文学思想成就的高峰，但就艺术风貌看，实属古诗范围，作品以叙事为主，文词质朴，与乐府民歌几无分别（王粲的后两首《七哀》又当别论），全不像邺下作品那样鲜明地表现了诗人的个性特征和文人化倾向。由此，我们可以说，正是邺下文人五言诗的创作，才完成了乐府民歌到文人徒诗的转变，从而开始了向近体诗发展的历程。

第二，诗歌技巧的探索。王闿运说："作诗必先学五言，五言必读汉诗，而汉诗甚少题目，种类亦少，无可揣摩处，故必学魏晋也。诗法备于魏晋，宋齐但扩充之，陈隋则开新派矣。"① 这个"魏晋"，便包括了邺下时期。那么邺下诗人主要有哪些"诗法"呢？我以为首先表现在他们对美文形式的热爱上，它包括字词的锻炼，譬句的设置，以及一定程度上的格律的讲求。对此，邺下文人是有自觉意识的。曹丕除了在《典论·论文》中说过"诗赋欲丽"外，又在《善哉行》中说："感心动耳，绮丽难忘"；《大墙上蒿行》中说："女娥长歌，声协宫商。感心动耳，荡气回肠"；曹植《七启序》说枚乘等人七体文章"辞各美丽，余有慕之焉"；又其《前录自序》以"摛藻也如春葩"为君子之作，并认为"与《雅》《颂》争流可也"。刘桢《公宴》诗说："投翰长叹息，绮丽不可忘。"在这样的美学思想指导下，诗歌当然朝着美文方向发展。以邺下五言作品与前期相比，很明显见出前者的词采华茂和铿锵音韵。如常被引证的曹植的《情诗》，就被认为是"暗合声律"的佳作。其次，邺下诗人对事物的刻画更生动、形象。以几首《公宴》诗为例（引文见

---

① 《湘绮楼说诗》卷六。

前），我们不能不佩服诗人观察的细致，描写的生动。刘勰说他们"造怀指事，不求纤密之巧；驱辞逐貌，唯取昭晰之能"，这话用在这儿可能有些不妥。他们非但求"纤密之巧"，甚或是争一字一句之奇了。比如曹植的"秋兰被长坂，朱华冒绿他"，刘桢的"方塘含白水""菡萏溢金塘"等都为传世名句，并为后代作家所引用。宋范希文《对床夜语》说："子建诗：'朱华冒绿池'，古人不于字面上著工，然'冒'字殆妙。陆士衡云：'飞阁缨虹带，层台冒云冠。'潘安仁云：'川气冒山岭，惊湍激岩阿。'颜延年云：'松风遵路急，山烟冒垅生。'江文通云：'凉叶照沙屿，秋华冒水浔。'谢灵运云：'苹苹泛沈深，菰蒲冒清浅。'皆祖子建。"[1] 一个"冒"字贯串了魏晋六朝，说明曹植用以刻画事物的成功。

（作者单位：北京大学中文系）

---

[1] 《历代诗话续编》本，人民文学出版社1983年版，第411页。

谈谈建安邺下文人集团

刘心长

一

在谈本文内容之前，先将本文题目"建安""邺下"说一说。建安文学的"建安"，是指东汉末年汉献帝的年号，时间为公元196—220年。公元196年，曹操破黄巾，从洛阳迎汉献帝到许昌，改永平三年为建安元年。这一年，曹操42岁，后来成为建安七子之一的孔融44岁，王粲21岁。有的学者把建安文学的起始之年定为董卓之乱的公元189年，有的定为黄巾起义爆发的公元184年，有的定为孔融出生的汉桓帝永嘉三年即公元153年，还有的定为比孔融出生更早的建安长寿文人邯郸淳的生年公元133年，那就到汉顺帝时代了。我的看法是，建安文人集团的时间界定应以建安年号起止时间为宜。在此以前，可作为考察研究建安文人集团的社会背景来看待。虽然在建安元年以前已有建安文人写下不少优秀的文学作品，这可以与建安文人到邺城后的文学作品相比较来看待。建安文人集团的终结，有这样几种看法，有的学者认为到建安七子之一的徐幹去世的那一年，即公元218年，有的学者认为应到公元220年曹操去世后建安年号终结，建安文人集团亦即结束。有的学者认为下限到魏明帝曹睿的太和六年，即公元232年，这一年，建安文人集团的骨干成员曹植去世，我的看法是以建安年号结束的那年即公元220年作为建安文人集团结束的下限为宜。这一年，建安文人集团的领导者、倡发者曹操去世，实际上，自前年徐幹去世，建安文人集团就凋落终结了。邯郸淳约在公元222年去世，曹植远在东阿，于公元232年去世，也不排除邺城还有建安文人存在。建安文人最后一位应璩于嘉平四年（252年）在洛阳去世。这应该看作是建安文人集团的余波。应璩去世时曹氏政权已被司马氏所篡，邺城成了囚禁曹氏诸王的集中营，已无文学可言。关于"邺下"，有的历史文献称"邺中""邺城"，这都是一个意思。建安邺下文人集团是指建安九年即公元204年，曹操攻下邺城，建安文人通过各种途径陆续汇聚到邺城曹操父子周围的文人集团。公元220年曹操去世，曹丕禅代汉室，把都城由许昌迁到洛阳，邺城成为陪都，建安邺下文人集团终结。建安是时间概念，邺下是地域概念，两者在时间和地域概念上是有差异的。把这两个概念界定清楚是很有必要的，接下来，我们来谈谈建安邺下文人集团的相关问题。

二

建安文学在中国文学发展史上占有很重要的地位。这个时期文人们创作的很多作品，具有一种特有的韵味和格调，有人把它称为"建安风骨"，有人称之为"建安体"。建安时期文学作品的这个特征，在以后的文学作品中再也没有出现。为什么东汉末年会突然出现建安文学呢？应该说这是社会时代的产物。东汉后期，朝廷腐败黑暗，外戚宦官交替专政，统治者疯狂搜刮财富，追逐名利，导致社会矛盾尖锐激化，加上严重的天灾和疾疫流行，生活在水深火热中的人民群众开始以武力进行反抗。汉灵帝中平元年（公元184年），黄巾起义爆发。在镇压黄巾起义的过程中，地方军阀拥兵自重，互相残杀吞并，给人民带来沉重的苦难。朝廷中的内斗，招致董卓进京专权。山东诸侯讨伐董卓，董卓焚毁国都洛阳，西迁长安，所过之处烧杀抢掠，洛阳三百里内无复人烟。经历过这场洗劫的文人在他们的诗文中都有对苦难充分的反映。曹操在建安七年（公元202年）下的《军谯令》中说："吾起义兵，为天下除暴乱，旧土人民，死丧略尽，国中终日行，不见所识，使吾凄怆伤怀。"① 又在讨伐董卓后写的《蒿里行》诗中说："铠甲生虮虱，万姓以死亡。白骨露于野，千里无鸡鸣。生民百遗一，念之断人肠。"② 曹植在《送应氏》诗中描述洛阳城被烧焚后的所见所闻时说："步登北邙阪，遥望洛阳山。洛阳何寂寞，宫室尽烧焚。垣墙皆顿擗，荆棘上参天。……中野何萧条，千里无人烟。念我平常居，气结不能言。"③ 这首诗所送赠的应氏，指的是建安七子之一的应玚和他的兄弟建安文人应璩。曹植在洛阳见到被烧焚宫室的惨相，应氏兄弟也应是看到的，也应在诗文中有反映，但应氏兄弟的作品失传很多，很可能佚失了。王粲在《七哀》诗三首的第一首中说："出门无所见，白骨蔽平原。路有饥妇人，抱子弃草间，顾闻号泣声，挥涕独不还。'未知身死处，何能两相完？'。"④ 王粲诗中描述的是董卓被杀后，他的部将郭汜、李傕在长安相互残杀给百姓带来的惨痛景象。东汉末年的这次天灾人祸，重灾区是洛阳、长安两京地区。华北、华中及江淮地区也是战乱瘟疫的高发区。这些区域，是建安文人成长生活的地方，社会

---

① 《三国志·魏书·武帝纪》。
② 《乐府诗集》卷27。
③ 《文选》卷20。
④ 《文选》卷23。

笼罩在一片惨不忍睹的哀痛悲伤之中。这些悲惨的现实反映在建安文人的头脑中,就形成了他们对社会现实认知的观念。文学是社会时代情感宣泄的艺术器官。因此,建安文人的作品中就充满了真实反映客观现实的悲凉之情。如果我们把建安文学与南朝的宫廷文学相比较,就会看到东汉末年的社会现实是怎样深深地影响和改变着文坛。很难想象,面对蔽野的白骨,文人们会写出奢靡艳丽的诗文。所以,这个时代的建安文人的创作,是他们对社会现实刻骨铭心的真实情感的抒发,他们作品的格调韵味迥异于其他时代的文学。

三

这里有一个问题需要提出,就是在建安初期,特别是在建安九年(公元204年)曹操攻下邺城以后,在曹操、孙权、刘备三大政治军事集团鼎立的局面基本形成以后,大批文人学士像百川归海那样汇聚到曹操身边,汇聚到邺城。这是为什么呢?我认为,曹操和曹丕、曹植父子的倡导和组织起到了关键性的作用。曹操靠镇压黄巾起义起家,先后扫除了中原地区几个大的军阀势力,成为北方"挟天子以令诸侯"最有实权的人物。曹操的政令和个人爱好对社会风气影响很大。曹操从小就爱好读书,而且非常勤奋。在《让县自明本志令》中说他青年时期曾打算"于谯东五十里筑精舍,欲秋夏读书,冬春射猎"。此事虽未如愿,但说明曹操青少年时期对读书的爱好。曹丕《典论·自叙》中说,曹操"雅好史书文籍,虽在军旅,手不释卷,每每定省从容,常言人少好学则思专,长则善忘,长大而能勤学者,唯我与袁伯业耳"。曹丕记述他向曹操早晚问安时曹操聊天时说的,他一生勤奋学习的事应该是事实。曹操这里说的袁伯业,名遗,曾为长安令,是袁绍、曹操、张邈等山东十多家诸侯讨伐董卓的一路。早年张邈的弟弟张超向太尉朱儁推荐袁遗，说袁遗"有冠世之懿，干时之量。其忠允亮直，固天所纵；若乃包罗载籍，管综百氏，登高能赋，睹物知名，求之今日，邈焉靡俦"。可见袁遗是一位勤奋好学、持之以恒、知识渊博的人，在全国也难找到与之相匹配的人。曹操把自己与袁遗相提并论，说明曹操具有终生勤奋学习的精神，而且在全国为数极少。《三国志·魏书·武帝纪》裴松之注引《魏书》记载："是以创造大业，文武并施，御军三十余年，手不舍书，昼则讲武策，夜则思经传，登高必赋，及造新诗，被之管弦，皆成乐章。"王沈的《魏书》是陈寿撰写《三国志》的重要依据之一，王沈是魏晋时期人，卒于晋泰始二年（公元266年），上距曹操去世仅46年，这条记载应该是可信的。曹操的这种终生勤奋的读书精神是孙权、刘备所远远不及的，也为曹操的诗文创作打下了坚实的文化功底。孙权除启蒙读书外，他自己并不热心读书，他的兴趣在"田猎射虎"上。[1] 刘备从小就"不甚乐读书，喜狗马、音乐、美衣服"，[2] 讲哥们义气，这样大批文士归曹就成为一种自然。曹操不仅勤奋读书，而且自己也善写诗文。曹操的诗文很有个性、特色，雄浑壮阔，大气磅礴。南朝梁代钟嵘《诗品》说："曹公正直，有悲凉之意。"清代沈德潜《古诗源》说："《观沧海》有吞吐宇宙气象。"清代方东树《昭昧詹言》说："《蒿里》诗浩气奋迈，古直悲凉，音节词旨，雄恣真朴。"清代刘熙载《艺概》说："曹公诗气雄力坚，足以笼罩一切。建安诸子，未有其匹也。"曹操的诗文不但得到古代许多有见识的学者的高度评价，也引起了千年以后的一代伟人毛泽东的强烈共鸣。毛泽东很喜欢读曹操的诗文，他在曹操的《短歌行》《观沧海》《龟虽寿》《却东西门行》等诗篇上曾多

---

[1] 《三国志·吴书·张昭传》。
[2] 《三国志·蜀书·先生传》。

次圈点，画着不同的符号。毛泽东特别喜爱《龟虽寿》和《观沧海》这两首诗，圈点最多。1954年毛泽东来到北戴河，他在海边背诵《观沧海》，又触景生情写下《浪淘沙》这首著名的词，词中说："往事越千年，魏武挥鞭，东临碣石有遗篇。萧瑟秋风今又是，换了人间。"毛泽东生前在和子女谈话时曾说："曹操的文章诗词，极为本色，直抒胸臆，豁达洒脱，应当学习。"还曾对身边的工作人员说："我还是喜欢曹操的诗，气魄雄伟，慷慨悲凉，是真男子，大手笔。"[①] 由于曹操喜爱文学，自己还亲手创作，所以他就想方设法，采取各种方法手段把天下有才能的知名文士吸引到自己的帐下。

经过曹操的招纳搜访，当时全国绝大部分一流或二流的文学家都荟萃到了邺城。据清代严可均《全上古三代秦汉三国六朝文》中所录，三国时代有文章留下的文人，魏有150多人，蜀有30多人，吴有60多人。如果对三方文人加以分析，蜀、吴的文人多为儒家学者或官员，虽有孑遗的文学家，如吴国的戴良、杨泉等人，但总的来说，与邺下"盖将百计"的文人集团相对，悬殊太大，不成比例，形不成分庭抗礼之势。

四

虽然曹操是建安文坛的领袖、旗手，但由于他军政要务太多，太繁忙，所以，对建安文人进行组织联络，安排各种文学活动的事务都是曹丕、曹植兄弟来做。曹操攻下邺城的那一年，曹丕18岁，曹植13岁，正是风华正茂的青少年时期，相当于现在的大一和初一的学生。这是两位早熟的优秀杰出的人物。他们的青春岁月是在邺

[①] 参阅张贻玖《毛泽东读史》，中国友谊出版公司1992年版，第65—66页。

城度过的。曹丕在《典论·自叙》中说他"生于中平之季，长于戎旅之间，是以少好弓马，于今不衰"。曹丕6岁就知道射箭的要领，又学骑马，8岁就能在马上骑射了。曹丕不但习武，在文的方面也下了大功夫，受曹操的影响，他在少年时代就诵读《诗》《论》，成年以后又遍读五经、四部、《史记》、《汉书》、诸子百家之书。在邺城，曹丕以翩翩公子的身份，与来邺城的文人学士游处。曹操以曹丕为五官中郎将，专门为他配置了五官将文学的官员，徐幹、刘桢都任过五官将文学，曹丕写的两封《与吴质书》的信札记述了他与邺下文人交游的情景。在《与吴质书》中，说他与邺下文人的"昔南皮之游，诚不可也"。在邺城，"驰骋北场，旅食南馆，浮甘瓜于清泉，沈朱李于寒水。白日既匿，继以朗月。同乘并载，以游西园"。"时驾而游，北遵河曲，从者鸣笳以启路，文学托乘于后车"，在《又与吴质书》中说："昔年疾疫，亲多离其灾：徐、陈、应、刘一时俱逝，痛何可言哉！昔日游处，行则连舆，止则接席，何曾须臾相失，每至觞酌流行，丝竹并奏，酒酣耳热，仰而赋诗。"对于曹丕与邺下文人交游的美好回忆，吴质的回信也作了回应。他在《答魏太子笺》中说："昔侍左右，厕坐众贤，出有微行之游，入有弦管之欢，置酒乐饮，赋诗称寿。"又在《在元城与魏太子笺》中说："前蒙延纳，侍宴终日。耀灵匿景，继以华灯。虽虞卿适赵，平原入秦，受赠千金，浮舡旬日，无以过也。"吴质与曹丕是最亲密的文友，在曹丕立为太子时立过大功，所以他们的交往信笺中反映的曹丕与邺下文人交游的情况，是历史真实的记述。曹植在《公宴》诗中说："公子敬爱客，终宴不知疲。清夜游西园，飞盖相追随。"应瑒在《公宴》诗说："巍巍主人德，佳会被四方。开馆延群士，置酒于斯堂。辩论释郁结，援笔兴文章。穆穆众君子，好合同欢康。促坐褰垂帷，传满腾羽觞。"刘桢在《公宴》诗中说："永日行游戏，欢乐犹未央。遗思在玄夜，相与复翱翔。辇车飞素盖，从者盈路傍。月出照园中，珍木郁苍苍。清川过石渠，流波为鱼防。芙蓉散其华，菡萏溢金塘。灵鸟宿水裔，仁兽游飞梁。华馆寄流波。豁达来风凉。生平未始闻，歌之安能详。投翰长叹息，绚丽不可忘。"曹植、刘桢都是曹丕进行文学活动、公宴赋诗的实际参与者，他们在诗中的描写，也是历史真实的记述。

上述历史事实说明，曹丕是邺下文人集团的实际倡导者、组织者。他与邺下文人的交游，不是以贵公子的身份居高临下，傲视文人，而是把文人们作为亲密无间的文友来对待。邺下文人集团是文人们自觉自愿，爱好相同的文学集团，并没有集团的纲领、规则和纪律约束，完全是在曹氏父子的倡导推动下出现的一个时代文化现象。但是，考察分析这个文学现象，可以把曹丕的《典论·论文》作为邺下文人集团的理论纲领来看待。《典论·论文》说："盖文章经国之大业，不朽之盛事。"这就把文章，把文学创作提到了相当高的地位，提到了与古代的经、史、子、集可以平起平坐的地位，提到了文章脱离经学附庸成为独立的文化领域。《三国志·魏书·文帝纪》记载："初，帝好文学，以著述为务，自所勒成垂百篇。又使诸儒撰集经传，随意相比，凡千余篇。"这样，曹丕就把文学和儒学作了区分。曹丕在《典论·论文》中，把文体分为四科，即奏议、书记、铭诔、诗赋。这样，诗赋也与其他文体区分开了。曹氏父子倡导的这种有别于儒家经学的文学创作，在当时大盛于时，被称为"新声"。那些"白发死章句"[①]的儒生"章句师"们都被冷落到了一边。《宋书·臧焘传论》说："魏氏膺命，主爱雕虫，家弃章句。"这种看法就反映了当时的实际情况。考察历史文献，我认为，在中

---

① 李白：《嘲鲁儒》。

国文论史上影响深远的《典论·论文》应该作于邺城。《典论》有多篇，且非一时所作，但多数当作于邺城。如《典论·内诫》说："上定冀州屯邺，舍绍之第。"曹操破邺在建安九年（公元204年）。又如《典论·自叙》说："建安十年，始定冀州。……与族兄子丹猎于邺西。"《典论·论文》评论建安七子为文优劣。特别提到孔融、王粲，知曹丕写此文时当在建安十三年或稍后，因为孔融在建安十三年被杀，王粲这一年归曹操。

　　曹丕的文学活动，推动了邺下文风的变化。鲁迅在《魏晋风度及文章与药及酒之关系》的文章中说："汉末魏初这个时代是很重要的时代，在文学方面起一个重大的变化。"又说："用近代的文学眼光看来，曹丕的一个时代可说是'文学的自觉时代，或如近代所说是为艺术而艺术的一派'。"所以，曹丕开启的这个"文学的自觉时代"，在中国文学史上是有里程碑意义的。在这里需要对鲁迅说的"文学的自觉"作一点考辨，鲁迅在那篇文章中说："丕著有《典论》，……那里面说'诗赋欲丽'，'文以气为主'。……后来有一般人很不以他的见解为然，他说诗赋不必寓教训，反对当时那些寓教训于诗赋的见解，用近代的文学眼光看来，曹丕的一个时代说是文学的自觉时代，或如近代所说是为艺术而艺术的（Art for Art's Sake）一派。"现在绝大多数的论文和专著以及文学史，都是从正面来理解这句话的，这其实是不全面的。鲁迅说的曹丕的时代是"文学的自觉时代"是指文学开始独立于儒学而言的，是文学不再是经学的附庸而言的，是文学不再是歌功颂德而言的。但鲁迅并没有认为文学可以脱离社会时代，脱离作者所处的社会阶级阶层。关于这个问题，鲁迅有过许多论述，指出世上没有超时代、超阶级、超政治的作家。这里的问题在于怎么理解"为艺术而艺术"这句话。鲁迅赞成这种看法吗？不赞成。这只是鲁迅有限度的类比说法。鲁迅对"为艺术而艺术"的观点进行过多次批判。他说:"现在有自以为大有见识的人,在说'为人类的艺术',然而这样的艺术,在现在的社会里,是断断没有的。看罢,这便是在说'为人类的艺术'的人,也已将人类分为对的和错的,或好的和坏的,而将所谓错的或坏的加以叫咬了。"①鲁迅认为断断没有"为人类的艺术",当然就更没有"为艺术而艺术"了。鲁迅又说:"我深恶先前的称小说为'闲书',而且将'为艺术的艺术',看作不过是'消闲'的新式别号。"②鲁迅在这里对"为艺术的艺术"完全是负面的否定的"深恶"的态度,所以,把曹丕的"文学的自觉时代"说成是"为艺术而艺术的时代",显然是不符合鲁迅的原意的。其实,鲁迅在说这句话以前,还说过《典论·论文》中一句著名的话"盖文章经国之大业"。既然是关系到治理经管国家的大业,当然不会是超越社会时代、超越阶级政治的了。鲁迅是原则性极强的文学家,他不会讲与他根本文学理念相左的话。这个看法,希望研究建安文学的专家学者予以关注。

在文学创作的实践上,曹丕《典论·论文》提出"文以气为主"的文学理论,什么是"气"?古今学者有各种不同的看法,有的说是指文章的气势声调,有的说是指文章的风格,有的说是指文章的才气,有的说是指文章的才性,等等。虽然学者意见不同,但都认为曹丕的"文气"说开启了中国文学史上"文论"的先河。《典论·论文》中根据"文人相轻,自古而然"的毛病,提出对文人对作品的批评要实事求是,持论公允。这种文论理论,在当时对邺下文人有重要的指导意义,也开辟了中国古代文学批评的道路。曹丕不但提出了他的文学理论主张,而且亲自进行文学创作,留下了一批清新流丽的诗文。他写的两首《燕歌行》,在改造张衡《四愁诗》

---

① 《一八艺社习作展览会小引》,《鲁迅全集》第4卷,第24页。
② 《我怎么做起小说来》,《鲁迅全集》第4卷,第393页。

的基础上首创七言诗，这在"五言腾跃"的汉末建安时代，是一种文学创新，成为隋唐以后七言诗的滥觞。

曹植是曹丕联系组织接待邺下文人的助手，他在推动建安文坛崛起的过程中，也做出了重要的贡献。曹植天资聪明，才华过人。《三国志·魏书·任城陈萧王传》记载："时邺铜爵台新成，太祖悉将诸子登台，使各为赋，植援笔立成，可观，太祖甚异之。"这一年，曹植21岁，这篇赋写得华丽壮美，裴松之注引阴澹的《魏纪》收载了这篇赋。在曹植写赋的当场，曹丕也遵曹操之命写了一篇赋，这篇赋也写得很好。唐欧阳询等人编的《艺文类聚》收选了这篇赋。鲁迅说"曹丕做的诗赋很好"，"华丽、壮美"，在这篇赋中得以很好的体现。这一年曹丕26岁。曹丕约邺下文人公宴欢会，曹植是组织参与者。"清夜游西园"，西园即邺城西北角的铜雀园。曹植是同游者。铜雀园具体地点在哪里？据《彰德府志·邺都宫室志》引宋朝陈申之的《相台志》记载："铜雀园，园在文昌殿西，中有鱼池，堂皋、兰渚、石濑、左右有驰道，西有三台，并曹魏作。……铜雀台，在铜雀园西。"由中国社会科学院考古研究所和河北省文研所组成的邺城考古工作队实地勘察，铜雀园在现今临漳县香菜营乡景隆村一带。曹植是曹丕的兄弟，也是曹丕的助手。曹植除协助曹丕组织邺下文人活动外，他自己也结交了不少文人，关系最为密切的有丁仪、丁廙、杨修等人。这里应该说一说建安邺下最长寿的文人邯郸淳。邯郸淳博学多才，曹操得荆州，闻客居荆州邯郸淳的盛名，召见后非常敬重，原打算让邯郸淳任曹丕的文学宫属，因曹植点名要邯郸淳，于是曹操就把邯郸淳派往曹植那里。曹植很高兴。《三国志·魏书》裴松之注引《魏略》在记述曹植召见邯郸淳时，有过一大段详细生动的描写。当时天气很热，曹植先不与邯郸淳谈话，而是先取水洗了个澡，然后擦上粉，光头露肩，跳胡舞五椎段，跳丸击剑，诵读俳优小说数千言，这才整理好衣帽，修饰仪容，和邯郸淳评说混元造化之端，品物区别之意，然后论羲皇以来贤圣名臣烈士优劣之差，再颂读古今文章赋诗及当官政事宜所先后，又论用武行兵倚伏之势。这样一番像超级演员的表演，至少需要两三个小时，把见多识广、知识渊博的邯郸淳惊呆了。邯郸淳回来，极力向他的友人盛称曹植的才华，说曹植是"天人"，就像今天说的"真神人也"。曹植的才华的确非常杰出。《南史·谢灵运传》说："灵运曰：天下才共一石，曹子建独得八斗。"由此演化成曹植"才高八斗"的成语。从曹植接待邯郸淳的这场戏剧性的情景，可以看到曹丕、曹植和邺下文人的交游，很随便、任意，如鲁迅说的"通脱"。"通脱"不但体现在曹操身上，也体现在曹丕、曹植兄弟身上。它与汉代讲礼教尊严，正襟危坐，章句古板，形成了鲜明的对照。《三国志·魏书·王卫二刘传》裴松之注引《典略》记载，一次曹丕请建安邺下文人宴饮，喝酒喝到最高兴的时候，曹丕命他新吸纳的甄氏出拜诸文士。众人都低下了头，只有刘桢平视并直直地细看甄氏。曹操听说后逮捕刘桢问罪，一时被传为趣谈。

曹操倡导网罗搜访，由于曹丕、曹植兄弟的具体组织联络安排，邺城成为对文人学士最有吸引力的地方。各地知名的文人学士大批来到了邺城。曹植在《与杨德祖书》中记述了这一情况，他说："昔仲宣独步于汉南，孔璋鹰扬于河朔，伟长擅名于青土，公干振藻于海隅，德琏发迹于大魏，足下高视于上京。当此之时，人人自谓握灵蛇之珠，家家自谓抱荆山之玉，吾王于是设天网以该之，顿八纮以掩之，今尽集兹国矣。"曹植是组织联络安排建安邺下文人的亲历者，他们的记述是真实的。钟嵘在《诗品》中品评曹氏父子时说："降及建安，曹氏父子，笃好斯文；平原兄弟，郁为文栋，刘桢、王粲，为其羽翼。次有攀龙附凤，自致于属车者，盖将百计。彬彬之盛，大备于时矣。"钟嵘撰写《诗品》的时间，距建安邺下文人活动的时间大约在300年，他根据后来的历史文献记载对曹氏父子和建安邺下文人集团所写的作品评述，是符合历史事实的。他说建安邺下文人"盖将百斗"，其中也包括才女蔡文姬和甄氏。

五

曹操攻下邺城，有了大本营，从而使北方战乱的社会渐渐稳定了下来，众多文人汇集到邺城，邺城成了建安邺下文人的乐园。

建安邺下文人都不是专职作家，他们都有自己的官位职责。比如，王粲归顺曹操后，被征召为丞相掾，后迁军谋祭酒，魏国既建，拜侍中。军谋祭酒和侍中都是很重要的官位。陈琳、阮瑀为司空军谋祭酒，管记室。陈琳徙门下督，阮瑀为应仓曹掾属。应玚、刘桢为丞相掾属，应玚转为曹植平原侯庶子，后为曹丕五官将文学。徐幹为司空军谋祭酒，曹丕五官中郎将文学。曹植临淄侯祭酒，杨修、繁钦为丞相主簿。"文学"和"庶子"是带有幕僚性质的官员，但曹操为曹丕、曹植兄弟设的这种官属，也是有它的职责的。由于邺下文人都有各自的官位职责，所以他们的文学活动只能被安排在晚上或假日。我们从建安邺下文人留下的大量文学作品来看，许多是描写夜晚活动的。比如，曹丕《芙蓉池作》："乘辇夜行游，逍遥步西园。"① 曹植《赠徐幹》："聊且夜行游，游彼双阙间。"（《曹集谈评》）王粲《杂诗》："日暮游西园，冀写忧思情。"（《文选》卷29）刘桢《公宴诗》："月出照园中，珍木郁苍苍。"② 也有一些文学作品

---

① 《文选》卷22。
② 《文选》卷20。

是描写白天的交游活动，这应该是在假日。汉末习俗官员是有假日的。王粲的《登楼赋》说："登兹楼以四望兮，聊假日以销忧。"不过王粲的这篇短赋不是写于邺城，而是他归顺曹操之前寄居荆州时的当阳那座楼。也有的文学作品是描写整天的游宴欢会的，刘桢的那首《公宴诗》就是描述邺下文人的整日连夜的文学欢宴活动。"永日行游戏，欢乐犹未央。"当然，也有的诗文是邺下文人在他们的住所独立构思完成的。

建安邺下文人在邺城的文学交游活动，环境是相对宽松的，气氛是和谐的，相互之间是平等的，较少有尊卑贵贱的等级隔膜，较少有汉代以来的传统礼教框框的束缚。出现这种社会现象，是因为汉末黄巾大起义对汉代的封建制度和儒学思想产生了极大的冲击。此后战乱连年，需要新的政策和举措，来适应新的环境条件。曹操在邺城根据现实的实际需要，颁发过三道《求贤令》，令文中对选拔人才给予了相当宽松的条件，曹操对于前来投奔的文士给予的条件更宽松，使他们不但有官做，有丰厚的俸禄，还给他们提供宽松的写作环境。当然，文人如果触犯了政治禁忌的红线，曹氏父子也是毫不客气的。孔融因与曹操政见不合被曹操所杀，杨修因恃才和在太子争立中的倾向被曹操所杀。丁仪、丁廙因太子争立的因素被曹丕所杀，除此之外，其他文人多以善终。邺城的特殊人文环境条件催生出一个在中国文学史上具有划时代意义的文学现象，这就是文学可以脱离儒学附庸地位而进行独立的"自觉创作"了。

建安邺下文人独立的自觉的文学创作，不是靠下政令推行的，而是在邺下文人交游中自然形成的。从文学创作的环境看，邺城非常适宜文人进行独立的构思创作。曹操占据邺城之后，对邺城进行了扩建改建。曹操亲自设计规划，他设计的邺城"中轴对称"的格局，在中国都城营建史上产生了重大而深远的影响，还影响到日本都城平城京（今日本奈良市）。邺城设计有一条东西穿城大街，街南为居民和工商区以及部分衙署区。街北是宫殿区，宫殿有两座主体建筑，西边是文昌殿，东边是听政殿，殿前是衙署办事机构。陈琳、王粲等文人就在这里办公。殿北是曹操的后宫，殿东北是贵族高官居住的。殿西北是铜雀园，园内有珍禽奇木，有荷花池，即芙蓉池，建安邺下文人在他们的作品中对这些景物曾做过生动鲜活的描写。曹操后来又在邺城西北城墙上建了三座高台，即铜雀台、金虎台、冰井台。铜雀台名气最大，建筑最雄伟，这是建安邺下文人活动的主要场所。从文学创作的特征看，形式多种多样。内容丰富多彩，铜雀台建成，曹操带诸子登台，并让他们当场作赋。曹操自己也写有一篇《登台赋》，不过这篇赋已经佚失了，只留下了6个字，"引长明，灌街里"。曹丕、曹植的《登台赋》还在。曹操的这种亲自撰写诗文的行为，对建安邺下文人来说，是一种示范，也是一种鼓励。建安邺下文人踊跃创作，他们在游园时，除观赏美景外，还宴饮欢会作诗，现在留有他们写的不少这方面的作品。比如，王粲、刘桢、应玚、阮瑀写的《公宴》诗，陈琳写的《宴会》，应玚的《侍五官中郎将建章台集诗》，曹丕的《芙蓉池作》和《玄武陂作》，曹植的《侍太子坐》《公宴》等。芙蓉池在铜雀园即西园中，玄武陂在邺城以西漳水南。建安邺下文人的创作出现了欣欣向荣的局面。

在很多情况下，建安邺城文人在交游活动中采取命题创作的方式。比如王粲的《刀铭》，他在序中说，"奉命作《刀铭》"，从"谨奉"及铭文的"无曰不虞，戒不在明"的内容来看，他是奉曹操之命所作，曹操造有百辟宝刀5把，曾下过《百辟刀令》。曹植写有《宝刀铭》《宝刀赋》。有可能曹操也命其他建安邺下文人写过刀铭，大约后来佚失了。曹丕在《叙诗》中说："为太子时，北园及东阁讲堂并赋诗。命王粲、刘桢、阮瑀、应玚等同作。"① 这里的"北园"当为"西园"之误，历史文献记载未见邺城有北园，亦未见建安邺下文人的北园之作，却有大量游西园的作品。曹丕《槐赋序》说："文昌殿中槐树，盛暑之时，余数游其下，美而赋之。王粲直登贤门。小阁外亦有槐树，乃就使赋焉。"曹丕、王粲还写有《柳赋》，大约也是在这种情况下写的。这种睹物有感而写作是一种自觉的文学创作活动。曹丕、曹植失稚子，命徐幹、刘桢等人写悼词。曹丕得了一个玛瑙勒，很美，他写了一篇赋，也让陈琳、王粲作赋。这是根据同一物名进行创作。曹植也有同样的举动，他写了一篇《鹦鹉赋》，也让杨修作。曹植写了一篇《七启》，也让王粲作。阮瑀去世，曹丕感伤其遗孤的悲苦。自作《寡妇赋》，也让王粲作赋。这种创作以赋为多，有将近20题，共数十篇。建安邺下文人还有一种创作方式，就是文人之间相互赠答诗文。这类作品很多，比如曹植的《赠王粲》《赠丁仪王粲》《赠徐幹》《赠丁仪》《赠丁廙》，王粲的《赠杨德祖》，刘桢的《赠五官中郎将》《赠徐幹》，徐幹的《赠五官中郎将》《答刘桢》等。行猎也是文学创作的好题材。曹操、曹丕都好行猎，文献记载他们曾到邺城西行猎。行猎时，文武百官随从，邺下文人亦在其中。挚虞在《文章流别论》中说："建安中，魏文帝从武帝出猎，赋，命陈琳、王粲、应玚、刘桢并作。琳为《武猎》，粲为《羽猎》，玚为《西狩》，桢为《大阅》，凡此各有所长，粲其最也。"从多篇赋的内容看，这次行猎应该在邺城西。建安邺下文人的文学创作题材相较以前大为扩展，槐、柳、荷、橘等景物，悲、欢、离、合等人情，欢会、宴饮、出游、行猎等活动，赠答、品赏、修改、辑集等交往，都成为建安邺下文人创作描述的对象。

---

① 《初学记》卷10。

曹氏父子和建安邺下文人在邺城心情舒畅地进行文学创作，邺城成了他们的精神文化家园。建安邺下文人跟随曹操征战，在军中还念念不忘邺城。曹操是杰出的政治家、军事家，也是杰出的文学家。他在邺城也写下了一批雄伟豪迈的诗文，那篇有名的《让县自明本志令》就作于邺城。他在建安十二年（公元207年）北征乌桓，大胜后班师途经碣石山，写下了《步出夏门行》四章，其中《观沧海》和《龟虽寿》两章，大气磅礴，千古传颂。建安十六年（公元211年）曹操西征马超，曹操大胜，应该有诗篇，大约也佚失了。曹植这次抱病从征，很怀恋邺城，在作的《感离赋》中说："建安十六年，大军西讨马超，太子留监国，植时从焉，意有怀恋，遂作感离之赋。"这次西征，王粲也随行，他在《从军诗》中有"歌舞入邺城，所愿获无违"的诗句。王粲随曹操东征孙权时，在《从军诗》中有"抚衿依舟樯，眷眷思邺城"的诗句。可见邺城是建安邺下文人怀恋、眷思的地方，这里有他们的亲人，有他们欢乐自由创作的乐园。

六

这里有一个问题需要加以讨论，这就是对建安邺下文人在邺城写的《公宴》诗，江淹《杂体诗三十首》拟魏文帝称"游宴"，《梁书·王暕传》称贵游，如何看待？如何评价？关于这个问题，古代和现在的学者有各种不同的看法。

在中国文学批评史上，最早对建安邺下文人的游宴活动和作品提出批评意见的是南朝梁代的刘勰。他在《文心雕龙·明诗》中说过这样几句评述建安邺下文人的话："怜风月，狎池死，述恩荣，叙酬宴。"后来的论者多以这几句为据，对这类诗的评价不高。清代方东树《昭昧詹言》卷2说这些作品"皆文士龌龊猥鄙所为也"。刘知渐先生在《建安文学编年史》正编中说，这些作品是"奉命作文"，"很少说真心话，现实性大大减弱了"。一些专家学者也有类似的意见。这些看法，有一定道理，但需要做进一步的探析研究。

刘勰说的这几句对建安邺下文人游宴活动和作品评论的话不确切，与事实相差甚远，也与他自己对曹氏父子和建安邺下文人的其他篇目的评论也不一致。其实，这里涉及的关键问题是文风的转变问题。为什么是同一批建安邺下文人，在曹操占领邺城以前和占领邺城之后，他们的诗风会突然变调呢？应该说，这是由特定的历史时代客观环境决定的。建安以前，战乱频仍，白骨蔽野，民不聊生，这种悲惨的现实反映到文人的头脑中，就产生了"慷慨悲凉"之感，也成为他们诗文的主调。曹操占领邺城后，北方有了一块相对安定的地方。由于曹操实行屯田，兴修水利，邺城一带的生产力逐渐恢复发展，开始富裕起来，有了较好的物质生活条件。对于经过战乱苦难的文人来说，邺城相对安定富裕的生活，给他们带来了相当大的精神慰藉。客观环境和生活条件的改善，影响到邺下文人的思想和文学创作。在新的环境条件下进行创作，他们要展现个性，要享受生活，特别是刚从战乱苦难中走过来的文人，他们更加感到相对安定生活的可贵。他们作品中反映的对当时新的安定生活的感情是真挚的，是充满欣欣向荣的喜悦感和新鲜感的。曹丕、曹植在邺城时期正值青春年少，这是人生最富创新意识的时期，而且他们天资聪明，才华横溢。军国大事，由曹操操心掌舵，他们有充裕的时间、充沛的精力、旺盛的朝气倾注于文学创作。因此，他们与邺下文人的相互交游，赠答切磋，在文体、文风上开始探索创新，推出了一大批有别于以往的新的文学作品，展现出一种文学向新的方向发展的趋势。曹丕在《典论·论文》中说"诗赋欲丽"，"欲丽"就是追求华丽，鲁迅把"华丽"作为曹丕时代的一个重要文学特征。[①] 公宴诗体现这种"华丽"的特征尤其突出，体现了邺下文风的转变轨迹。邺下时期文风的转变是中国文学史上的一个重要阶段。

在邺城时期，慷慨悲凉的作品仍占建安文坛的多数，也是主调，但是邺下时期出现的游宴诗也应该引起关注，有时这两种文风还紧紧地胶着在一起。曹操的《短歌行》就是游宴诗，诗中的"慨当以慷，忧思难忘"，抒发的是慷慨悲凉之情。这里的忧是指尚未扫平天下之忧。为了扫平天下，他要"老骥伏枥，志在千里，烈士暮年，壮心不已"。《步出夏门行·龟虽寿》在诗中表现了曹操积极向上的昂奋的人生态度。陈琳的《游览诗之二》中说："骋哉日月逝，年命将西倾，建功不及时，钟鼎何所铭。"陈琳这种感叹人生短暂应该及时建功立业的思想在邺下时期是有代表性的。所以，这个时期的建安文学的主调或者叫主旋律是慷慨悲凉，建功立业。曹操是建安文坛的领袖，他的诗风对建安文坛影响巨大，然而，环境条件的变化，邺下新的文风的出现也是客观现实。曹丕在《芙蓉池作》中说："寿命非松乔，谁能得神仙？遨游快心意，保己终百年。"又在《于玄武陂作》中说："忘忧与容与，畅此千秋情。"诗中表达了在短暂宝贵的生命中，积极享受生活的愿望。曹植在《公宴》诗中说："飘飘放志意，千秋长若斯。"诗中也表达了与曹丕相同的意愿。然而，曹丕、曹植兄弟并没有只是沉醉于游宴的欢乐，而是和建安邺下文人一起，对文学的独立自觉的创作进行了新的探索和尝试，建安邺下文人在作品中写景、状物、抒情、炼字、遣词都达到一个新的创作高峰，以至成为后来文人模仿的榜样。谢灵运写过《拟魏太子邺中集八首》、江淹《杂体诗三十首》有曹丕、王粲、刘桢等人的拟诗。

---

① 鲁迅：《魏晋风度及文章与药及酒之关系》，《鲁迅全集》第三册《而已集》，人民文学出版社1982年版，第504页。

《文选》诗类中专立一门。曹植《公宴》诗中"秋兰披长坂，朱华冒绿池"的"披"字、"冒"字形象生动，后来文人竞相效仿。陆机《悲哉行》诗中说："幽兰盈通谷，长秀被高岑。"又在对《青青陵上柏》诗中说："飞阁缨红带，层台冒云端。"谢灵运《游南亭》诗中说："泽兰渐披径，芙蓉始发池。"又在《从斤竹涧越岭溪行》诗中说："苹萍泛沉深，菰蒲冒清浅。"江淹在《陆东海谯山集》诗中说："青莎被海月，朱华冒水松。"到唐代，王勃在其名篇《滕王阁序》中说："邺水朱华，光照临川之笔。""邺水朱华"是指曹植的这句诗，可见这句诗是历代文人推崇的名句。有的学者不熟悉曹植的这首诗，因而注释《古文观止》时把这句诗解释错了。曹丕、曹植和建安邺下文人在邺城的游宴活动中所写的诗文，无论在当时还是后世，都对文学的发展产生了不容忽视的影响。

考察公宴诗应该有两个视角，一个是思想性，一个是艺术性。

从思想性来看，建安以前和建安初期的文人作品，突出反映了战乱给人民带来的苦难，表现出很强的现实主义特征。建安中后期的游宴诗反映的是在相对安定的社会环境中享受生活、珍爱生命的一面。两相比较，前者的思想性价值比后者要高。当然，这也与建安作家们的经历有关，在邺城的环境中再写那些"白骨遍平原"的作品恐怕已写不出了。他们的所见所闻，已是一种生活安定，生产发展的喜人景象了。曹丕的《于玄武陂作》诗中，怀着喜悦的心情描写了邺城以南在战乱之后，田野被大片开垦出来，渠水相互灌溉，谷子和高粱长得郁郁青青，水草在水中漂动，荷花开放得鲜艳美丽，垂柳在飘摆，群鸟在欢鸣，一切都是这样的美好，表达了曹丕对生活的热爱和积极向上的人生态度。同时，在曹丕和邺下文人的作品中，也表达了一种及时行乐的思想。这种诗文曾被指责为缺乏现实主义的风格。现在公正客观地评价这一词题，可以这样来看，人们在战乱之后，治好创伤，恢复发展生产，享受安定幸福的生活，并没有什么好指责的。至于曹丕和邺下文人写了不少思妇的闺情诗，也被指责为缺乏现实性的一种表现。这也值得讨论。怎么看待这个问题？我的看法是，这是从一个特殊的视角来进行文学创作的成功尝试，作品中充满了社会现实性。曹丕的思妇诗取得那样高的艺术成就，其中一个重要原因是吸取了民间文学创作的丰富营养。出现于东汉末年的《古诗十九首》，其中就有艺术很高的名篇，如《行行重行行》《青青河畔草》等，诗的风格与曹丕的诗风很相近。这反映了曹丕在文学创作上的创新精神。虽然曹操占据了邺城，但是天下尚未统一，曹操还要北伐乌桓，南征刘表、孙权，西战马超，西南讨刘备，这样就需要常年动用几十万人的军队和相当大数量的民夫，这些年轻的军人和民夫，家中都有年轻的妻子，她们的生活情感是一种十分现实的社会问题，也是文学创作的重要题材。曹丕抓住这一题材，进行现实主义的创作，写出了一批优秀的文学作品。他在《清河见挽船士新婚与妻别作》诗中说："不悲身迁移。但惜岁月驰。岁月无穷极，会合安可知。"深刻写出了战争带给这对青年夫妇的不幸。曹丕才华出众，他在《燕歌行》诗中写空闺少妇月夜思夫，以细腻委婉优美的诗笔，刻画出思妇丰富的内心世界，缠绵悱恻，哀婉动人，给人以美学上的享受，成为曹丕文学成就的代表作。如果把曹丕的这类诗视为现实性不强并加以贬低，是不公允的。

从艺术性来说，邺下时期是建安文坛艺术风格的重要转变期。在这个时期，曹操的古直雄沉、慷慨悲凉的诗风仍是当时文坛的主流格调，曹操的一批对当时和后世产生巨大影响的诗文都是在这个时期撰写的，比如《短歌行》《观沧海》《龟虽寿》等。陈琳在建安七子中较为年长，比曹植小十多岁，他的诗风也带有慷慨悲凉的格调，比如《饮马长城窟行》等。然而，随着曹丕、曹植兄弟在邺城长大成人，成为邺下文人的核心，邺下文坛的文风逐渐发生了变化。这种转变主要表现为从"古直"到"华丽"，从"言志"到"言情"的转变，《尚书·尧典》有"诗言志"的说法，这个传统一直延续到建安邺下时期，西晋陆机在《文赋》中说："诗缘情以绮靡"，这是说诗的特征就是通过绮丽的形式来表达情感，这里提出了"诗缘情"，从"诗言志"到"诗缘情"的这个转变是在邺城形成的。"古直"就是质朴，"华丽"就是好看。钟嵘说曹操的诗"古直"，是说曹操的诗风质朴雄健。鲁迅说华丽好看，却是曹丕提倡的功劳。邺下的文风是怎样实现转变的呢？除了曹丕、曹植兄弟和建安邺下文人的天赋条件和后天的勤奋以外，他们还有一个突出的特征就是发挥了邺下文人集团的群体优势，他们或宴饮赋诗，或结伴出游，或命题共作，或相互赠答，或相互切磋，或品评文人，等等。他们有诸多优越的条件、环境、气氛来对诗文进行艺术构思，情感的表达，语言的锤炼，从而在诗文的艺术性方面得到很大提高，为后人留下了一大批优秀的独具特色的文学作品。

七

建安文学是中华优秀文化遗产，建安邺下文人对建安文学的形成和发展做出了杰出的贡献。

考察研究分析建安邺下文人的作品，有四个方面的价值特别值得关注。

第一，渴望天下统一的呼唤。在汉末军阀混战中逐渐形成的魏、蜀、吴三家，都以统一天下为己任。当时历史发展的大趋势是天下走向统一，虽然他们彼此看成敌手，但他们各自向往统一的政治目标却都是符合历史发展大趋势的。这里的问题在于谁的政策更高明，更符合实际,谁的实力最强,谁最具有统一天下的条件。在这一方面,曹操具有更明显的优势。特别是曹操发展生产,兴修水利的经济政策,使曹操占地最广,人口最多,军力最强。曹操"唯才是举"的用人政策,把许多有才能的人士招揽到他的麾下。曹操父子提倡重视发展文学事业,邺城出现了文人荟萃的"彬彬之盛"。在这种情况下,曹操《短歌行》诗的最后所说"周公吐哺,天下归心"的统一天下的雄心壮志,曹操在文学作品中表达的这种愿望,也成为邺下文人作品中的一种强烈呼唤。王粲的《从军行》(其一),以明快欢乐的笔调热情歌颂了他跟随曹操进行统一天下的西征军行动。"从军有苦乐,但闻所从谁。所从神且武,焉得久劳师?"这是王粲归顺曹操后真挚感情的抒发,也是建安邺下文人从心底发出的呼唤。

第二,向往社会安定的呼唤。东汉末年战乱,给人民带来了颠沛流离、生灵涂炭的沉重苦难,建安邺下文人都有这段经历的切身感受。因此,在他们的诗文中,就有一种对社会能够安定、人民能够安居乐业的呼唤。曹操在《对酒》诗中说:"对酒歌,太平时,吏不呼门。王者贤且明,宰相股肱皆忠良,咸礼让,民无所争讼。三年耕有九年储,仓谷满盈。"诗中反映了曹操对结束战乱给人民带来的苦难,能够过上安定太平生活的渴望。曹丕在《黎阳作》诗中说:"东济黄河金营,北观故宅顿倾。中有高楼亭亭,荆棘绕蕃丛生。南望果园青青,霜露惨凄宵零,彼桑梓兮伤情。"曹丕征伐路过故乡时看到故宅顿倾、荆棘丛生的凄惨景象。他在伤情中渴望社会能安定下来,恢复生产,重建家园。王粲在《登楼赋》中说:"惟日月之逾迈兮,俟河清其未极。冀王道之一平兮,假高衢而骋力。"王粲在赋中把这种对于朝廷政治清明、天下太平的渴望就表述得更加清楚了。建安邺下文人无论是前期作品还是在邺城相对安定环境下的作品,这种渴望社会安定、天下太平的呼唤是非常强烈的。

第三，珍爱生命宝贵的呼唤。只有亲身经历过战乱，看到过蔽野的白骨，生死别离的惨案，从生死线上挣扎过来的人们，才能深刻感受生命的宝贵。这一点，是长期生活在安定太平时期的人们难以体会到的。建安邺下文人作品中这种对人生宝贵的珍爱的呼唤，是真切感人的，也是历代文学作品中少见的。曹操在《短歌行》诗中说："对酒当歌，人生几何？譬如朝露，去日苦多。"人生短暂，像朝露一样，很快就消失了，就一去不复返了。曹丕在《大墙上蒿行》诗中说："为乐常苦迟，岁月逝，忽若飞。"曹丕要在安定的环境中享受生活，然而时间流逝得太快了，像飞一样逝去了。曹植在《箜篌引》诗中说："惊风飘白日，光景驰西流。盛时不再来，百年忽我遒。"光阴飞快地流逝，百年的时间很快就近在眼前了。徐干在《室思》诗中说："人生一世间，忽若暮春草。时不可再得，何为自愁恼？"人的一生像暮春的草那样，很快就过去了，时间过去再也不会回来了，因此不要自寻烦恼。由于建安邺下文人感到时光飞逝，人生宝贵，所以，他们看景看物时也都充满了生机活力。这在他们的诗文中突出鲜明地表现了出来。建安时期是社会思想解放时期，在黄巾起义的沉重打击下，在社会战乱的苦难中，汉代束缚人们思想的封建礼教、呆滞的经学再也难以成为人们的精神桎梏了，头脑敏锐的建安邺下文人把他们关注的视线投向了人，投向了人生宝贵这个实际现实的大问题，建安文坛的这种春雷一样的呼唤，其价值是很高的。

第四，谋求建功立业的呼唤。建安邺下文人以各种不同的方式归顺曹操，他们都有一个共同的理念和目标追求，就是在统一天下中建功立业。在这一点上，建安七子等邺下文人与曹氏父子的认识是一致的。曹操也给了他们实现抱负的人生舞台。建安邺下文人与曹魏政治融洽地结合，在中国文学史上是罕见的。这与此后"竹林七贤"与司马氏政权对抗形成了鲜明的对照。再后也多是文艺与政治唱反调。这主要是由于文人的理念与当权者的观念差异太大。曹丕在《典论·论文》中提出"文以气为主",建安邺下文人的气,是胸中慷慨悲凉之气,这种慷慨悲凉之气在他们的人生奋斗中,就变为对建功立业的追求,这就形成了建安邺下诗文中对建功立业的呼唤。曹植在《薤露行》诗中说:"人居一世间,忽若风吹尘。愿得展功勤,输力于明君。"曹植天赋很高,才华绝人,诗文写得很好,但曹植的兴趣却在政治方面,他要建功立业,有一番大作为。陈琳在《游览》诗中说:"骋哉日月逝,年命将西倾。建功不及时,钟鼎何所铭。收念还寝房,慷慨咏坟经。"陈琳这种与时间赛跑要建功立业的思想,在建安邺下文人中最有代表性,是一种不约而同的齐声呼唤。

　　建安文学是中国文学史上一座奇异的高峰。这不仅指其所达到的高度,而且还指其所具有的分水岭、里程碑的意义。沈德潜在《古诗源》魏武帝诗注中说:"孟德诗犹是汉音,子桓以下,纯乎魏响。"什么是"汉音"?这是指曹操质朴通俗的语言,继承汉乐府现实主义的文学创作。什么是"魏响"?这是指曹丕开启的独立的有别于儒学的不再是经学附庸工具的文学创作,即鲁迅所说的"文学的自觉时代"的文学创作。曹丕上承"汉音",下启"魏响",起到了至关重要的承前启后的桥梁作用。在曹丕开创的这个文学新时代,文坛出现了崭新的面貌。诗歌就"五言腾跃"(《文心雕龙·明诗》),《燕歌行》首开了七言诗的先河,公宴诗创发了南朝山水诗的初源。建安文学是一座含金量极为丰富的宝山,我们应该在新的历史时代开展新的深入的探讨研究。

　　建安邺下文人集团的骨干成员是建安七子,其中除孔融基本在许昌未在邺城,又在赤壁之战前的建安十三年(公元208年)被曹操所杀外,其余六子都生活在邺城。阮瑀在建安十七年(公元212

年）去世，陈琳、应玚、王粲、刘桢在建安二十二年（公元217年）曹操征吴途中染疾疫去世，最后一位徐幹在建安二十三年（公元218年）去世。在建安年号结束之前，建安七子相继去世，建安文坛的高峰就过去了。在建安二十五年（公元220年），曹丕在这一年禅代汉室，改元黄初，此后进入建安邺下文人集团的余波时期。这个时期以曹植的文学创作为中心，曹植于太和六年（公元232年）去世。黄初七年（公元226年）曹丕去世。曹丕称帝后，皇帝威仪增升，文士之气退隐。在此之前，建安邺下的重要文人繁钦于建安二十三年（公元218年）去世。在此之后，邯郸淳于黄初三年（公元222年）去世，应璩于嘉平四年（公元252年）去世，至此，这一长达数十年的文学史上第一次光彩耀世的文学高峰结束。这批闪耀着异彩的百人群星，将永远定格在那个令人熟悉、令人怀念的历史时空中。

（作者单位：河北省邯郸市政协文史委员会）

建安时期游艺与文学关系的新变

张振龙

从古今中外历史发展的实际来看,游艺作为游戏的艺术,和文学不仅都是属于艺术这一大的门类,而且游艺是文学得以产生发展的动因之一,所以游艺和文学具有天然的密切联系。这在文学艺术理论家的许多论著中都有相关论述。最具有代表性的就是文学起源于游戏说,德国哲学家康德和我国近代的王国维、当代的朱光潜等对此都有精彩的阐释。尽管文学的起源有很多方面,游戏也并不是文学产生的唯一决定因素,但游戏说确实揭示出了游艺和文学之间在发生学、心理学等方面存在的内在关联。我国古代的游艺和文学的关系也不例外,只不过具体到不同的历史时期,文人的游艺与文学的内在关联也有程度上的差别。春秋战国时期是游艺和文学相对混而未分的时期,人们对游艺和文学关系的认识还不是那么明晰,两者往往相互交融。西汉中期以后,由于受儒家思想影响,游艺和文学的关系逐渐疏远和分化。这种分化直到建安时期才发生了新的变革。这种变革进一步密切了游艺和文学之间的关系,使其进入了一个新的发展阶段。但就目前学界的相关研究成果而言,对建安时期游艺和文学的关系的研究还比较薄弱。为此本文主要就该期的游艺和文学关系新变的具体表现做一透视。

一 文人游艺活动与文学创作活动走向了统一

建安时期游艺与文学关系新变的表现之一，就是文人的游艺活动与文学创作活动走向了统一。这个时期出现了不少文人开展的游艺活动和文人文学创作活动合二为一的情况，主要表现在两个方面。

首先，文人在参与游艺活动的同时，又以游艺活动为描写对象来进行文学创作，实现了在游艺活动中创作和在文学创作中游艺的有机结合与统一。这种情况在建安之前的文献中也有记载。如西汉景帝时，梁孝王好营宫室苑囿之乐。葛洪《西京杂记·梁孝王宫囿》云：

> 梁孝王好营宫室苑囿之乐，作曜华之宫，筑兔园。园中有百灵山，山有肤寸石、落猿岩、栖龙岫。又有雁池，池间有鹤洲凫渚。其诸宫观相连，延亘数十里，奇果异树，瑰禽怪兽毕备。王日与宫人宾客弋钓其中。[1]

在梁孝王与文人进行游艺活动的过程中，有时就有文学创作。葛洪《西京杂记·梁孝王忘忧馆时豪七赋》载：

> 梁孝王游于忘忧之馆，集诸游士，各使为赋。[2]

---

[1] 葛洪：《西京杂记》卷二，《汉魏六朝笔记小说大观》，上海古籍出版社1999年版，第92页。

[2] 同上书，第103页。

汉武帝时也有在开展游艺活动时命文人创作的情况。班固《汉书·贾邹枚路传》云：

> （枚皋）从行至甘泉、雍、河东，东巡狩，封泰山，塞决河宣房，游观三辅离宫馆，临山泽，弋猎射驭狗马蹴鞠刻镂，上有所感，辄使赋之。①

不过总体而言，这种情况在建安之前并不普遍，只是个别现象。

但到建安时期，在游艺中创作、在创作中游艺则成为文人活动中一道亮丽的风景，尤其在建安文人汇集邺下时期成为文人活动的一种常态。此时文人在西园、南皮等地举行的游艺活动就是典型的表征。《三国志集解》卷二一引赵一清曰："《名胜志》：西园在邺城西，魏曹丕同弟植宾从游幸之地也。"② 南皮也是他们经常的游幸之地。在西园、南皮举行的游艺活动中，多伴有文人的文学创作活动。也就是说这些活动本身既是文人游艺和文学创作的共同载体，游艺和文学创作也是整个活动的重要组成部分，是你中有我、我中有你的，是合二为一的。如建安十六年（公元211年）曹丕、曹植兄弟和王粲、陈琳、徐幹、阮瑀、刘桢、应瑒等在西园、南皮开展的游艺活动，在活动中文人就以游艺活动为书写内容，相互诗赋唱和。对此建安二十年（公元215年）曹丕的《与吴质书》曾回忆曰：

> 每念昔日南皮之游，诚不可忘。既妙思六经，逍遥百氏，弹棋闲设，终以博弈，高谈娱心，哀筝顺耳。驰骛北场，旅食

---

① 班固：《汉书》，中华书局1962年版，第2367页。
② 卢弼：《三国志集解》，中华书局1982年版，第522页。

南馆，浮甘瓜于清泉，沈朱李于寒水。皦日既没，继以朗月，同乘并载，以游后园，舆轮徐动，宾从无声，清风夜起，悲笳微吟，乐往哀来，凄然伤怀。①

裴松之注引《魏略》载建安二十三年（公元218年）曹丕的《又与吴质书》又回忆曰：

昔年疾疫，亲故多离其灾，徐、陈、应、刘，一时俱逝，痛何可言邪！昔日游处，行则同舆，止则接席，何尝须臾相失！每至觞酌流行，丝竹并奏，酒酣耳热，仰而赋诗。当此之时，忽然不自知乐也。②

从以上文献记载，我们可以判断出西园、南皮之游活动的内容非常丰富，有"妙思六经，逍遥百氏""高谈娱心"的学术交流，有"弹棋闲设，终以博弈"的棋弈对弈，有"哀筝顺耳""悲笳微吟""丝竹并奏"的音乐欣赏，有"驰骛北场"的游猎之乐，有"旅食南馆，浮甘瓜于清泉，沈朱李于寒水"和"觞酌流行，酒酣耳热"的宴集欢饮，更有"仰而赋诗"的文学创作。文学创作是和其他游艺活动形式一起成为整个活动的有机内容。当时参加西园、南皮之游活动的文人除曹丕、曹植兄弟外，还有王粲、陈琳、徐幹、应玚、阮瑀、吴质等。现存曹丕的《芙蓉池作》，曹植的《公宴》《侍太子坐》，刘桢的《公宴诗》，王粲的《公宴诗》，阮瑀的《公宴诗》，应玚的《公宴诗》，陈琳的《公宴诗》等作品也是在此时的游艺活动过程中创作的。曹植的《公宴》曰："公子敬爱客，终宴不知疲。清

---

① （晋）陈寿撰，（宋）裴松之注：《三国志》，中华书局1982年版，第608页。
② 同上。

夜游西园，飞盖相追随。明月澄清景，列宿正参差。秋兰被长坂，朱华冒绿池。"① 诗中就明确指出了游艺的地点为西园。不仅如此，此时在文人创作的作品中，也直接描述了他们当时边从事游艺和边从事文学创作的情形。这从应玚《公宴诗》中所说的"辨论释郁结，援笔兴文章"②，刘桢《公宴诗》中所说的"生平未始闻，歌之安能详？投翰长叹息，绮丽不可忘"③ 等诗句中，就可得到说明。

建安文人在游艺活动中伴有文学创作的，据史料记载还有：曹丕为太子时，和王粲、刘桢、阮瑀、应玚等文人在北园及东阁讲堂赋诗。《初学记》卷十引《魏文帝集》云：

　　为太子时，北园及东阁讲堂并赋诗，命王粲、刘桢、阮瑀、应玚等同作。④

建安十七年（公元212年），曹操游西园，登铜雀台，命曹丕、曹植兄弟作赋。曹丕的《登台赋》序云：

　　建安十七年春，上游西园，登铜雀台，命余兄弟并作。⑤

曹丕、曹植和曹操的《登台赋》就是在这次活动中创作的。建安十八年（公元213年），陈琳、王粲、应玚、刘桢等创作的同题反映狩猎活动的赋作，也是这些文人随曹操狩猎时创作的作品。挚虞的《文章流别论》对此有具体记载：

---

① 赵幼文校注：《曹植集校注》，人民文学出版社1984年版，第49页。
② 林家骊校注：《阮瑀应玚刘桢合集校注》，河北教育出版社2013年版，第58页。
③ 同上书，第108页。
④ 夏传才、唐绍忠校注：《曹丕集校注》，河北教育出版社2013年版，第231页。
⑤ 同上书，第60页。

> 建安中，魏文帝从武帝出猎，赋，命陈琳、王粲、应玚、刘桢并作。琳为《武猎》，粲为《羽猎》，玚为《西狩》，桢为《大阅》。凡此各有所长，粲其最也。①

在这次由曹操组织发起、曹丕和建安诸子等文人参与的游猎活动，本身也包括了文人的文学创作活动，文学创作是作为整个狩猎游艺活动的一部分出现的。另外，曹丕在避暑东阁，延宾高会、酒酣乐作时，也曾伴随有文学创作活动。其《戒盈赋》序曰：

> 避暑东阁，延宾高会，酒酣乐作，怅然怀盈满之戒，乃作斯赋。②

还有一些文献，虽然没有直接记载建安文人的创作是在游艺活动中进行的，但由此也可以间接说明当时文人进行的游艺活动伴有文学创作乃是一种生活的常态。如《三国志·魏书·王粲传》云：

> 始文帝为五官将，及平原侯植皆好文学。粲与北海徐幹字伟长、广陵陈琳字孔璋、陈留阮瑀字元瑜、汝南应玚字德琏、东平刘桢字公干并见友善。③

甚至后来的文人在谈及建安文人的创作时还津津乐道。《晋书·阎缵传》引缵上疏也曰：

---

① 俞绍初辑校：《建安七子集》，中华书局1989年版，第429页。
② 夏传才、唐绍忠校注：《曹丕集校注》，河北教育出版社2013年版，第81页。
③ （晋）陈寿撰，（宋）裴松之注：《三国志》，中华书局1982年版，第599页。

>昔魏文帝之在东宫，徐幹、刘桢为友，文学相接之道并如气类。①

还有一些作品，据文献和内容可以确定当为建安文人从事游艺活动时所作。如曹丕的《于谯作》是建安二十五年（公元220年）曹丕设伎乐百戏犒赏六军和百姓时创作的。《三国志·魏书·文帝纪》云：文帝黄初元年"甲午，军次于谯，大飨六军及谯父老百姓于邑东"。② 裴松之注引《魏书》曰："设伎乐百戏，令曰：'先王皆乐其所生，礼不忘其本。谯，霸王之邦，真人本出，其复谯租税二年。'三老吏民上寿，日夕而罢。"③ 他的《孟津》是建安二十年（公元215年）在孟津宴饮时即兴所作，其他的如《诗·行行游且猎》《诗·巾车出邺宫》是曹丕狩猎时创作的诗歌，《善哉行二首》《夏日诗》《东阁诗》也是其参与游艺时创作的作品。曹植的《箜篌引》《当车已驾行》为宴饮宾客而作，《元会》是太和六年参加正月元日朝宴所作。如曹植的《娱宾赋》所言：

>感夏日之炎景兮，游曲观之清凉。遂衍宾而高会兮，丹帷晔以四张。办中厨之丰膳兮，作齐郑之妍倡。文人骋其妙说兮，飞轻翰而成章。谈在昔之清风兮，总贤圣之纪纲。欣公子之高义兮，德芬芳其若兰。扬仁恩于白屋兮，逾周公之弃餐。听仁风以忘忧兮，美酒清而肴甘。④

在此篇赋作中，作者给我们展示了宴游活动的丰富内容，有热闹的

---

① （唐）房玄龄：《晋书》，中华书局1974年版，第1355页。
② （晋）陈寿撰，（宋）裴松之注：《三国志》，中华书局1982年版，第61页。
③ 同上。
④ 赵幼文校注：《曹植集校注》，人民文学出版社1984年版，第47页。

酒会，有齐郑妍倡优美动人的歌舞，有雅士的高谈阔论，有文人的即兴创作，参与的文人雅士可以自由地发挥自己的优长，各展其才，各显其能。文人雅士的口头创作、书面创作与歌舞酒会交相辉映，共同构成了这次文人的游艺盛会。建安十六年（公元211年）前后，出现了曹植、刘桢、应玚等文人创作的反映"斗鸡"娱乐休闲活动的《斗鸡诗》，对当时文人的"斗鸡"活动给予了生动描写与再现。这些《斗鸡诗》就是在斗鸡活动中创作的，其创作本身也成为斗鸡活动的组成部分。由此可以看出，建安文人在开展游艺活动时，以游艺活动为内容进行创作确实是该时期文人游艺活动与文学创作活动走向统一的一大表征。

其次，建安时期的不少文人既是游艺的爱好者，又是游艺文学的创作者，集游艺的爱好者和游艺文学的创作者于一身，达到了游艺活动主体和游艺文学创作主体两者的统一。因为建安时期有不少当时文坛上的文学家，也是某一或某些游艺的爱好者。在建安之前，游艺的爱好者和游艺文学的创作者在很多情况下分属不同的主体，游艺的爱好者就是游艺的爱好者，一般不是游艺文学的创作者；游艺文学的创作者就是游艺文学的创作者，一般不是游艺的爱好者。如西汉司马相如和刘向等，作为当时文坛的代表作家，前者创作了《子虚赋》《上林赋》等反映帝王游猎活动的游艺文学作品，后者创作了《围棋赋》《行弋赋》《行过江上弋雁赋》《弋雌得雄赋》等反映围棋、狩猎等活动的游艺文学作品，但史书没有关于他们喜爱游艺的记载。建安之前游艺的爱好者，如以围棋著称的弈秋和杜夫子，以斗鸡出名的王奉先，以投壶赢得时誉的郭舍人、祭遵，以射覆闻名的东方朔，以六博见长的薄昭、吾丘寿王、许博昌，蹴鞠载入史册的董偃，以百戏为人称道的鞠道龙、马援等，也没有相关的游艺文学作品传世。当然此时也有像枚乘和扬雄等这样的文人，他们既参与了帝王组织的游猎活动，又创作了反映游猎活动的赋作。但他们也不是当时游艺活动的爱好者。

可是到了建安时期，集游艺的爱好者和游艺文学的创作者于一体则成为一种普遍现象。如曹操喜爱音乐、书法，善围棋，好射猎。《曹瞒传》云："太祖少好飞鹰走狗，游荡无度。"① 他在《让县自明本志令》中也说："故以四时归乡里，于谯东五十里筑精舍，欲秋夏读书，冬春射猎，求底下之地，欲以泥水自蔽，绝宾客往来之望，然不能得如意。"②《魏书》曰："才力绝人，手射飞鸟，躬禽猛兽，尝于南皮一日射雉获六十三头。"③ 张华《博物志》曰："汉世，安平崔瑗、瑗子寔、弘农张芝、芝弟昶并善草书，而太祖亚之。桓谭、蔡邕善音乐，冯翊山子道、王九真、郭凯等善围棋，太祖皆与埒能。"④ 他的《鼓吹令》、《短歌行二首》其二和《气出唱三首》其二等作品就有关于游艺内容的描写。王粲善投壶、音乐、弹棋，还是当时著名的围棋专家。《三国志·魏书·王粲传》载："观人围棋，局坏，粲为覆之。棋者不信，以帊盖局，使更以他局为之。用相比校，不误一道。其强记默识如此。性善算，作算术，略尽其理。"⑤ 曹植《王仲宣诔》云："何道不洽，何艺不闲。棋局逞巧，博弈唯贤。"⑥ 王粲创作的游艺文学主要有《公宴诗》《围棋赋序》《弹棋赋序》《羽猎赋》《投壶赋序》等。曹丕精通击剑、围棋、斗鸡、射猎，尤好弹棋。史曰"时文帝为太子，耽乐田猎，晨出夜还"。⑦ 他在《典论·自叙》中曰："少好弓马，于今不衰；逐禽辄十里，驰射

---

① （晋）陈寿撰，（宋）裴松之注：《三国志》，中华书局1982年版，第2页。
② 同上书，第32页。
③ 同上书，第54页。
④ 同上。
⑤ 同上书，第599页。
⑥ 赵幼文校注：《曹植集校注》，人民文学出版社1984年版，第164页。
⑦ （晋）陈寿撰，（宋）裴松之注：《三国志》，中华书局1982年版，第718页。

常百步，日多体健，心每不厌。建安十年，……与族兄子丹猎于邺西，终日手获獐鹿九，雉兔三十。后军南征次曲蠡，……余于他戏弄之事所喜，唯弹棋略尽其巧，少为之赋。"① 他创作的《夏日诗》《艳歌何尝行》《校猎赋》《弹棋赋》等作品就是反映游艺活动的。阮瑀也善音乐，能鼓琴。《文士传》云：

> 太祖雅闻瑀名，辟之，不应，连见逼促，乃逃入山中。太祖使人焚山，得瑀，送至，召入。太祖时征长安，大延宾客，怒瑀不与语，使就技人列。瑀善解音，能鼓琴，遂抚弦而歌，因造歌曲曰："奕奕天门开，大魏应期运。青盖巡九州，在东西人怨。士为知己死，女为悦者玩。恩义苟敷畅，他人焉能乱？"为曲既捷，音声殊妙，当时冠坐，太祖大悦。②

在这次活动中阮瑀即兴创作了《琴歌》。曹植在音乐和舞蹈方面修养情深，并擅长击剑、跳丸、斗鸡；邯郸淳也是当时有名的游艺专家。《三国志·魏书·王粲传》裴松之注引《魏略》曰：

> 淳，一名竺，字子叔。博学有才章，又善《苍》、《雅》、虫、篆、许氏字指。初平时，从三辅客荆州。荆州内附，太祖素闻其名，召与相见，甚敬异之。时五官将博延英儒，亦宿闻淳名，因启淳欲使在文学官属中。会临菑侯植亦求淳，太祖遣淳诣植。植初得淳甚喜，延入坐，不先与谈。时天暑热，植因呼常从取水自澡讫，傅粉。遂科头拍袒，胡舞五椎锻，跳丸击剑，诵俳优小说数千言讫，谓淳曰："邯郸生何如邪？"于是乃

---

① （晋）陈寿撰，（宋）裴松之注：《三国志》，中华书局1982年版，第89—90页。
② 同上书，第600页。

更著衣帻，整仪容，与淳评说混元造化之端，品物区别之意，然后论羲皇以来贤圣名臣烈士优劣之差，次颂古今文章赋诔及当官政事宜所先后，又论用武行兵倚伏之势。乃命厨宰，酒炙交至，坐席默然，无与伉者。及暮，淳归，对其所知叹植之材，谓之"天人"。而于时世子未立。太祖俄有意于植，而淳屡称植材。由是五官将颇不悦。及黄初初，以淳为博士给事中。淳作《投壶赋》千余言奏之，文帝以为工，赐帛千匹。①

曹植保存至今的游艺文学作品，主要有《名都篇》《侍太子坐》《白马篇》《箜篌引》《当车已驾行》《当日来大难》《元会》《娱宾赋》《节游赋》《射雉赋》《斗鸡诗》《宴乐赋》等；邯郸淳有《投壶赋》《艺经》等。以上所举的曹操、王粲、曹丕、阮瑀、曹植、邯郸淳等文人，皆是当时游艺活动的爱好者，有不少则是某一或某些游艺活动的专家；同时又是当时文坛著名的作家，并且都创作了保存至今的游艺文学作品。这充分说明在建安时期的文人群体中，集游艺的爱好者与游艺文学的创作者于一身的文人，不仅普遍，而且其中多为同时执游艺界和文坛之牛耳者，真正达到了游艺活动主体和文学创作主体的统一。这是建安之前文人所无法比拟的，即使是与以后的文人相比，也是游艺和文学在主体上实现完美结合的典范。

所以，建安时期文人在开展游艺活动的同时，往往伴有文学创作，成为当时文人游艺活动中一道亮丽的风景。这不仅是这个时期文人游艺活动的特色，更是文人游艺活动和文学活动统一的典型表现，从文人游艺活动、游艺文学创作本身的角度反映了文人游艺的文学化和文学的游艺化相统一的新变化。

---

① （晋）陈寿撰，（宋）裴松之注：《三国志》，中华书局1982年版，第603页。

二 文人创作的真正意义上的游艺文学作品的大量出现

建安时期游艺与文学关系新变的表现之二，就是出现了大量的真正意义上的游艺文学作品。建安之前，文人创作的游艺文学作品虽然已经出现，但不仅数量有限，而且还不能称为真正意义上的游艺文学作品。一方面，此时文人还没有把游艺作为文学反映的独立对象，只是作为其他主题的附庸而被描写的。如先秦时期的《诗经》《左传》《论语》《楚辞》《孟子》《战国策》《庄子》等典籍中对游艺的零星描写和记载，就是如此。还有些作品虽然从内容上看，是描写游艺的文学，像《吴越春秋》记载的《弹歌》，《左传》记载的《投壶辞》，《诗纪》所载的《石鼓诗》，西汉刘向的《围棋赋》《行过江上弋雁赋》《行弋赋》《弋雌得雄赋》，班固的《弈旨》等，或描写射猎，或描写投壶，或描写围棋等。但这些作品描写游艺的目的还不在于游艺本身，而是在于游艺所蕴含的伦理政治意义。如刘向的《围棋赋》描写围棋时云："略观围棋，法于用兵，怯者无功，贪者先亡。"[1] 从现存的这几句中我们就可以看出它所具有的教育功能。他的《行弋赋》《行过江上弋雁赋》《弋雌得雄赋》，现仅存篇目而无文辞，见于《太平御览》卷八三二引刘向《别录》，其云："有《行过江上弋雁赋》《行弋赋》《弋雌得雄赋》。"[2] 由题目可知，这三篇赋作是描写狩猎活动的作品。但从刘向生活的时代来推断，这些作品也应是以讽谏为目的的。刘向之后扬雄的《羽猎赋》《长杨赋》是反映天子游猎的赋作，东汉时期崔骃的《博徒论》、班固的《弈旨》，分别为描摹"博徒"这一从事六博活动者和围棋活动的作

---

[1] 费振刚：《全汉赋》，北京大学出版社1993年版，第155页。
[2] 李昉：《太平御览》，中华书局1960年版，第3714页。

品。这些作品也不能称之为真正的游艺文学。原因在于当时的游艺还没有从其他职业中独立出来，还没有作为一种独立的职业活动被文人所关注。同时就文人的创作意识而言，他们创作这些作品的自主意识总体上还没有自觉。如汉赋中有关游艺活动的描写就属于这种情况。甚至扬雄认为辞赋创作是"雕虫篆刻"。另一方面，此时文人作为游艺活动的爱好者和游艺文学的创作者的身份还没有完全独立。《汉书·严助传》云："相如常称疾避事。朔、皋不根持论，上（武帝）颇俳优畜之。"① 同书《东方朔传》亦曰：东方朔等文人只是"在左右，诙啁而已"，② 时人称东方朔"口谐倡辩"，③ "应谐以优"。④ 又同书《枚皋传》也言："皋不通经术，诙笑类俳倡，为赋颂，好嫚戏，以故得媟黩贵幸，比东方朔、郭舍人等。"⑤ 文人创作游艺文学的目的也不是游艺，而是讽谏。所以建安之前的游艺文学作品还不能被称为真正意义上的游艺文学。

到了建安时期情况却发生了重要变化，涌现出了大量的真正意义上的游艺文学作品。首先，此时的文人已经开始把游艺活动作为文学反映的独立对象，并成为文学作品的主题。例如应玚的《弈势》《驰射赋》《校猎赋》《西狩赋》《斗鸡诗》，刘桢的《大阅赋》《斗鸡诗》《公宴诗》《射鸢诗》，陈琳的《武猎赋》《公宴诗》，王粲的《弹棋赋序》《围棋赋序》《投壶赋序》《羽猎赋》《公宴诗》，杨修的《节游赋》，邯郸淳的《投壶赋》《艺经》，曹植的《射雉赋》《斗鸡诗》《娱宾赋》《节游赋》《射雉赋》，曹丕的《校猎赋》《弹棋赋》，丁廙的《弹棋赋》等，这些作品从篇名上就是以游艺活动的

---

① 班固：《汉书》，中华书局1962年版，第2775页。
② 同上书，第2863页。
③ 同上书，第2873页。
④ 同上。
⑤ 同上书，第2366页。

名目来命名的，每一篇作品的内容都是围绕某一游艺来展开的。如应玚的《弈势》开篇就以战事来比棋弈："盖棋弈之制，所由来尚矣。有像军戎战阵之纪"；①接着以历史上比较著名的七个军事战例，来对棋弈的七种战术进行了总结，比喻贴切，形象生动，为人们了解和学习这种游艺活动，不仅提供了理论上的指导，而且提供了实践上的参照，做到了理论与实践的有机结合。

其次，建安时期文人的游艺文学作品中所描写的游艺，不仅仅把游艺作为独立的对象予以表现，更重要的是把游艺作为了一种独立的职业来描写。其典型体现就是此时文人游艺文学中所描写的游艺，特别突出了"游"与"艺"的特质，从之前文人对游艺的政治、军事、伦理等功能的展示转向了对游艺的技艺、娱乐、审美等艺术功能的书写，重点彰显了游艺在交流情感、增加友谊、陶冶性情、审美愉悦等方面的作用。如曹丕的《弹棋赋》，开篇就指出弹棋是一种蕴含丰富智慧和高超技艺的游艺活动："惟弹棋之嘉巧，邈超绝其无俦。苞上智之弘略，允贯微而洞幽。"②并对弹棋者精湛的弹棋技艺进行了详细描绘："尔乃详观夫变化之理，屈伸之形，联翩霍绎，展转盘萦，或暇豫安存，或穷困侧倾，或接党连兴，或孤据偏停。"③接着重点对观众观赏游艺活动时的诸种神态和表现给予了生动展现："于时观者莫不虚心，竦踊咸侧，息而延伫；或雷抃以大噱，或战悸而不能语。"④他们有的抬脚翘首，有的屏息静观，有时鼓掌叫好，有时紧张不语。观赏者的表现和神态随着游艺活动的展开和游艺者的精彩表演、棋势争夺的变化而变化，声情并茂，绘声绘色，给人如观其形、听其声的身临其境之感，把观赏者通过对活

---

① 林家骊校注：《阮瑀应玚刘桢合集校注》，河北教育出版社2013年版，第98页。
② 夏传才、唐绍忠校注：《曹丕集校注》，河北教育出版社2013年版，第72页。
③ 同上书，第73页。
④ 同上。

动的观赏所获得的身心愉悦和审美体验淋漓尽致地表现了出来。再如邯郸淳的《投壶赋》，首先对投壶的起源、功用、形制等进行了介绍，之后则重点对投壶者投壶的高超娴熟的技法、技巧作了描绘：一是绝伦之才和尤异之手，他们"撮矢作骄，累掇联取。一往纳二，巧无与耦"。① 即同时掷出两矢，又同时投中壶中，巧妙无比，所以"斯乃绝伦之才，尤异之手也"②；二是技巧妙丽和希世寡俦者，在"柯列葩布，匪罕匪稠"③ 的情况下，他们仍可以"矧回绝之所投"，即在壶口放置一些树枝、花朵以增加投壶的难度，但对他们来说就像没有设置障碍一样，依然能顺利地将矢投入壶中，所以"惟兹巧之妙丽，亦希世之寡俦"。④ 文章最后对投壶活动的娱乐功能进行了阐释："调心术于混冥，适容体于便安。纷纵奇于施舍，显必中以微观。悦举坐之耳目，乐众心而不倦。环玮百变，恶可穷赞。"⑤ 揭示了投壶活动给人带来的赏心悦目，并说明了这种活动瑰丽奇伟、变化万端，其奥妙难以尽述。由以上的分析可以看出，文人参与游艺的过程就是展示自己游艺技能高低的过程，以及性情得到陶冶和获得娱乐的过程，也是他们沟通情感、增进了解和加深友谊的过程，更是竞技双方切磋技艺、取长补短、共同提高、创新发展的过程。游艺不仅仅是文人消遣娱乐"游"的活动，而且成为文人提高游艺的专业技能和观赏性、审美性的"艺"的活动。这样从事游艺活动的文人就自觉地把自己的注意力从以前对游艺的政治伦理等功能的关注，转向了对游艺活动本身"艺"的专业技能和观赏性、审美性

---

① 张兰花、程晓菡校注：《三曹七子之外建安作家诗文合集校注》，河北教育出版社 2013 年版，第 121 页。
② 同上。
③ 同上。
④ 同上。
⑤ 同上。

的重视。

最后，就文人的创作意识而言，他们创作这些作品的自主意识走向了自觉。建安时期的文人无论是作为游艺的爱好者，还是作为游艺文学的创作者，他们的身份地位已经普遍得到社会的认可，开始步入独立的时期。这在文人创作的游艺文学作品中就可以得到证明。如王朗的《塞势》，其文如下："余所与游处，惟东莱徐先生。素习《九章》，能为计数。问可以代博弈者乎？曰塞其次也。乃试习其术，以惊睡焉。"① 在此作者记载了他了解"塞"这种游艺的机缘和他学习的目的。作者学习"塞"的目的是"以惊睡焉"，借以驱赶自己的困意。这说明王朗作为"塞"这种游艺的爱好者和《塞势》的创作者，完全是自觉自愿的、独立的。

此时文人创作游艺文学作品自主意识自觉的另一重要表现，就是出现了关于游艺的理论著作，邯郸淳的《艺经》就是代表。邯郸淳在《艺经·棋品》中对围棋这种游艺所达到的境界进行了划分和总结，把围棋分为九个品第："夫围棋之品有九，一曰入神，二曰坐照，三曰具体，四曰通幽，五曰用智，六曰小巧，七曰斗力，八曰若愚，九曰守拙。"② 这反映出建安时期文人的围棋观念已经超出了简单的技术和技能，开始从理论的高度对围棋的本质、围棋之道予以揭示，说明当时文人对围棋这种游艺的竞技性和专业性需求，不只满足于技术和技能的层面，而要向更高的弈之道的"艺"的境界迈进。《太平御览》卷七五四引《会稽典录》又云："三国鼎峙，年兴金革，士以弓马为务，家以蹴鞠为学。"③ 说明当时人们学习蹴鞠

---

① 张兰花、程晓菡校注：《三曹七子之外建安作家诗文合集校注》，河北教育出版社2013年版，第408页。
② 王齐洲：《〈艺经〉辑佚》，《华中学术》第7辑，华中师范大学出版社2013年版，第47页。
③ 李昉：《太平御览》，中华书局1960年版，第3349页。

这种游艺也非常普遍，已经把其作为一种职业爱好来学习和对待了。正是因为文人从事游艺的意识自觉了，也促使文人创作游艺文学作品的意识走向了自觉。

可见建安时期，不仅从文人创作的反映游艺作品的数量上，还是从游艺文学描写游艺的独立性上，文人创作游艺文学作品的自觉意识和身份地位上，皆彰显出文人创作的游艺作品开始成为真正意义上的游艺文学，标志着游艺文学以独立的姿态成为文学百花园中光彩夺目的奇葩。

三 文人的游艺观念与文学观念在思想上达到了融合

建安时期游艺与文学关系新变的表现之三，就是在思想上达到了文人的游艺观念与文人的文学观念的融合。即文人的部分游艺观念转化成了文人的文学观念，文人的部分文学观念也转化成了文人的游艺观念，形成了文人的文学观念和文人的游艺观念的融合统一。由于文人的游艺活动和文学创作活动都有悠久的历史传统，这种历史传统经过历史的积淀与文人的经验积累、总结，形成了文人对游艺和文学的本质、特征、功能、价值等比较系统的思想观念。由于文学与游艺具有天然的互通性和关联性，此时的文人作为游艺活动的爱好者和游艺文学作品的创作者，对游艺本身的娱乐性、艺术性和文学创作本身的娱乐性、艺术性都有切实的体验，而这些体验又有意无意地蕴含在游艺文学创作之中，这就自然赋予了游艺文学作品以丰富的内涵，即包含了文人对游艺和文学创作的双重体验，进而实现了游艺观念和文学观念之间的互通与转化。这在此期文人创作的游艺文学作品中有鲜明的体现。具体而言主要有以下几个方面。

第一，有的游艺文学作品表现了作者作为游艺的爱好者在参与活动过程中所获得的身心愉悦和快感，这种身心愉悦和快感同时也成为游艺文学作品本质和功能的有机成分。如应玚和曹植的《斗鸡诗》，是与其他文人参与斗鸡游艺活动时即兴同题应和之作。应玚的诗开篇写自己正在为没有什么可以消遣娱乐而担心忧惧、闷闷不乐，急切寻求心理放松的情况下，适逢曹氏兄弟邀大家至游戏之场斗鸡娱乐；再写争斗双方分组布阵，雄鸡动作敏捷、技艺超群，经过从早到晚的激烈争斗也不分胜负；最后写斗鸡的精彩表演给宾主带来的极大愉悦和欢欣："四坐同休赞，宾主怀悦欣。博弈非不乐，此戏世所珍。"[1] 指出博弈这种游艺固然能够给人们带来乐趣，但与斗鸡相比还不可同日而语。曹植的《斗鸡诗》开篇云："游目极妙伎，清听厌宫商。主人寂无为，众宾进乐方。长筵坐戏客，斗鸡观闲房。"[2] 写曹氏兄弟看遍了美妙的歌舞、听倦了悦耳的宫商，深感寂寞无事、百无聊赖之时，手下宾客则进献斗鸡作为取乐的方式；中间集中描写斗鸡的场面，细致传神，声情并茂；最后抒发了获胜的雄鸡希望得到主人的帮助，继续与其他雄鸡争斗、独占鳌头的愿望。

从应玚、曹植两人的《斗鸡诗》中我们可以看出，尽管诗人的身份、地位不同，心境不同，对斗鸡这种游艺的书写也有差别，但他们作为斗鸡游艺活动的爱好者在参与活动过程中所获得的娱乐和欢愉则是相同的。他们作为斗鸡游艺活动的爱好者，一方面，这种娱乐和欢愉既是他们对斗鸡游艺活动本身的愉悦性和竞技性等特征体验的结果，又是他们对斗鸡游艺活动本质、特征、功能、价值等系统认识之后所形成的有关斗鸡这种游艺观念的显现；另一方面，他们参与斗鸡游艺活动所获得的娱乐和欢愉的体验，是借助《斗鸡诗》这类游艺文学作品来表达的，所以他们获得的体验也就自然成为《斗鸡

---

[1] 林家骊校注：《阮瑀应玚刘桢合集校注》，河北教育出版社2013年版，第61—62页。
[2] 赵幼文校注：《曹植集校注》，人民文学出版社1984年版，第1页。

诗》这类游艺文学作品本质、功能的有机成分，并转化为有关《斗鸡诗》这类诗歌的观念。这样应玚和曹植有关斗鸡游艺活动的观念和有关《斗鸡诗》这类诗歌的观念就达到了统一和融合。再如阮瑀《公宴诗》中的"上堂相娱乐，中外奉时珍。五味风雨集，杯酌若浮云"。①对自己参与游艺时获得的娱乐体验也给予了生动展示；应玚《驰射赋》中的"于是阳春嘉日，讲肆余暇，将逍遥于郊野，聊娱游于骋射"。②则直接道出了骋射的目的就是为了娱乐消遣。这些娱乐体验也是作者作为一个游艺的爱好者在活动中获得的，也是通过相应的游艺文学作品来表现的，不仅两者是统一的，而且是相互融合的。

第二，有的游艺文学作品表现了作者作为一位游艺的观赏者，在欣赏时所获得的娱乐和美的体验，展现了游艺的观赏价值和意义，这也成为游艺文学本身价值的重要内容。如邯郸淳的《投壶赋》对投壶活动的娱乐功能的阐释，所彰显出的投壶这种游艺活动的娱乐功能和价值，不仅是邯郸淳作为一位游艺的观赏者，在欣赏时所获得的有关投壶游艺活动的娱乐观念的体现，也是其所创作的《投壶赋》这篇游艺文学作品所包含的文学观念的反映，是邯郸淳相关投壶游艺观念和投壶游艺文学观念的融合统一。作品首先说明了投壶的历史、形制等基本知识；中间重点描写了两类投壶者的代表，即具有绝伦之才的尤异之手和技巧妙丽的希世寡俦者的投壶技法、技巧；结尾阐发了投壶活动的娱乐审美作用。从文中"调心术于混冥，适容体于便安。……悦举坐之耳目，乐众心而不倦。瑰玮百变，恶可穷赞"③的语句，我们就能得知，投壶活动不仅能够调节人的身心，使人感到放松舒适，使在坐的观赏者赏心悦目，让人精神愉快

---

① 林家骊校注：《阮瑀应玚刘桢合集校注》，河北教育出版社2013年版，第18页。
② 同上书，第76页。
③ 张兰花、程晓菡校注：《三曹七子之外建安作家诗文合集校注》，河北教育出版社2013年版，第121页。

而不知疲倦，而且这种活动瑰丽奇伟、变化万端，奥妙无穷。这种游艺观赏者的体验一旦通过文学表现出来的时候，也就成为游艺文学作品本身思想观念的体现，使观赏者的游艺观念和游艺文学作品的文学观念达到了水乳交融。

第三，有的游艺文学作品表现了作者作为身兼游艺的爱好者和游艺文学的创作者双重身份所获得的双重娱乐体会和审美享受，使游艺的爱好者所获得的娱乐体会和审美享受与游艺文学创作者所获得的娱乐体会和审美享受达到了融合、统一。如曹丕的《典论·自叙》在追叙自己与建安其他文人一起开展游艺活动的经历时，就兼含了曹丕作为一个当时游艺的爱好者和《典论·自叙》的创作者双重身份的经历体验。为了使我们对他的这种体验有更加具体的了解，现录其相关文本如下：

少好弓马，于今不衰；逐禽辄十里，驰射常百步，日多体健，心每不厌。建安十年，……与族兄子丹猎于邺西，终日手获獐鹿九，雉兔三十。后军南征次曲蠡，尚书令荀彧奉使犒军，见余谈论之末，或言："闻君善左右射，此实难能。"……余曰："埒有常径，的有常所，虽每发辄中，非至妙也。若驰平原，赴丰草，要狡兽，截轻禽，使弓不虚弯，所中必洞，斯则妙矣。"时军祭酒张京在坐，顾彧拊手曰"善"。……尝与平虏将军刘勋、奋威将军邓展等共饮，……余与论剑良久，谓言将军法非也，余顾尝好之，又得善术，因求与余对。时酒酣耳热，方食芉蔗，便以为杖，下殿数交，三中其臂，左右大笑。展意不平，求更为之。余言吾法急属，难相中面，故齐臂耳。展言愿复一交，余知其欲突以取交中也，因伪深进，展果寻前，余却脚𨇨，正截其颡，坐中惊视。余还坐，笑曰："昔阳庆使淳于意去其故方，更授以秘术，

建安时期游艺与文学关系的新变

今余亦愿邓将军捐弃故伎,更受要道也。"一坐尽欢。……后从陈国袁敏学,以单攻复,每为若神,对家不知所出,……余于他戏弄之事少所喜,唯弹棋略尽其巧,少为之赋。①

曹丕的这段文字自叙了成长过程中所从事的骑射、狩猎、击剑、弹棋等游艺的经历。从叙述中我们可以深刻地感受到作者在字里行间流露出难以掩饰的自我欣赏之意。因为作者不只是简单地在叙述自己的游艺经历,更重要的是,他是以评论者、欣赏者和创作者的姿态来叙写自己的感受与体会的。一方面,他在讲述自己的游艺经历时,自己当时活动的娱乐和审美体验就会自然从记忆中被激活,使其重新再现并成为作者描写的内容,这从文中作者运用的有关词语就能反映出来。如"少好""不衰""心每不厌""非至妙""斯则妙""笑曰""每为若神""尽其巧"等,这些用语从不同侧面再现了作者活动时的心理体验和感受。另一方面,他又是以文学的形式来叙写自己的游艺经历,在叙写时又是以评论者、欣赏者和文学家的视角来审视与表达的,又蕴含有作为评论者、欣赏者和文学家的娱乐和审美体验。如作者以评论者的视角来描写的,文中对荀彧所说的"闻君善左右射,此实难能",张京的拊手曰"善"等用语的引用,就是典型;以欣赏者视角来表现的,文中对在场观众"左右大笑""坐中惊视""一坐尽欢"等反应的刻画,就是例证;以文学家的笔触来书写的,文中对与族兄子丹猎于邺西,和荀彧谈论至妙之射术,与邓展的击剑比赛,以及自己创作《弹棋赋》缘起等内容的叙述,就是代表。以上这些字里行间都寄予着曹丕不同的情感体验和审美判断。这些情感体验和审美判断,既是游艺的也是文学的,

---

① (晋)陈寿撰,(宋)裴松之注:《三国志》,中华书局1982年版,第89—90页。

既是对游艺本质、功能的认识和总结，也是对文学本质、功能的认识和总结，是游艺观念和文学观念的合一和集中体现。

再如曹植的《名都篇》也为我们展示了当时文人的游艺生活。诗中不仅有斗鸡、走马游艺活动的描写，还对射猎、宴饮、蹴鞠、击壤等游艺活动进行了叙述。从"揽弓捷鸣镝，长驱上南山。左挽因右发，一纵两禽连。余巧未及展，仰手接飞鸢……连翩击鞠壤，巧捷惟万端"[①]来看，主人公的射技和蹴鞠、击壤的技艺相当高超，既赢得了众人的连口称赞，自己也获得了身心的娱乐。这种身心娱乐，是曹植作为身兼游艺的爱好者与《名都篇》这首游艺诗歌的创作者的双重身份所获得的，是其作为游艺的爱好者所获得的娱乐体会、审美享受与游艺文学创作者所获得的娱乐体会、审美享受的融合统一。这种情况在建安时期其他文人及其创作的游艺文学作品中也有不同的体现，此不赘述。所以就该期文人创作的游艺文学作品而言，既描写了游艺开展时带给爱好者的娱乐和美的体验，展现了游艺活动的观赏价值和意义；又抒发了文人创作这些游艺文学作品时给作者带来的娱乐和美的体验，凸显了游艺文学创作的价值和意义，在此文人开展游艺的目的和创作游艺文学的目的达到了一致。从文人开展的游艺活动和创作的游艺文学作品的实际效果来审视，他们在欣赏游艺活动和创作游艺文学作品时也确实获得了娱乐和美的享受，包含了游艺爱好者和文学创作者所获得的双重娱乐，文人从游艺中所获得的娱乐体验借助于游艺文学作品来表现，文人在文学创作中所获得的娱乐体验也蕴含在文本之中。这就决定了文人创作的游艺文学作品所蕴含的艺术观念，既有来自游艺活动的，也有来自文学创作活动的，是文人游艺观念和文学观念的有机融合和统一。

---

① 赵幼文校注：《曹植集校注》，人民文学出版社1984年版，第484—485页。

不仅如此，建安时期文人的这两种观念的统一融合还表现为两者的相互影响与彼此推动上。一方面，建安时期文人的游艺观念在借助于游艺文学来表达的时候，就有意无意地推动了文人的游艺文学创作，从而使文人的游艺文学创作走向自觉，并在游艺文学作品中对文人的游艺观念予以自觉的表现，这样也就进一步促使了文人的游艺观念向文学观念的转化；另一方面，建安时期文人创作的游艺文学由于承载了文人的游艺观念，所以文人的游艺观念又通过文学这一载体得到了有效传播，使文人的游艺观念在文人阶层进一步普及，并深化了文人对游艺活动的认识和理解，如此游艺文学观念中所蕴含的文人游艺观念，又反过来推动了文人的文学观念向文人的游艺观念的转化。这种双向的互推互涌与彼此转化，使文人的游艺观念和文人的文学观念的融合程度得到了不断提升与加强。这个过程是一个不断发展变化的动态的历史过程。我们上文所分析的建安时期文人游艺观念与文学观念的融合，就是文人的游艺观念和文人的文学观念，在文人的游艺活动和游艺文学创作活动的长期实践中相互影响、彼此推动的结果。

综上所述，建安时期是我国古代社会发生重要转型的时期，也是游艺和文学发生巨大的变革时期。正是这种变革，才促成了文人游艺活动与文学创作活动关系的深化与新变。这主要表现在文人游艺活动和文学创作活动的合一、文人创作的真正游艺文学作品的大量出现、文人游艺观念和文学观念的有机融合等三个方面。这三个方面的充分展开和相互渗透，最终实现了该时期文人游艺活动的文学化和文学创作活动的游艺化，标志着我国古代文人游艺和文学的关系达到了一个新的水平。

（作者单位：信阳师范学院文学院）

《洛神赋》: 幻觉体验与赴水隐喻

孙明君

李商隐《可叹》云:"宓妃愁坐芝田馆,用尽陈王八斗才。"《洛神赋》是《曹植集》中读者关注度最高的作品之一,也是中国文学史上争论不休的作品之一。对《洛神赋》的争论主要集中在它的主题上。有两种流行甚广的说法,一为"感甄说",一为"寄心君王"说。"感甄说"起源于尤袤本《文选》卷十九李善注引《记》。《记》曰:"魏东阿王汉末求甄逸女,既不遂。太祖回与五官中郎将。植殊不平,昼思夜想,废寝忘食。黄初中入朝,帝示植甄后玉镂金带枕,植见之,不觉泣。时已为郭后谗死。帝意亦寻悟,因令太子留宴饮,仍以枕赉植。植还,度轘辕,少许时,将息洛水上,思甄后,忽见女来,自云:'我本托心君王,其心不遂,此枕是我在家时从嫁,前与五官中郎将,今与君王。遂用荐枕席,欢情交集,岂常辞能具为?郭后以糠塞口,今被发,羞将此形貌重睹君王尔。'言讫,遂不复见所在。遣人献珠于王,答以玉佩,悲喜不能自胜,遂作《感甄赋》。后明帝见之,改为《洛神赋》。"将《洛神赋》与此《记》加以对照,两者雅俗不同,高低立现。《洛神赋》分明写曹植在洛水边初见宓妃,如此便与曹植甄氏恋情说和思念亡妻说划清了界限。奇怪的是，直到今天感甄说的否定者和肯定者依然争鸣不已，互不相让。否定者断言："经后人特别是清代何焯、丁晏和近人卢弼等列举事实加以批驳，该说之荒谬已昭然若揭，很少有人再相信了。"① 肯定者则反驳："曹植与甄氏之间是否产生过爱情？这个问题在李善注《洛神赋》之后，后代腐儒的群起攻之，其中最为详尽的当为朱绪曾《曹集考异》。……所有这些人的否定，都没有提出具体的证据来，而仅仅是从儒家的伦理道德想当然推断出来，现当代学者也多以为是捕风捉影的小说家言，但也同样没有提出否定的证据。"② "寄心君王"说的境遇也与此类似，各有支持者和反对者。否定者认为："清代的诠释家每认为此篇全是比兴，何焯《义门读书记》说它'寄心文帝，此亦屈子之志也'，丁晏《曹集诠评》跟着说此赋'寄心君王，犹屈子之志也'，此说流行甚广，而其实乃出于妄加比附，对此当代学者们已有很好的驳斥。"③ 肯定者则言之凿凿：经过自己十年研究，发现"该赋主旨确如清代何焯丁晏所说，是'寄心文帝'"。④ 以上二说在今天各有经过修正之后的变异说法。这两说之外，也有一些不同说法：沈达材先生认为此赋"没有什么深意藏在里面"；⑤ 张文勋先生说："洛神是理想的象征，这理想，可以是美的理想、爱的理想，也可能是事业的理想，生活的理想。可惜这些理想都和洛神一样，是可望而不可即的，她给人留下的只是惋惜怅惘，冥思遐想。"⑥ 傅正谷先生认为："写梦幻乃其主要艺术特色，因而其创作方法不是浪漫主义，而是梦幻主义。""《洛神

---

① 张爱：《〈洛神赋〉"寄心君王"说质疑》，《南京师院学报》1983年第4期。
② 木斋：《论〈洛神赋〉为曹植辩诬之作》，《山西大学学报》2010年第1期。
③ 顾农：《〈洛神赋〉新探》，《贵州文史丛刊》1997年第1期。
④ 周明：《怨与恋的情结——〈洛神赋〉寓意解说》，《南京大学学报》1994年第1期。
⑤ 沈达材：《曹植与〈洛神赋〉传说》，上海华通书局1933年版，第58页。
⑥ 张文勋：《苦闷的象征——〈洛神赋〉新议》，《社会科学战线》1985年第1期。

赋》乃继屈、宋等辞赋之后的又一篇梦幻主义文学名作。"① 吴光兴先生从文化学视角提出："《洛神赋》是一次幻觉经验的记录，是我们民族的一个古老原型在曹植时代必然流露的一个实证。"② 还有"怀念亡妻"说、③ "寄心山阳公"说、④ "寄心曹彰"说，⑤ 等等。可见有关《洛神赋》主题的讨论不仅没有趋于一致，反而歧解纷呈。笔者在学习前修时贤研究成果的基础上，通过文本细读和考察史实，拟从现代精神医学知识出发，谈点不成熟的看法，求教于学界同人。

一

《洛神赋序》："黄初三年，余朝京师，还济洛川。"曹植写作《洛神赋》时，到底是在黄初三年（222年）还是黄初四年（223年）朝京师，一直存有争议。李善在"余从京域，言归东藩"句后注曰："《魏志》云黄初三年曹植为鄄城王，四年徙封雍丘，其年朝京师；又《文纪》曰黄初三年行幸许，又曰四年三月还洛阳宫。然京域谓洛阳，东藩即鄄城。《魏志》及诸诗序并云四年朝，此云三年，误。"此后多数学者皆赞同李善之说，但也有人坚持黄初三年说。持黄初三年说的学者中，顾农先生的考证最为细密，他说："曹丕于黄初三年四月离开洛阳去许昌，而曹植在这以前已被打发回鄄城。《洛神赋》里提到'繁霜'，是此赋作于黄初三年的早春。"⑥ 然而，"繁霜"与其说是早春的证据，不如说是早秋的证明。《三国

---

① 傅正谷：《〈洛神赋〉的梦幻辞赋史地位及当代论辩》，《社会科学辑刊》1986年第2期。
② 吴光兴：《神女归来——一个原型和〈洛神赋〉》，《文学评论》1989年第3期。
③ 王书才：《曹植〈洛神赋〉主旨臆解》，《达县高等师范专科学校学报》2005年第3期。
④ 张爱：《〈洛神赋〉"寄心君王"说质疑》，《南京师院学报》1983年第4期。
⑤ 刘玲：《曹植〈洛神赋〉与曹彰之死》，《美与时代》2009年第12期。
⑥ 顾农：《〈洛神赋〉新探》，《贵州文史丛刊》1997年第1期。

志》把"七月"称为"秋七月"。与《洛神赋》同期完成的《赠白马王彪》写道:"秋风发微凉,寒蝉鸣我侧。"既然七月有秋风有寒蝉,自然也有秋霜。另外,《洛神赋》中有"常寄心于君王"一句,宓妃将曹植称呼为"君王"。据《三国志·魏志·陈思王传》:"(黄初)三年,立为鄄城王,邑两千五百户。"又据《三国志·魏志·文帝纪》:"(黄初三年)三月乙丑,立齐公叡为平原王,帝弟鄢陵公彰等十一人皆为王。……夏四月戊申,立鄄城侯植为鄄城王。"可知,在黄初三年四月前,曹植尚不能被称为"君王"。

对照文本,传统的"感甄"说和"寄心文帝"说似有难以自圆其说之处。《洛神赋》的正文可以被分为三部分:第一部分写曹植东归,经过洛水之时,目睹岩畔丽人,于是他与御者之间进行了问答。第二部分是曹植对御者的陈述,这是《洛神赋》的主体部分。这一部分又可被分为四段:第一段写洛神仪容服饰动作之美,第二段写君王向洛神的求爱及反悔,第三段写众神出场后五彩缤纷的游戏场景,第四段写洛神含情辞别君王。第三部分写洛神消逝之后,曹植对她的思念和追寻。

首先,顺着传统的"感甄"说来阅读文本,我们会发现存在以下三处疑点:

疑点一:赋中的君王刚刚求爱成功便旋即反悔,这样的表现让人不可理解。曹植用一大段文字描绘完宓妃的美艳之后,接着写"余"与宓妃的互动:

余情悦其淑美兮,心振荡而不怡。无良媒以接欢兮,托微波而通辞。愿诚素之先达兮,解玉佩以要之。嗟佳人之信修,羌习礼而明诗。抗琼珶以和予兮,指潜渊而为期。执眷眷之款实兮,惧斯灵之我欺。感交甫之弃言兮,怅犹豫而狐疑。收和颜而静志兮，申礼防以自持。

这里的"余"——君王曹植是一个叶公好龙者。他偶遇佳人，一见钟情，为之心绪不宁，等不及找到良媒，便自己大胆向佳人求爱，送上玉佩作为信物。他告诉读者这位佳人不仅外貌昳丽，而且习礼而明诗。女神宓妃对曹植也一往情深，举琼琚以还礼，指深渊以为誓。这一番描写是合乎情理的。奇怪的事发生在此后，求爱刚刚成功，君王曹植却收起笑脸，转变立场，变为一个"申礼防以自持"的礼法之士。这种剧情的反转不符合常情常理。爱情中两个人的分手事件并不鲜见，所以有"等闲变却故人心，却道故人心易变"的感慨。但是，在求爱成功的瞬间便马上反悔则不合人之常情。不论《洛神赋》是写曹植与甄氏的爱情，还是写曹植与神女的爱情，这都是一个让人疑窦丛生的地方。

疑点二：接下来写众神歌舞游戏，似乎游离于爱情的主题之外。《洛神赋》写："众灵杂沓，命俦啸侣，或戏清流，或翔神渚，或采明珠，或拾翠羽。……"如果从爱情的角度去看，在得知曹植的反悔之后，女神应该很生气，后果应该很严重。可没有想到女神却若无其事，与众多的女神一起载歌载舞、嬉戏欢闹。这一段与爱情主题相关的只有一句话："超长吟以永慕兮，声哀厉而弥长。"目睹女神舞蹈的曹植只有一个感受："华容婀娜，令我忘餐。"曹植如同一个局外人，在观看一场盛大的演出，他对自己的反悔没有任何歉意。

疑点三：写曹植和宓妃两人的告辞时，曹植过于被动，几乎完全隐身。《洛神赋》云："（洛神）动朱唇以徐言，陈交接之大纲。恨人神之道殊兮，怨盛年之莫当。抗罗袂以掩涕兮，泪流襟之浪浪。悼良会之永绝兮，哀一逝而异乡。无微情以效爱兮，献江南之明珰。虽潜处于太阴，长寄心于君王。"这时舞台的主角是宓妃。宓妃恨人神之道殊，泣涕涟涟，表示自己会"长寄心于君王"。即使作为配角，这时的曹植似乎也应该有所表示。与宓妃的多情深情相较，我们看不到曹植与洛神之间的情感互动。

其次，再让我们顺着"寄心君王"说的观点看看此说是否有理。"寄心君王"说最大的问题在于人物关系的混乱。在儒士眼里，《洛神赋》最闪光的金句就是"长寄心于君王"六个大字，他们据此认定该赋表现了曹植对魏文帝曹丕的拳拳之心。但问题在于，《洛神赋》中是女神宓妃向"余"——君王曹植表示"长寄心于君王"，如果要说君王曹植表白忠爱魏文帝曹丕的时候，现实角色与作品角色就容易出现混乱。这时候首先需要回答的问题是，究竟谁是君王，因为现实中的君王是曹丕，而作品中的君王是曹植。显然，混乱就出现在这里。

按照习惯性思维，"神尊而人卑"，应该以神仙宓妃喻君王曹丕，以凡人曹植喻臣下"余"。何焯《义门读书记》卷四十五："植既不得于君，因济洛川作为此赋，托辞宓妃以寄心文帝，其亦屈子之志也。""神尊而人卑，喻君臣也。""'虽潜处于太阴'，太阴犹言穷阴，自言所处之幽远也。君王谓宓妃，以喻文帝。"丁晏《曹集诠评》卷二："寄心君王，托之宓妃、洛神，犹屈宋之志也。"他们正是这样理解的。按照这样的说法，女神宓妃是曹丕的化身，臣下曹植要向他效忠。但是，赋中明明写的是宓妃表白要寄心于曹植。那就是说要曹丕寄心于曹植？这是万万不可的。所以这样理解就成了一个无法解释的硬伤。

于是，就有人说女神宓妃是曹植，君王是曹丕。清人朱乾《乐府正义》卷十四："然则《洛神》一赋，乃其悲君臣之道否，哀骨肉之分离，托为神人永绝之词，潜处太阴，寄心君王，贞女之死靡他，忠臣有死无贰之志，小说家附会'感甄'，李善不知而误采之。"

潘德舆《养一斋诗话》卷二曰："子建人品甚正，志向甚远。……即《洛神》一赋，亦纯是爱君恋阙之词。其赋以朝京师，还济洛川入手，以'潜处于太阴，寄心于君王'收场，情词亦至易见矣。盖魏文性残刻而薄宗支，子建遭谗谤而多哀惧，故形于诗者非一，而此亦其类也。首陈容色以表其才，次言信修以表其德，继以狐疑为忧，终以结交为愿，岂非诗人讽托之常言哉？不解注此赋者，何以阑入甄后一事，致使忠爱之苦心，诬为禽兽之恶行。千古奇冤，莫大于此。"按照上说法，贞女洛神摇身变为曹植，曹丕则变成了君王曹植，这样就可以说通"长寄心于君王"这一句了，但又与"神尊而人卑"的传统观念发生了冲突。且这样的改动不仅不符合作品原意，反而会把读者搞得一头雾水，无所适从。

如果以上解读没有错，那么不仅传统的"感甄"说不能成立，而且所有的爱情说均不能成立；不仅所谓的"寄心文帝"说不能成立，而且所有的政治立场说均不能成立。如果说曹植在黄初四年写作的《洛神赋》既不是一出凄美的爱情绝唱，也不是一篇心系君王的表白书。那么它是什么呢？

二

结合曹植作品和相关史料，我们有理由相信，黄初四年七月写作《洛神赋》之时的曹植患有抑郁型心境障碍。现代精神医学认为：心境障碍又被称为情感性精神障碍，它是以情感或心境改变为主要临床特征的一组精神障碍。心境障碍又表现为抑郁型或躁狂型两种类型。[1] 心境障碍严重时常伴有消极自杀的观念或行动。[2] 应激性生

---

[1] 江开达主编：《精神病学》，人民卫生出版社2010年版，第142页。
[2] 同上书，第149页。

活事件是促发心境障碍的重要原因。促发心境障碍的主要应激性生活事件包括：可能危及生命的生活事件、负性生活事件（如家庭成员的突然病故和离别）、长期的不良处境（如家庭成员关系紧张）等。以上不良因素可以引起叠加致病作用。[①] 作为患者的曹植不仅具有抑郁型心境障碍症状，甚至出现过自杀意念，多种应激性生活事件的叠加是他陷入心境障碍泥潭的主要原因。

自杀，即使是自杀意念也是一个耸人听闻的词。黄初四年，曹植有自杀意念的文献证据有二：其一，《陈思王传》引《魏略》曰："初植未到关，自念有过，宜当谢帝。乃留其从官著关东，单将两三人微行，入见清河长公主，欲因主谢。而关吏以闻，帝使人逆之，不得见。太后以为自杀也，对帝泣。"知子莫若母，太后以为曹植已经自杀，并非无端猜测。其二，《陈思王传》载："（黄初）四年，徙封雍丘王。其年，朝京都。上疏曰：'臣自抱衅归藩，刻肌刻骨，追思罪戾，昼分而食，夜分而寝。诚以天罔不可重离，圣恩难可再恃。窃感《相鼠》之篇，无礼遄死之义，形影相吊，五情愧赧。以罪弃生，则违古贤"夕改"之劝，忍活苟全，则犯诗人"胡颜"之讥。'"可见"抱衅归藩"之后，曹植一直在"以罪弃生"和"忍活苟全"之间犹豫，始终没有放弃"以罪弃生"的念头。据此，我们说黄初四年的曹植一度具有自杀意念，并非厚诬古人。

毫无疑问，黄初年间（220—226）和太和年间（227—232）的曹植一直处在抑郁压抑当中。《陈思王传》："植常为琴瑟调歌，辞曰：'吁嗟此转蓬，居世何独然！长去本根逝，夙夜无休间。东西经七陌，南北越九阡，卒遇回风起，吹我入云间。自谓终天路，忽焉下沉渊。惊飙接我出，故归彼中田。当南而更北，谓东而反西，宕

[①] 江开达主编：《精神病学》，人民卫生出版社2010年版，第147页。

宕当何依，忽亡而复存。飘飘周八泽，连翩历五山，流转无恒处，谁知吾苦艰？原为中林草，秋随野火燔，糜灭岂不痛，原与根荄连。'"一棵无根的转蓬，这是曹植对自己一生命运的总结。曹植一生作品甚多，而他后期常吟常诵的却只是这一首。命运掌握在曹丕父子手中，自己只能任人宰割。曹植《迁都赋序》中言："余初封平原，转出临淄，中命鄄城，遂徙雍丘，改邑浚仪，而末将适于东阿。"《陈思王传》引孙盛曰："异哉，魏氏之封建也！不度先王之典，不思藩屏之术，违敦睦之风，背维城之义。……魏氏诸侯，陋同匹夫。"《陈思王传》曰："于是封建侯王，皆使寄地空名，而无其实。王国使有老兵百余人，以卫其国。虽有王侯之号，而乃侪与匹夫。县隔千里之外，无朝聘之仪，邻国无会同之制。诸侯游猎不得过三十里，又为设防辅监国之官以伺察之。王侯皆思为布衣而不可得。""植每欲求别见独谈，论及时政，幸冀试用，终不能得。既还，怅然绝望。时法制，待藩国既自峻迫，寮属皆贾竖下才，兵人给其残老，大数不过二百人。又植以前过，事事复减半，十一年中而三徙都，常汲汲无欢，遂发疾薨，时年四十一。"比较起来，太和年间在生活上已经有了很大的改变，且没有刀悬在头顶的恐惧感。而在黄初年间，曹植时刻有性命之忧。在中国古代历史上，有谁体验过曹植这般的痛楚？这样一种从天空跌落泥塘的感受，除了陈叔宝、李煜等亡国之君之外，应该就数到曹植了。

黄初元年到黄初四年期间，导致曹植形成抑郁型心境障碍的应激性生活事件有三：

一是曹丕对曹植的持续打压和迫害。建安时代，曹丕曹植一度都有做太子的可能性。据《陈思王传》："每进见难问，应声而对，特见宠爱。……植既以才见异，而丁仪、丁廙、杨修等为之羽翼。太祖狐疑，几为太子者数矣。而植任性而行，不自雕厉，饮酒不节。

文帝御之以术，矫情自饰，宫人左右，并为之说，故遂定为嗣。"虽然曹植未必有争做太子的想法，但曹丕认定他是自己的头号竞争对手。《陈思王传》："（建安二十四年）太祖既虑终始之变，以杨修颇有才策，而又袁氏之甥也，于是以罪诛修。植益内不自安。"曹丕即王位后，马上诛丁仪、丁廙并其男口。又诛孔桂，因为孔桂以前也曾亲附曹植。曹丕一面清除曹植党羽，一面对曹植展开正面攻击：《陈思王传》载：黄初二年，"监国谒者灌均希旨，奏植醉酒悖慢，劫胁使者。有司请治罪，帝以太后故，贬爵安乡侯"。黄初三年，"东郡太守王机、防辅吏仓辑'诬白'曹植，使之又'获罪圣朝'，遂有朝廷'百寮之典议'，曹植被'议'成'三千之首先戾'，几遭'大辟'。此是曹植黄初中所受到第二次治罪"。[①] 据曹植《黄初六年令》可知，黄初四年在雍丘"又为监官所举"。这是曹植在黄初中受到的第三次治罪。黄初四年五月朝京都时，文帝令植独处西馆，不予诏见。《魏志》裴注引《魏略》曰："会植科头负铁锧，徒跣诣阙下，帝及太后乃喜。及见之，帝犹严颜色，不与语，又不使冠履。植伏地泣涕，太后为不乐。"倘若没有太后的回护，曹植是不是会命丧黄泉？这个问题只有曹丕知道答案。曹植则如惊弓之鸟，终日战战兢兢，如履薄冰。

二是黄初四年六月，曹彰之死给曹植带来了巨大的精神创伤。曹植等诸侯王在京城期间，任城王曹彰"暴薨"。《魏氏春秋》曰："是时待遇诸国法峻。任城王暴薨，诸王既怀友于之痛。"曹植与任城王的关系不同诸王。《任城王传》裴注《魏略》曰：曹操去世后，"彰至，谓临菑侯植曰：'先王召我者，欲立汝也。'植曰：'不可。不见袁氏兄弟乎！'"《三国志·魏志·贾逵传》："时鄢陵侯彰行越

[①] 徐公持：《曹植年谱考证》，社会科学文献出版社2016年版，第295页。

骑将军，从长安来赴，问逵：'先生玺绶所在？'逵正色曰：'太子在邺，国有储副。先王玺绶，非君侯所宜问也。'"因为有以前的这些故事，曹彰的死就有了很多传说。《世说新语·尤悔》载：曹丕毒死曹彰后，"复欲害东阿，太后曰：'汝已杀我任城，不得复杀我东阿。'"此事之真假尚可探究。但曹彰"暴薨"给曹植带来的震惊是前所未有的。他在《赠白马王彪》中哭诉道："叹息亦何为，天命与我违。奈何念同生，一往形不归！孤魂翔故域，灵柩寄京师。存者忽复过，亡没身自衰。"他在为兄长哭泣，也在为自己哭泣。

三是曹植曹彪还国之时，监国使者不许二王同行，让曹植"意毒恨之"。《赠白马王彪》与《洛神赋》的写作时间最为接近。赵幼文《曹植集校注》（人民文学出版社1984年版）中《洛神赋》《赠白马王彪》被一前一后排列在一起。徐公持《曹植年谱考证》中《赠白马王彪》居前，《洛神赋》在后。徐公持先生按曰："本篇撰于黄初四年七月曹植自洛阳返雍丘途中无疑，与《赠白马王彪》同时而稍后。……《洛神赋》中流露无限孤寂，惟有'御者''仆夫'在场，并为唯一对话对象，显然其时曹彪已不在场。"[①] 因此，《赠白马王彪》是我们解读《洛神赋》的重要参考文献。《魏氏春秋》曰："植及白马王彪还国，欲同路东归，以叙隔阔之思，而监国使者不听。植发愤告离而作诗。"诗即《赠白马王彪》，序曰："黄初四年五月，白马王、任城王与余俱朝京师，会节气。到洛阳，任城王薨。至七月与白马王还国。后有司以二王归藩，道路宜异宿止。意毒恨之。盖以大别在数日，是用自剖，与王辞焉。愤而成篇。"诗中写到了对曹丕爪牙的愤怒："鸱枭鸣衡轭，豺狼当路衢；苍蝇间白黑，谗巧反亲疏。欲还绝无蹊，揽辔止踟蹰。"也写到了与曹彰的死

[①] 徐公持：《曹植年谱考证》，社会科学文献出版社2016年版，第319页。

别,还写到了与曹彪的生离:"玄黄犹能进,我思郁以纡。郁纡将何念?亲爱在离居。本图相与偕,中更不克俱。……丈夫志四海,万里犹比邻。恩爱苟不亏,在远分日亲。何必同衾帱,然后展殷勤。仓卒骨肉情,能不怀苦辛?……离别永无会,执手将何时?王其爱玉体,俱享黄发期。收泪即长涂,援笔从此辞。""离别永无会"五字透露出曹植对兄弟重逢的绝望,暗含着他对曹丕集团谋杀自己的担忧,也含有轻生的念头。这一年曹植只有三十二岁,他写"年在桑榆间,影响不能追"时,让人误以为是两位老者在告别。

被当今皇帝视为眼中钉且给予雷霆万钧般的重压,同胞兄长曹彰"暴薨",眼前与曹彪永远不会重逢的离别,正是这一切条件叠加起来,让处在惊恐万状中的曹植陷入了抑郁型心境障碍。

三

换一个角度看,《洛神赋》中的人神相恋故事乃是一个心境障碍者的精神性幻觉,是一位具有自杀意念者的隐喻文字。心境障碍主要表现为情感高涨或低落,伴有幻觉、妄想等精神病性症状。[①] 有时也会出现自杀意念。社会学家认为:"自杀意念是行为主体偶然体验到的自杀动机,对自杀产生幻想或打算自杀,但没有直接采取或实现自杀行为的外显行动。"[②] 精神幻觉是一种无意识的状态,自杀意念是一种有意识的谋划,但在精神障碍者身上两者有可能会同期出现。

黄初四年七月,曹植逃离了令人恐怖的洛阳城,一路奔波,终于来到洛水河畔。夕阳西下之时,面对滔滔洛水,曹植进入了精神

[①] 江开达主编:《精神病学》,人民卫生出版社2010年版,第142页。
[②] 李建军:《自杀研究》,社会科学文献出版社2013年版,第121页。

幻觉状态。《洛神赋》第一段写：

> 余从京域，言归东藩。背伊阙，越轘辕，经通谷，陵景山。日既西倾，车殆马烦。尔乃税驾乎蘅皋，秣驷乎芝田，容与乎阳林，流眄乎洛川。于是精移神骇，忽焉思散。俯则未察，仰以殊观。睹一丽人，于岩之畔。乃援御者而告之曰："尔有觌于彼者乎？彼何人斯？若此之艳也！"御者对曰："臣闻河洛之神，名曰宓妃。然则君王所见，无乃是乎？其状若何？臣愿闻之。"

"精移神骇，忽焉思散"八个字明确告诉我们诗人进入了幻觉状态，以下都是幻觉状态的记录。在这种迷幻状态下，他看见一位丽人立于山岩之畔，并与她有了交往。等他半醒之时，手拉御者连续追问了两个问题："尔有觌于彼者乎？彼何人斯？"既然御者说什么也没有看见，就说明所谓丽人只是曹植的幻觉。知道御者什么也没有看见，还要追问"彼何人斯"，可见曹植此时意识不清楚。曹植对丽人最鲜明的记忆只有"若此之艳"四个字。从"余告之曰"以下一直到"忽不悟其所舍，怅神宵而蔽光"，是曹植对御者的讲述。

在幻境中，宓妃不仅美貌无比，且飘忽不定、变幻莫测："翩若惊鸿，婉若游龙。""仿佛兮若轻云之蔽月，飘摇兮若流风之回雪。""践远游之文履，曳雾绡之轻裾。""忽焉纵体，以遨以嬉。""神光离合，乍阴乍阳。""体迅飞凫，飘忽若神。凌波微步，罗袜生尘。""动无常则，若危若安。"神女宓妃宛如镜中之像，水中之月，恍惚迷离，只可远观，无法接近。接着作者又描绘了一个众神出场游戏的场面：

> 尔乃众灵杂沓，命俦啸侣，或戏清流，或翔神渚，或采明

珠，或拾翠羽。从南湘之二妃，携汉滨之游女。叹匏瓜之无匹兮，咏牵牛之独处。……于是屏翳收风，川后静波。冯夷鸣鼓，女娲清歌。腾文鱼以警乘，鸣玉鸾以偕逝。六龙俨其齐首，载云车之容裔，鲸鲵踊而夹毂，水禽翔而为卫。

从一个神女的描写，转入到对一群神女的描写。洛水女神竟然与湘水女神、汉水女神一起携手游戏，她们的身后有一支神仙亲友团为之鸣鼓清歌，如此奇妙的景象只能出现在梦境或幻境。

《洛神赋》中的宓妃本来是一个不幸溺亡的女鬼，后来才变成了光彩照人的女神。在这篇赋中，宓妃乃是一位死亡女神。序中说"古人有言，斯水之神，名曰宓妃"。《文选》五臣注："翰曰：'斯水，洛水也。宓妃，伏羲氏女，溺洛水而死，遂为洛神。'"宓妃对曹植也说自己"潜处于太阴"。《文选》五臣注："济曰：太阴，鬼神道。"宓妃透露说自己长期生活在一个暗无天日的地方。当曹植接近洛水，自然会想到宓妃。在《洛神赋》中，不仅宓妃是一个溺死者，而且在传说中，"南湘之二妃"也是溺死者，鸣鼓的冯夷也是一个溺死者。一群溺水身亡者包围了曹植，让曹植惊慌失措，呆若木鸡。按照正常的生活逻辑，在宓妃接受了曹植的求爱之后，曹植不应该突然反悔。如果我们把宓妃看作一个死亡女神，曹植的反悔就很好理解了。由于生活的重压和创伤，曹植的精神濒临崩溃。他在洛水之滨时想到了自杀，他仿佛看见洛神——这个死亡女神向他走来，对他微笑，邀他共舞。他已经答应了她，他要与她同去了。这时候理智又让他清醒，他不想离开现实世界。死亡女神看见曹植的犹豫，邀请来自己的同伴在曹植面前游戏起舞，诱导他跟她们同去，享受死亡的快乐。后来，看见曹植不为所动，死亡女神只好匆匆离去。宓妃说自己会"长寄心于君王"，乃是曹植意识到死亡女神会长久地跟随自己。整个黄初年间，死亡的幽灵时刻在曹植身边盘旋俯视。这所谓的依依惜别之情，其实是曹植内心深处弃世念头的投射。

赋的结尾写道：

> 于是背下陵高，足往神留，遗情想像，顾望怀愁。冀灵体之复形，御轻舟而上溯，浮长川而忘反，思绵绵而增慕。夜耿耿而不寐，沾繁霜而至曙。命仆夫而就驾，吾将归乎东路。揽騑辔以抗策，怅盘桓而不能去。

当神女离去，如果不是幻觉，就应该想到彼此赠送过礼物，看看佩玉是否还在自己身上，自己身边是否多出了琼瑰。很明显，曹植知道宓妃只是一个幻象，刚刚经历的爱情只是一个幻境。但是在宓妃离去之后，他依然驾轻舟前去追寻，返回后又彻夜不眠，一直折腾到天亮。"夜耿耿而不寐，沾繁霜而至曙"，这一夜，曹植不是在追寻宓妃，而是徘徊在阴阳两界的边缘，他在痛苦地思考：生存还是毁灭？值得庆幸的是，经过彻夜的挣扎，最终理性战胜了非理性，曹植终于放弃了自杀意念，走上前往藩国的东路。一场精神的危机就这样过去了。

《洛神赋》中曹植的讲述可以被分为两部分，一部分是对宓妃美貌的描绘，一部分是曹植与宓妃的传奇故事。这一段讲述共778字，其中对宓妃的美貌的描写就占了352字，几乎占到了曹植述说的一半。赋中写道：

> 其形也，翩若惊鸿，婉若游龙。荣曜秋菊，华茂春松。仿佛兮若轻云之蔽月，飘摇兮若流风之回雪。远而望之，皎若太

阳升朝霞；迫而察之，灼若芙蕖出渌波。秾纤得衷，修短合度。肩若削成，腰如约素。延颈秀项，皓质呈露。芳泽无加，铅华弗御。云髻峨峨，修眉联娟。丹唇外朗，皓齿内鲜，明眸善睐，靥辅承权。瑰姿艳逸，仪静体闲。柔情绰态，媚于语言。奇服旷世，骨像应图。披罗衣之璀粲兮，珥瑶碧之华琚。戴金翠之首饰，缀明珠以耀躯。践远游之文履，曳雾绡之轻裾。微幽兰之芳蔼兮，步踟蹰于山隅。于是忽焉纵体，以遨以嬉。左倚采旄，右荫桂旗。攘皓腕于神浒兮，采湍濑之玄芝。……扬轻袿之猗靡兮，翳修袖以延伫。体迅飞凫，飘忽若神，凌波微步，罗袜生尘。动无常则，若危若安。进止难期，若往若还。转眄流精，光润玉颜。含辞未吐，气若幽兰。华容婀娜，令我忘餐。

诗人为什么要用这么多的字句去描述女神之美？只有跟随死亡女神，举身赴洛水，才能得到彻底的解脱。自从曹植在河边有了自杀意念，他已经迷恋上了死亡女神宓妃。只有把死亡女神描绘得如此摄人魂魄，才能促使曹植下决心离开这个丑恶的世界。从这里我们也可以推测曹植受到了庄子死亡观的影响。在曹植之前，还没有人去倾力描写死亡之美，只有庄子把让人惊惧恐怖的死亡描写得云淡风轻。《庄子·知北游》曰："生也死之徒，死也生之始，孰知其纪！人之生，气之聚也；聚则为生，散则为死。若死生为徒，吾又何患！故万物一也，是其所美者为神奇，其所恶者为臭腐；臭腐复化为神奇，神奇复化为臭腐。"《庄子·至乐》中不仅有妻子死后庄子"鼓盆而歌"的故事，庄子还向我们讲述了死亡之后的极度快乐：

　　庄子之楚，见空髑髅，髐然有形，撽以马捶因而问之，曰："夫子贪生失理，而为此乎？将子有亡国之事，斧钺之诛，而为此乎？将子有不善之行，愧遗父母妻子之丑，而为此乎？将子有冻馁之患，而为此乎？将子之春秋故及此乎？"于是语卒，援髑髅，枕而卧。夜半，髑髅见梦曰："子之谈者似辩士。视子所言，皆生人之累也，死则无此矣。子欲闻死之说乎？"庄子曰："然。"髑髅曰："死，无君于上，无臣于下；亦无四时之事，从然以天地为春秋，虽南面王乐，不能过也。"庄子不信，曰："吾使司命复生子形，为子骨肉肌肤，反子父母妻子闾里知识，子欲之乎？"髑髅深矉蹙额曰："吾安能弃南面王乐而复为人间之劳乎！"

在庄子的笔下，死亡是自然的也是快乐的，死亡是一种陶醉和解脱。曹植继承了庄子的死亡意识，在此赋中他把死亡之神描绘成一位绝世的女子，他礼赞宓妃、追寻宓妃、渴望宓妃，都是在歌颂死亡。死亡的世界里没有君臣，没有俗务，只有相爱的女神陪伴在自己左右。只有死亡才可以彻底摆脱这个残暴而无处不在的皇帝，才可以告别这个冰冷而丑恶的社会。庄子可以笑对死亡，他也勘破了人间世，但他不会去主动选择自杀。从这个角度看，庄子思想启发曹植塑造出了死亡女神宓妃的动人形象，也让他最终拒绝了死亡女神之吻。

自杀意念多具有一定的隐蔽性。曹植也不想把自己的自杀意念公之于众，所以他在《洛神赋》中主动采用了隐喻方式。瞿蜕园先生解读序中的"黄初三年"时说："似乎作者有意不写真实年代，以表明所写的是寓言而不是事实。"[①]《洛神赋》序还说："感宋玉对楚王神女之事，遂作斯赋。"宋玉之赋只是一个梦境，他写楚王与神女

---

① 瞿蜕园选注：《汉魏六朝赋选》，上海古籍出版社1979年版，第64页。

的故事时采用代言体；而曹植写自己与神女的故事是一个幻象，且采用了自言体。按照我们上面的解读推测，作者这样说意欲借用楚王之梦来隐藏自己的真实意图，以扰乱读者的视听。自杀也好，自杀意念也好，对于最终没有投水自杀的曹植而言，毕竟不是什么好事，不能去大力张扬。同时，作为具有"八斗之才"的曹植，他也不想让自己的苦闷烂在肚子里，就像什么都没有发生过一样，于是他采用了隐喻的方式描绘了自己在洛水河畔的精神挣扎。在曹植的一生中，那是一个与死亡女神擦肩而过的黄昏，让他终身难忘。

在阅读《洛神赋》文本时，不难发现传统的"感甄"说和"寄心君王"说皆有难以自圆其说的地方。从现代精神医学的视角看，黄初四年七月，遭受了巨大心灵创伤的曹植患有抑郁型心境障碍。在离开洛阳前往鄄城的途中，经过洛水之滨时，他有过一次精神幻觉体验，甚至还出现过举身赴河水的意念。如此来看，所谓宓妃，不是甄后的象征，而是死亡女神的代称。曹植用千古名作《洛神赋》记录下了自己在痛苦巅峰时的心路历程。

（作者单位：清华大学人文学院）

惊鸿瞥过游龙去，虚恼陈王一事无
——"感甄故事"与"感甄说"证伪

范子烨

曹植（192—232）的《洛神赋》作为我国文学史上一篇璀璨的华章，一直受到人们的推重，对我国的古典绘画艺术史和书法艺术史也产生了深刻的影响，而曹子建那惊风泣鬼的文学天赋和屈原（前340？—前278？）式的浪漫气质在作品中得以尽情地挥洒，它几乎成为一代诗神曹子建的代名词。尤其是诗人成功塑造的那位超世绝俗的将人性美与神性美集于一身的宓妃形象，仿佛是西方的阿芙洛狄忒（Aphrodite）在东方的洛水之滨冉冉地升起，其深厚的诗学意蕴和奇幻的美学情调，千载以下，仍然令人涵咏不尽，回味无穷。众所周知，关于这篇作品的创作背景，有一个颇为流行的"感甄故事"，"感甄说"即由此产生。本文试图借助西方后解构主义学派的"互文性"理论，运用历史分析的方法，并借鉴时贤的《文选》学研究成果，以充分揭示"感甄故事"的本质，彻底驱散"感甄说"的烟雾。

一

《文选》卷十九《洛神赋》李善（630？—689）注引《记》曰：

魏东阿王汉末求甄逸女,既不遂,太祖回与五官中郎将,植殊不平。昼思夜想,废寝与食。黄初中入朝,帝示植甄后玉镂金带枕,植见之,不觉泣。时已为郭后谗死。帝意亦寻悟。因令太子留宴饮,仍以枕赉植。植还,度辕辕。少许时,将息洛水上,思甄后。忽见女来,自云:"我本托心君王,其心不遂,此枕是在我家时从嫁前与五官中郎将,今与君王。遂用荐枕席,欢情交集,岂常辞能具?为郭后以糠塞口,今被发,羞将此形貌重睹君王尔。"言讫,遂不复见所在。遣人献珠于王,王答以玉珮,悲喜不能自胜,遂作《感甄赋》。后明帝见之,改为《洛神赋》。①

从古至今,很多人都笃信这篇《记》(以下称之为"《感甄记》"),视之为历史事实。如明王世贞(1526—1590)《艺苑卮言》卷三称《洛神赋》"始名《感甄》",②而在1943年,郭沫若(1892—1978)写了《论曹植》一文,将"感甄故事"当作史实大加张扬,他指出:"这所谓《记》不知道究竟是什么书。托梦荐枕,献珠报佩云云,确实是怪诞,不近情理。但子建对这位比自己大十岁的嫂子曾经发生过爱慕的情绪,大约是无可否认的事实吧。不然,何以会无中生有地传出这样的'佳话'?甄后何以又遭谗而死,而丕与植兄弟之间竟始终是那样隔阂?魏晋时代的新人物对于男女关系并不如其前代人或后代人所看的那么严重。例如曹丕为太子时'尝请诸文学,酒酣坐欢,命夫人甄氏出拜。坐中众人咸伏,而桢独平视'。这足见曹丕、刘桢都相当浪漫。刘桢的态度在曹丕倒满不在乎,却恼了做阿翁的曹操,以桢不敬,几乎处死了他。又如再

---

① 《文选》胡刻本,中华书局1977年版,第269—270页。
② 丁福保:《历代诗话续编》中册,中华书局1983年版,第989页。

后一辈的阮籍便坦然与嫂话别,醉卧于当炉的美貌邻妇侧而不自嫌。那么,子建要思慕甄后,以甄后为他《洛神赋》的模特儿,我看应该也是情理中的事。然而道学先生们却一定要替他洗刷,洗刷,洗刷,而加以根本的否认。"[1] 此后,虽然遵从"感甄说"并据以立论者不乏其人,[2] 但《文选》学研究者大都视之为谬说,所以,我们很有必要从新的视角出发并综合各方面意见重新对此加以审查。

从文本的生成机制入手,便可看清《感甄记》的真实面目。细审这篇粗陋的叙事文字,可以发现它明显具有套改《洛神赋》原作的痕迹,我们试对比以下语句:

1. 黄初中入朝(《记》)/黄初三年,余朝京师,还济洛川(《赋》)

2. 昼思夜想,废寝与食(《记》)/夜耿耿而不寐,霑繁霜而至曙(《赋》)

3. 植还,度辕辕(《记》)/背伊阙,越辕辕(《赋》)

4. 少许时,将息洛水上,思甄后。忽见女来(《记》)/臣闻河洛之神,名曰宓妃,然则君王所见,无乃是乎(《赋》)

5. 我本托心君王(《记》)/虽潜处于太阴,长寄心于君王(《赋》)

6. 羞将此形貌重睹君王尔(《记》)/冀灵体之复形(《赋》)

7. 言讫,遂不复见所在(《记》)/忽不悟其所舍,怅神宵而蔽光(《赋》)

8. 遣人献珠于王,王答以玉珮(《记》)/原诚素之先达兮,解玉佩以要之。……无微情以效爱兮,献江南之明珰(《赋》)

---

[1] 载《历史人物》,《郭沫若文集》第十二卷,人民文学出版社 1959 年版,第 447 页。
[2] 如刘玉新《曹植散论》三《〈洛神赋〉寓意管窥——兼谈曹植与甄后的暧昧关系》,华夏文化出版社 2008 年版,第 49—61 页;木斋《古诗十九首与建安诗歌研究》,人民出版社 2009 年版,第 174—179、240—247 页。

以上情况足以表明在这一《记》、一《赋》之间明显存在"互文性"（intertualité，intertextuality）关系。所谓"互文性"，又叫"文本间性"，按照西方后结构主义学派的理论，"互文性"是指任何一个单独的文本都是不自足的，它的意义在与其他文本交互参照、交互指涉的过程中产生。因此，任何文本都是一种互文，都是对其他文本的吸收与转化，这种被吸收与转化的文本被称为"底文"（soustexte，也就是"文下之文"，又称"互文本"）。[①] 著名的叙事学家杰拉尔德·普林斯（Gerald Prince）在其《叙事学词典》中对"互文性"下了一个较为清楚易懂的定义："一个确定的文本与它所引用、改写、吸收、扩展或在总体上加以改造的其他文本之间的关系，并且依据这种关系才可能理解这个文本。"[②]《洛神赋》正是《感甄记》的"底文"。没有《洛神赋》那些语句作为"底文"嵌入作品，也就不会生成《感甄记》的文本。这种文本生成机制足以表明《感甄记》确实出于后人之手。

正如论者所言，《洛神赋》情节的现实化倾向虽然在东晋顾恺之（348—409）的《洛神赋图卷》中就已经初露端倪，但依据现有的材料，"感甄故事"在中唐时代才开始广泛流行，[③] 如唐元稹（779—831）《代曲江老人百韵》诗："班女恩移赵，思王赋感甄。辉光随顾步，生死属摇唇。"[④] 至晚唐时代，著名诗人李商隐（812？或813？—858？）尤为津津乐道：

[①] 参见［法］蒂费纳·萨莫瓦约（Tiphaine Samoyault）《互文性研究》，邵炜译，天津人民出版社2003年版，第85、30—31页。
[②] 转引自程锡麟《互文性理论概述》，《外国文学研究》1996年第1期。
[③] 傅刚：《曹植与甄妃的学术公案——〈文选洛神赋〉李善注辨》，《中国典籍与文化》2010年第1期。
[④]《全唐诗》卷四百五，第12册，中华书局1960年版，第4517页。

贾氏窥帘韩掾少，宓妃留枕魏王才。(《无题四首》其二)①

　　宓妃愁坐芝田馆，用尽陈王八斗才。(《可叹》)②

　　通谷阳林不见人，我来遗恨古时春。宓妃漫结无穷恨，不为君王杀灌均。(《涉洛川》)③

　　君王不得为天子，半为当时赋洛神。(《东阿王》)④

裴铏（约公元860年前后在世）是晚唐时代的传奇作家，《传奇》是他创作的一部著名的传奇小说集：

　　裴铏《传奇》曰："陈思王《洛神赋》，乃思甄后作也。"然无可疑。……李商隐诗再三言之……商隐《代魏宫私赠》诗先于其下注曰："黄初二年，已隔存没，追代其意，何必同时，亦广《子夜吴歌》之流变。"诗曰："来时西馆阻佳期，去后漳河隔梦思。知有宓妃无限意，春松秋菊可同时？"仆意李义山最号知书，意必有所据耳。⑤

又宋王铚（公元1130—1134年前后在世）《默记》卷下。宋李昉（925—996）等编的《太平广记》卷三百一十一著录的传奇小说《萧旷》则是"感甄故事"的新变：

---

① 刘学锴、余恕诚：《李商隐诗歌集解》第五册，中华书局1988年版，第1467页。
② 同上书，第1737页。
③ 刘学锴、余恕诚：《李商隐诗歌集解》第四册，中华书局1988年版，第1828页。
④ 同上书，第1824页。
⑤ 《文渊阁四库全书》第1038册，台湾商务印书馆1986年版，第360—361页。李商隐还有一首《代元城吴令暗为答》诗："背阙归藩路欲分，水边风日半西曛。荆王枕上元无梦，莫枉阳台一片云。"见刘学锴、余恕诚《李商隐诗歌集解》第五册，中华书局1988年版，第1819页。此诗即是《代魏宫私赠》之答诗。李义山以一人之笔代古人赠答，足见其对"感甄故事"的痴迷。

太和中，处士萧旷自洛东游，至孝义馆，夜憩于双美亭。时月朗风清，旷善琴，遂取琴弹之。夜半，调甚苦。俄闻洛水之上有长叹者，渐相逼，乃一美人。旷因舍琴而揖之曰："彼何人斯？"女曰："洛浦神女也。昔陈思王有赋，子不忆耶？"旷曰："然。"旷又问曰："或闻洛神即甄皇后谢世，陈思王遇其魄于洛滨，遂为《感甄赋》。后觉事之不正，改为《洛神赋》，托意于宓妃，有之乎？"女曰："妾即甄后也，为慕陈思王之才调，文帝怒而幽死。后精魄遇王洛水之上，叙其冤抑，因感而赋之。觉事不典，易其题，乃不谬矣。"……①

在这篇作品之后，有附注曰："出《传记》，明抄本作出《传奇》。"而明陆楫（1515—1552）编《古今说海》卷二十二则题为《洛神传》，②它与《洛神赋》和《感甄记》均构成了一种互文性的关系。显而易见，唐宋时代的传奇作家已经明显表现出将"感甄故事"扩大化的倾向。当然，这种文学创作中的扩大化再生产是我国文学史中的常见现象。如元稹（779—831）的《莺莺传》，王实甫（1260—1336）的《西厢记》和董解元（生卒年不详）的《西厢诸宫调》，其间的"互文性"关系莫不如此，所以我们很容易发现其语言、情节的相似性。令人诧异的是，这篇传奇中的"洛浦神女"似乎有点"傻"，因为故事中的男主人公萧旷所说的"彼何人斯"一句话，本身就出自《洛神赋》，既然如此，"洛浦神女"就不该以"昔陈思王有赋，子不忆耶"的话语反问萧旷。故事编得不圆，且原谅古人一回。就本质而言，上述两种"感甄故事"文本的出现，实际上显示了曹氏人物以及《洛神赋》在唐代的传奇化倾向，在"互文性"的文学建

---

① 《太平广记》第七册，中华书局1961年版，第2459—2461页。
② 《文渊阁四库全书》第885册，第379—381页。

构中,《洛神赋》为唐代小说家的传奇重写提供了一个创作蓝本。因此,尽管我们不能完全抹杀《感甄记》的文学价值,但可以肯定,这篇作品的叙述并不具有历史真实性。

甄氏《塘上行》① 与曹植《浮萍篇》② 的"互文性"关系也足以证明这一点。就考察曹植与甄氏的关系而言,这两首乐府诗乃是最为关键的材料。古代学者大都认为后者是对前者的模拟,如王世贞《艺苑卮言》卷三称子建"以《蒲生》当其《塘上》",而在《塘上行》诗题下,清吴兆宜(公元1672年前后在世)注称曹植《浮萍篇》本于《塘上行》,③ 朱乾《乐府正义》卷七也说:"《蒲生行浮萍篇》,此拟甄后作也。篇中绝无感甄意,则感甄之说荒矣。"④ 据宋郭茂倩(公元1084年前后在世)《乐府诗集》卷三十五,《浮萍篇》本名《蒲生行浮萍篇》,属于相和歌辞。⑤《乐府诗集》卷三十五著录《塘上行》三首,第一首题为魏武帝所作,凡五解,晋乐所奏,在此诗下,有注引清朱乾(生卒年不详)《乐府正义》:"凡魏武乐府诸诗皆借题寓意,于己必有所为,而《蒲生篇》则但为弃妇之词,与魏武无当也,知其非魏武作矣。"朱氏的观点是正确的。⑥ 第二首题为乐府本辞,郭茂倩解题引《邺都故事》曰:"魏文帝甄皇后,中山无极人。袁绍据邺,与中子熙娶后为妻。后太祖破绍,文帝时为太子,遂以后为夫人。后为郭皇后所潜,文帝赐死后宫。临

---

① (南朝陈)徐陵编,吴兆宜注,穆克宏点校:《玉台新咏笺注》卷二,中华书局1985年版,上册,第56页。
② 同上书,第65页。
③ 同上书,第56—57页。
④ 转引自河北师范学院中文系古典文学教研组编《三曹资料汇编》,中华书局1980年版,第197页。
⑤ 《乐府诗集》,余冠英等校点,第二册,中华书局1979年版,第524页。
⑥ 明许学夷(1563—1633)《诗源辨体》卷四第15条:"甄后乐府五言《塘上行》,情思缠绵,从肺腑中流出,与文君《白头吟》媲美。或以为孟德作,何耶?"人民文学出版社1987年版,第76页。

终为诗曰:'蒲生我池中……。'"又引《歌录》:"《塘上行》,古辞。或云甄皇后造。"以及唐吴兢(670—749)《乐府解题》:"前志云:晋乐奏魏武帝《蒲生篇》,而诸集录皆言其词文帝甄后所作,叹以逸诉见弃,犹幸得新好,不遗故恶焉。"①《塘上行》一诗惓惓于君王,情思缠绵悱恻,字字从肺腑中流出,其语气非常契合甄皇后的口吻。《蒲生行浮萍篇》和《塘上行》都属于歌行体,故就诗体特征和音乐特征而言,这两首诗也具有对应性。《塘上行》和《浮萍篇》都是24句,每6句为一节,我们试将二诗拆分,加以比较,以表明其相同的结构并非偶然的巧合:

1. 蒲生我池中,其叶何离离。傍能行仁义,莫若妾自知。众口铄黄金,使君生别离。(《塘上行》)/浮萍寄清水,随风东西流。结发辞严亲,来为君子仇。恪勤在朝夕,无端获罪尤。(《浮萍篇》)②

子烨案:二诗皆以水中植物起兴,咏叹无端获罪、远离夫君的悲怨,这六句在其各自所属的诗中,都是统摄全篇的总纲。清宋长白(生卒年不详)已经明确指出这两首诗具有互文性关系:"甄逸女将终,作《塘上行》曰:'蒲生我池中……'子建伤之,作《蒲生行·浮萍篇》曰:'浮萍寄清水,……。'即用其语以命题。不待遗枕之赏而始赋《洛神》也。十年三徙,较诸择枣而唼,尚有斯文一脉在,西堂判日,曹丕降为庶民,甄氏却归子建,地下袁熙当破涕为笑矣。"③换言之,子建这首诗的诗题即来自甄氏《塘上行》的首句,

---

① 《乐府诗集》,余冠英等校点,第二册,中华书局1979年版,第521—523页。
② 木斋:《古诗十九首与建安诗歌研究》,人民出版社2009年版,第241页。
③ 《柳亭诗话》卷五"蒲萍"条,《续修四库全书》第1700册,第156页。

而《塘上行》"众口"二句和《浮萍篇》"恪勤"二句，都是指甄氏无端被郭后谗害之事。①

2. 念君去我时，独愁常苦悲。想见君颜色，感结伤心脾。念君常苦悲，夜夜不能寐。(《塘上行》)／在昔蒙恩惠，和乐如瑟琴。何意今摧颓，旷若商与参。茱萸自有芳，不若桂与兰。(《浮萍篇》)

子烨案：二诗皆表达思君之情，《塘上行》言情直率，《浮萍篇》抒情委婉。

3. 莫以豪贤故，弃捐素所爱。莫以鱼肉贱，弃捐葱与薤。莫以麻枲贱，弃捐菅与蒯。(《塘上行》)／新人虽可爱，无若故所欢。行云有反期，君恩倘中还？慊慊仰天叹，愁心将何愬？(《浮萍篇》)

子烨案：二诗皆言新人不如旧人，对夫君反复讽劝，希望君恩重还，和乐如初。

4. 出亦复苦愁，入亦复苦愁。边地多悲风，树木何修修。从君致独乐，延年寿千秋。(《塘上行》)／日月不恒处，人生忽若寓。悲风来入帷，泪下如垂露。散箧造新衣，裁缝纨与素。(《浮萍篇》)

---

① 关于甄氏之死，《三国志》卷五《魏志·后妃传》载："黄初元年十月，帝践阼。践阼之后，山阳公奉二女以嫔于魏，郭后、李、阴贵人并爱幸，后愈失意，有怨言。帝大怒，二年六月，遣使赐死，葬于邺。"《三国志》第一册，中华书局1959年版，第160页。

子烨案：二诗皆感叹人生的短暂，极言人生的愁苦，而在漠漠的悲愁中，又满怀希望，在衰飒的悲风里，或祝愿夫君长寿千秋，或为夫君缝制新衣，一片怨而不怒的缅邈深情，荡漾在字里行间。通过以上分析可以看出，《塘上行》与《浮萍篇》具有互文性关系，后者是对前者的模仿，而前者正是后者的"底文"。这种文本生成机制足以表明：《浮萍篇》所刻画的女性主人公就是《塘上行》的抒情主人公——甄氏本人，换言之，《浮萍篇》乃是对甄氏人生命运的暗写。如此看来，"感甄说"确实要"荒"了。同时，以上的"互文性"分析，也足以证实《塘上行》乃是甄氏的作品，[①] 她作为建安时代的诗人，也应该在文学史上占有一席之地。

曹植的《浮萍篇》对甄氏人生命运的暗写并不是孤立的文学现象。他的《野田黄雀行》[②] 和《白马篇》[③] 可以为他这种建立在"互文性"文学建构基础上的暗写艺术提供有力的旁证。建安二十五年（公元220年）二月，曹操（155—220）葬高陵，曹丕（187—226）继承王位，随即诛杀子建的挚友丁仪（？—220）、丁廙（？—220）兄弟及其男性家属。[④]《魏志·陈思王植传》裴注引《魏略》："太祖既有意欲立植，而仪又共赞之。及太子立，欲治仪罪，转仪为右刺奸掾，欲仪自裁而仪不能。乃对中领军夏侯尚叩头求哀，尚为涕泣而不能救。后遂因职事收付狱，杀之。"[⑤] 曹植在《野田黄雀行》一诗中委婉地叙述了这一人间惨剧：

---

① 关于此诗的作者，除了甄氏和魏武帝外，尚有魏文帝一说，见吴兆宜《塘上行》诗解题，《玉台新咏笺注》卷二，上册，第56页；逯钦立《魏诗》卷四，《先秦汉魏晋南北朝诗》上册，中华书局1983年版，第406—407页。
② 逯钦立：《魏诗》卷六，《先秦汉魏晋南北朝诗》上册，第425页。
③ 《文选》胡刻本卷二十七，第392页。
④ 《三国志》卷十九《魏志·陈思王植传》："植既以才见异，而丁仪、丁廙、杨修等为之羽翼。太祖狐疑，几为太子者数矣。……文帝即王位，诛丁仪、丁廙并其男口。植与诸侯并就国。"《三国志》第二册，第561页。
⑤ 同上书，第561—562页。

高树多悲风，海水扬其波。利剑不在掌，结友何须多！不见篱间雀，见鹞自投罗。罗家得雀喜，少年见雀悲。拔剑捎罗网，黄雀得飞飞。飞飞摩苍天，来下谢少年。

对这首诗，黄节（1873—1935）注曰："诗中篱间雀，疑即指仪；少年，疑即指尚。当仪之求哀于尚，而尚涕泣，犹少年之悲雀也。植为此篇，当在收仪付狱之前，深望尚之能救仪，如少年之救雀也。"黄氏又引朱乾之语："自悲友朋在难，无力援救而作。风波以喻险恶，利剑以喻济难之权。"① 这些解释都是非常中肯的。而《白马篇》的创作原型则是曹彰（？—223），此事由徐公持发明之，通过《白马篇》与《魏志·任城王传》的"相互印证"，他指出："此诗的创作原型确实存在的，他就是曹植的亲兄弟——曹彰。……应当说，《白马篇》全诗的内容基本上都包含在曹彰传里了，若把'幽并游侠儿'换成曹彰的名字，此诗也能够读通。曹植只是为了某种原因，不便直写曹彰，把他的名字隐匿了，化之以'幽并游侠儿'。……在曹操的诸多公子中，曹植人缘颇好。不过与他最相知的就属曹彰。史载曹操临终时曾驿召彰，彰自长安驰赴洛阳，未至而操已崩。后彰谓植曰：'先王召我者，欲立汝也。'……清楚地显示了在曹植与曹丕的夺宗斗争中，曹彰是站在曹植一边的，他们间的关系非比寻常。曹植写首诗颂扬一下他的战功，原无足怪。若再考虑到曹彰此次北征，在当时确实影响很大，还曾得到曹操本人的夸奖，说'黄须儿竟大奇也'，那么此诗之作，就更是平常事了。"② 徐氏的论析是相当精彩的。《浮萍篇》也正是以暗写的方式表达对嫂子甄氏的悲剧人生的深沉咏叹。

---

① 《曹子建诗注》卷二，《黄节注汉魏六朝诗六种》，人民文学出版社2008年版，第425页。
② 徐公持：《曹植诗歌的写作年代问题》，载《文史》第六辑，中华书局1979年版，第147—160页。

二

"感甄故事"并不具有历史真实性,我们还可以在以下两个方面求得证明。

首先,《感甄记》叙述的故事,在我国中古时代的文献中绝无任何记载,不但直接的记载没有,间接的反映也没有。尤其是陈寿(233—297)的《三国志》和裴松之(372—451)的注,前者成书于西晋时代,后者成书于刘宋时代,竟然无一言涉及此事,这是最值得关注的情况。然而,《三国志》卷二十九《方技传》所载:

> 帝复问曰:"我昨夜梦青气自地属天。"宣对曰:"天下当有贵女子冤死。"是时,帝已遣使赐甄后玺书,闻宣言而悔之,遣人追使者不及。帝复问曰:"吾梦摩钱文,欲令灭而更愈明,此何谓邪?"宣怅然不对。帝重问之,宣对曰:"此自陛下家事,虽意欲尔而太后不听,是以文欲灭而明耳。"时帝欲治弟植之罪,逼于太后,但加贬爵。[①]

却足以表明曹丕欲治曹植之罪,实与甄氏无关,否则,来自太后的压力就不会起到保护曹植的作用,曹植必死无疑。甄氏比曹植大10岁,在建安九年(204年)八月她嫁给曹丕的时候,曹植还是一个13岁的孩子,[②] 所以"魏东阿王汉末求甄逸女"的说法实在荒唐可笑。而后来曹丕、曹植为争立太子的问题,关系一直很紧张;尤其是在曹操去世,曹丕称帝以后,曹植过着囚徒般的日子,一直被地

[①] 《三国志》第三册,第810—811页。
[②] 张可礼:《三曹年谱》,齐鲁书社1983年版,第84—87页。

方官吏监管，乃至缺衣少食，病弱不堪，其保全生命尚且有赖于母亲卞氏的呵护，如《世说新语·尤悔》第 1 条所载：

> 魏文帝忌弟任城王骁壮。因在卞太后合共围棋，并啖枣，文帝以毒置诸枣蒂中。自选可食者而进，王弗悟，遂杂进之。既中毒，太后索水救之。帝预敕左右毁瓶罐，太后徒跣趋井，无以汲。须臾，遂卒。复欲害东阿，太后曰："汝已杀我任城，不得复杀我东阿！"①

在这种情形之下，如何开展叔、嫂恋？又怎敢将"叔嫂隐情"写入诗赋授人以柄？曹丕的文学成就虽然与曹植有差距，但也是一代文学名家，有什么文章信息他读不懂？所以，宋刘克庄（1187—1269）《后村诗话》前集卷一指出："《洛神赋》，子建寓言也。好事者乃造甄后事以实之，使果有之，当见诛于黄初之朝矣。唐彦谦曰：'惊鸿瞥过游龙去，虚恼陈王一事无。'似为子建分疏者。"② 清潘德舆（1785—1839）《养一斋诗话》卷二也指出："子桓日夜欲杀其弟，而子建乃敢为'感甄'赋乎？甄死，子桓乃又以枕赐其弟乎？揆之情事，断无此理。"③ 朱乾《乐府正义》卷十四更鲜明地指出："按《文选·洛神赋》注载子建感甄事，极为荒谬。……袁熙之妻也，思王求之，五官中郎将求之，然犹曰'名分未定也'，迨名分既定，则俨然文帝之妃，明帝之母也，而子建犹眷眷不忘；子建在当日亦以文章自命者，奚丧心至此？且文帝独非人情乎，何为而赉以甄后之

---

① 余嘉锡：《世说新语笺疏》，中华书局 1983 年版，第 895 页。
② 中华书局 1983 年版，第 11 页。刘氏所引唐彦谦（？—893？）诗乃唐氏《洛神》的末二句，其首二句为："人世仙家本自殊，何须相见向中途。"《全唐诗》卷六百七十二，第 20 册，第 7685 页。
③ 郭绍虞编选：《清诗话续编》第四册，上海古籍出版社 1983 年版，第 2026 页。

枕,及《洛神赋》成,居然敢以'感甄'为名?……庶人之家,污其妻与母,死必报;岂有污其兄之妻而其兄晏然,污其兄子之母而兄子晏然,况身为帝王者乎?"① 这些意见也都是非常中肯的。

其次,从《文选》的版本系统看,《感甄记》的出现也颇为蹊跷。这篇文献只见于南宋淳熙八年(公元1181年)尤袤(1127—1194)刊本李善注《文选》,六臣注本系统的《文选》均无此文。查检日本足利学校藏宋刊明州本六臣注《文选》卷一九《洛神赋》,在曹子建名下有这样一段文字:"翰曰:魏曹植字子建,魏武帝第三子也。初封东阿王,后改封雍丘王。死,谥曰陈思王。洛神,谓伏羲氏之女溺于洛水为神也。植有所感,托而赋焉。"在这段注文下,还有三个小字:"善注同。"② 意思是说,李善的注与此相同,而并未提到《感甄记》。韩国奎章阁本《文选》也显示了相同的情况。③但涵芬楼所藏宋刊本《六臣注文选》无此三字,④ 而仅有"翰曰"云云。"翰曰"的"翰"是唐人李周翰(生卒年不详),他是唐代注释《文选》的"五臣"之一。这种情况表明,李善的《文选注》本来没有这篇《记》,是后人传刻《文选》时增添上去的。清胡克家(1758—1817)《文选考异》卷四"《洛神赋》"条指出:"此二百七字袁本、茶陵本无,案,二本是也。此因世传小说有《感甄记》,或以载于简中,而尤延之误取之耳。何尝驳此说之妄。今据袁本、茶陵本考之,盖实非善注。又案,后注中'此言微感甄后之情',当亦有误字也。"⑤ 胡氏所说的《感甄记》见于明陈耀

---

① 河北师范学院中文系古典文学教研组编:《三曹资料汇编》,中华书局1980年版,第203页。
② 《文选》,人民文学出版社2008年影印版,第289页。
③ 参见王晓东《中古小说家眼中的〈洛神赋〉》,赵昌智、顾农主编《第八届文选学国际学术研讨会论文集》,广陵书社2010年版,第27—31页。本文征引王晓东的观点,均见此文。
④ 《文选》上册,中华书局1987年版,第353页。
⑤ 《文选》胡刻本,第905页。

文（约 1522—1619 年）《天中记》卷二十一，① 应当是依据掺入李善注的《记》辑录的。而这篇《记》混入李善注，也并非尤袤造成的结果，因为正如王晓东所言，宋人姚宽（1105—1162）在《西溪丛语》卷上已经转引了这段文字，当时尤袤刊本《文选》尚未面世。姚宽还指出，《洛神赋》"怨盛年之莫当"，此句下有李善注："盛年，谓少壮之时不能得当君王之意。此言微感甄后之情。"② 而余才林则指出，这一段注语见于现存《文选》各本。③ 宋人喜欢在书上写批语，这段话可能就是宋人的批语被刻工误刻入书的，类似的例证在日本金泽文库所藏南宋刻本《世说新语》中有很多。④ 王晓东也指出："《文选》尤刻本的李善注文，时有后代读者批注窜入的现象存在。如卷 16《闲居赋并序》作者潘安仁下注曰'晋武帝时人也'六字，就显然不是李善的注释。因为按照李善注的体例，对于同一个作家，如果前文已经注释，后文就不会重复作注。……现存《文选·洛神赋》李善注中，作者下'《记》曰云云'和文中'此言微感甄后之情'之注文，似亦当作如是观。"他的解释是非常准确的。此外，《感甄记》的出现不符合李善注《文选》的通例。王晓东指出："《洛神赋》作者曹子建下引《记》曰云云，与李注体例明显不合。通观《文选》李注，对于首次出现的作者，李善往往引录史乘，予以介绍。而《洛神赋》正是《文选》收录曹子建的第一篇作品，李善怎么会违背自己的注释体例，不去介绍作者，反而征引《感甄记》，揣度作品的创作意图呢？"随后，他又举出奎章阁本《六臣注文选》（参见上文）以说明"个中缘由"，

---

① 《文渊阁四库全书》第 965 册，第 935 页。
② 《文渊阁四库全书》第 850 册，第 917 页。
③ 余才林：《〈感甄记〉探源》，载《文学遗产》2009 年第 1 期。
④ 参见拙著《〈世说新语〉研究》第五章《宋人删改〈世说新语〉问题考论》，黑龙江教育出版社 1998 年版，第 145—206 页。

其立论亦坚实可信。①

　　以上多方面情况结合在一起，形成了一个关于"感甄故事"和"感甄说"问题的完整的证据链。因此，如果将《感甄记》的叙述视为史实，实际上就无异于将《三国演义》的描写视为史实，李义山一类的诗人可以如此，我们却不可以如此，治中古之学者，必须深明这一点。所以，我们今天研究、评价曹植和甄氏，也就不能以《感甄记》作为历史依据，这就像我们研究三国史不能以《三国演义》作为历史依据一样。曹植的人生之舟本来就承载了太多的苦难。建安二十二年（公元217年），曹植的长女金瓠死亡，妻子崔氏因偶尔穿衣不当被曹操赐死；建安二十三年（公元218年），侄子仲雍、曹整死亡；建安二十四年（公元219年），女儿行女、弟弟曹均死亡；建安二十五年（公元220年），父亲曹操病逝；不久，又有一子死亡；② 黄初二年（公元221年），嫂子甄氏被冤杀；③ 太和四年（公元230年），母亲卞氏去世。④ 这一切都是曹植的人生不幸，对他的心灵都有极大的影响，所以我们在他的文学世界里经常可以听到痛失亲人的悲声，包括对曹丕的深切哀悼。⑤ 然而对这一切，"感甄故事"的创造者和"感甄说"的尊奉者似乎都是视而不见的。其实，对曹植而言，甄氏是他的亲人，而不是情人，和当时的许多皇亲国戚一样，她对这位美丽、贤德的嫂子非常尊重，也非常喜欢，子建《浮萍篇》与甄氏《塘上行》的互文性关系足以表明这一点；由此我们可以推测，甄氏对曹植的才华也可能非常欣赏。他们之间的关

---

　　① 当然，宋人将唐传奇《感甄记》的文本刻入李善《文选注》，也与书商的牟利意图密不可分，因为增加了图书的趣味性，无疑会促进图书的销量，从而可以获得更为丰厚的利润。
　　② 参见李洪亮《曹植家庭变故考论》，载《文学遗产》2011年第4期。
　　③ 张可礼：《三曹年谱》，齐鲁书社1983年版，第186页。
　　④ 同上书，第222页。
　　⑤ 曹植曾作：《文帝诔》，见清严可均《全三国文》卷十八，《全上古三代秦汉三国六朝文》第二册，中华书局1958年版，第1156页。

系至多如此。潘德舆指出:"子建人品甚正,志向甚远,观其《答杨德祖书》,不以翰墨为勋绩,词赋为君子;《求通亲亲表》、《求自试表》,仁心劲气,都可想见。即《洛神》一赋,亦纯是爱君恋阙之词。其赋以'朝京师,还济洛川'入手,以'潜处于太阴,寄心于君王'收场,情词亦至易见矣。盖魏文性残刻而薄宗支,子建遭谗谤而多哀惧,故形于诗者非一,而此亦相类也。首陈容色以表其才,次言信修以表其德,继以狐疑为忧,终以交结为愿,岂非诗人讽托之常言哉?不解注此赋者,何以阑入甄后一事,致使忠爱之苦心,诬为禽兽之恶行,千古奇冤,莫大于此。"[1] 清方东树(1772—1851)也指出:"陈思天质既高,抗怀忠义,又深以学问,遭遇阅历,操心虑患,故发言忠悃,不诡于道。情至之语,千载下尤为感激悲涕。此诗之正声,独有千古,不虚耳。"[2] 这就是曹植的人品和诗品,所以,谢灵运(385—433)、钟嵘(468?—518?)等人都将曹植视为诗圣。而在我国文学史上,曹植也确实是继屈原之后的又一位伟大诗人,他的出现,构成了从屈原到陶渊明(365?—427)的关键一环。

总之,对曹植而言,拙劣的"感甄故事"以及由此滋生的"感甄说"都不过是佛头着粪而已:这是对崇高的消解,这是对光明的遮蔽,这是对神圣的摧残,这是对永恒的破坏。但就互文性的文学建构而言,这又是一个比较典型的个案,其荒谬不经的本身也有一定的研究价值。而事实上,从这个特殊的视域切入中古文学的绚丽世界,我们将会有更多的创获。

(作者单位:中国社会科学院文学研究所)

---

[1] 《养一斋诗话》卷二,郭绍虞编选:《清诗话续编》第四册,上海古籍出版社1983年版,第2026页。
[2] 《昭昧詹言》卷二《汉魏》,第58条,人民文学出版社1961年版,第70页。

魏晋玄学"浮诞之美"的生成及其文学气象

孙少华

曹魏时期,何晏等人接受了东汉经学上的"浮华"思想,将其作为一种生活方式与学术原则,对曹魏士风影响很大。朝廷士大夫好尚"浮诞",至两晋而转盛。① 后人对这种社会风气的批评不少,大多认为曹魏之短祚、两晋之衰亡,皆与此有关。② "浮诞"与"浮华"具有一定的联系,也有深刻的差异。但总体来说,"浮华""浮诞"思想,以及由此带来的士人风尚,对于曹魏、两晋的影响,不仅在于社会习俗与道德风尚,而且,对当时文学与学术产生的影响,皆不容小觑。

落实在文学上来说,魏晋时期的"浮诞"风气,在当时形成了独有的文学气象。黄履翁称:"愚尝考论古今人才高下矣。西汉当取其守大义,不当取其务长者。东都当取其循正道,不当取其尚奇节。

---

① 真德秀云:"魏正始中,何晏等祖述老、庄,以清谈相尚,至晋,此风益甚。晏尝立论,以天地万物皆以无为本,由是士大夫皆以浮诞为美。"参见真德秀《西山读书记》卷三十六,《景印文渊阁四库全书》第706册,第308页。

② 文中子《中说·周公篇》称"虚玄长而晋室乱",阮逸注称:"老庄存太古之教,非适时之典,晋贤荡焉,故乱。"程敏政《考正孔庙从祀疏》称:"王弼与何宴,倡为清谈,所注《易传》祖老、庄。而范宁追究晋室之乱,以为王、何之罪,深于桀纣。"又顾炎武称"风俗坏则国亡",与此理同。

三国处借窃之时，当考其心术。两晋承浮诞之俗，当贵其气。"① 这个"气"，既是魏晋"浮诞"之风的主要表现，也是魏晋文学的主要气象之一。

浮华，一般指的是学术或文学上的浮夸与虚饰。王充《论衡·自纪》称："其文盛，其辩争，浮华虚伪之语，莫不澄定。"即为此意。浮诞，一般具有虚妄荒谬与轻浮放荡两个意思。我们现在所谈与魏晋士人思想有关的，主要是第二个概念。② 然而，浮诞作为玄学的主要思想，以及魏晋士人的一种行为方式，与时人普遍接受的生活方式并不相同；同时，浮诞又上升为一种"贵气"的"浮诞之俗"。在此基础上，魏晋士人将这种行为方式与社会风俗反映在文学作品中并加以美化，进而演变为一代文学气象，使其进入艺术美学范畴，与以往的文学气象产生了很大差异。这无疑是对当时文学发展水平的一个超越。

一 "浮华"思想的演变与"浮诞之美"的生成

玄学的兴起与浮诞之风的形成，与何晏等人的"浮华"思想有莫大关系。③ 魏晋士人对"浮华"的理解，主要有两种情况：一个指的是物质上的奢靡与浪费，④ 另一个是将"浮华"理解成与物质

---

① 黄履翁：《古今源流至论·别集》卷四，参见《景印文渊阁四库全书》第942册，第552页。

② 朱熹称"东晋时所用人才皆中州浮诞者之后"，即此。

③ 《三国志·魏书》称："南阳何晏、邓飏、李胜、沛国丁谧、东平毕轨咸有声名，进趣于时，明帝以其浮华，皆抑黜之。""言事者以诞、飏等修浮华，合虚誉，渐不可长。明帝恶之，免诞官。"

④ 《三国志·魏书》："太祖建立洪业，奉师徒之费，供军赏之用，吏士丰于资食，仓府衍于谷帛，由不饰无用之宫，绝浮华之费，方今之要，固在息劳烦之役，损除他余之务，以为军戎之储。"《三国志·吴书》："天下未平，百姓不赡，宜一生民之原，丰谷帛之业，而弃功于浮华之巧，妨日于侈靡之事，上无尊卑等级之差，下有耗财物力之损。"

概念相对的精神含义。这里又有三种情况，第一，与经学相对的概念，不务经学，趋从老、庄，去质重文，不重德行，如《三国志·魏书》卷三："（太和）四年春二月壬午，诏曰：'世之质文，随教而变。兵乱以来，经学废绝，后生进趣，不由典谟。岂训导未洽，将进用者不以德显乎？其郎吏学通一经，才任牧民，博士课试，擢其高第者，亟用；其浮华不务道本者，皆罢退之。'"这种情况在道德意义上的深层表现，就是：第二，追名逐利，言胜于行，名实不符，是为"背本逐末"，如《三国志·魏书》卷二十七："人若不笃于至行，而背本逐末，以陷浮华焉，以成朋党焉；浮华则有虚伪之累，朋党则有彼此之患。"这种情况在社会行为方式上的深入表现，就是：第三，国家政治将取士标准与社会风俗相联系，从根本上推动了整个社会风俗的转向，如《三国志·吴书》："浮华者登，朋党者进，是不遵先帝十四也。"[1] "上有所好，下必甚焉。"整个社会对"浮华"现象的趋之若鹜，首先从政治上层开始发酵，也就为"浮华"之风在全社会的形成奠定了思想基础。

魏晋士人于"浮华"的表现，应该具有以上物质、精神两方面的综合因素。和物质概念相关的"浮华"给魏晋士人带来的主要影响，是使其行为规范、生活方式发生了不同程度的改变；和精神层面相关的"浮华"给士人带来的影响，则是不务经学、专事老庄、行为旷达。以何晏为例，好老庄自不必说，他还喜美服、好色无度。《三国志》裴松之注引《魏略》记载："苏性谨慎，而晏无所顾惮，服饰拟于太子，故文帝特憎之，每不呼其姓字，尝谓之为'假子'。晏尚主，又好色，故黄初时无所事任。"[2] 这是魏晋"浮华"士风形成的基本的思想来源。按照当时的实际情况分析，这种"浮华"思

---

[1] 《三国志·吴书》卷六十一，第1406—1407页。
[2] 《三国志·魏书》卷九，第292页。

想，主要来源于老庄之学；而清谈则是"浮华"外在的行为体现。

落实到学术与文学层面，"浮华"又具有其独有的内涵。"浮华"一词，早在东汉时期即已出现。① 它在经学上的反映，就是造成了东汉儒风的废弛现象。② 这个时期的"浮华"，与老庄之学虽然没有关系，但对于文学而言，二者又有相通之处。东汉时期的文人，主要将"浮华"作为汉代辞赋的一种夸饰来理解，但也有节行方面的联系，如班固称司马相如"污行无节，但有浮华之词"，就是这个原因。当然，东汉或者已将西汉儒学、黄老思想兼有的贾谊作为"浮华"思想的鼻祖。③ 从文学风气的演进来说，魏晋文人与东汉士人对"浮华"的理解，又有相通之处。

但与儒家将老庄、道教思想视作"浮华"一样，道教典籍也将儒家学说视作"浮华"。《太平经》将书分为三等，其中之一即为"浮华记"。何为"浮华记"？《太平经》云：

> 书有三等：一曰神道书，二曰核事文，三曰浮华记。神道书者，精一不离，实守本根，与阴阳合，与神同门；核事文者，核事异同，疑误不失；浮华记者，离本已远，错乱不可常用，时时可记，故名浮华记也。④

---

① 《汉书》卷六十《杜周传》班固赞有"非夫浮华博习之徒所能规也"一语。《文选·典引序》称："司马相如污行无节，但有浮华之辞，不周于用。"《后汉书》中，"浮华"出现的频率逐渐增加。

② 《后汉书》称："本初元年，梁太后诏曰：'大将军下至六百石，悉遣子就学，每岁辄于乡射月一飨会之，以此为常。'自是游学增盛，至三万余生。然章句渐疏，而多以浮华相尚，儒者之风盖衰矣。"参见《后汉书》卷七十九上《儒林传》，中华书局1965年版，第2547页。

③ 《后汉书》郦炎诗作就有"绛、灌临衡宰，谓谊崇浮华。贤才抑不用，远投荆南沙"的说法，晋"二十四友"亦曾将贾谧比作贾谊。

④ 王明：《太平经合校》卷一，中华书局1960年版，第9页。

"浮华"是如何产生的呢？《太平经》也有解释：

> 凡事欲正之者，各自有本可穷，阴阳不复易，皆当如此矣。不者，名为孤说独言；不得经意，遂从一人之言，名为偏言。天地之性，非圣人不能独谈通天意也，故使说，内则不能究于天心，出则不能解天文明地理，以占覆则不中，神灵不为其使，失其正路，遂从惑乱，故曰就浮华，不得共根基至意，过在此，令使朴者失其本也。①

如何去除"浮华"？《太平经》有《去浮华诀》：

> 欲得知凡道文、书经意正，取一字如一竟。比若甲子者何等也，投于前，使一人主言其本，众贤共违而说之，且有专长于天文意者，说而上行，究竟于天道；或有长于地理者，说而下行，洽究于地道；或复有长于外傍行，究竟四方；或有坐说，究于中央；或有原事，长于万物之精，究于万物；或有究于内，或有究于外，本末根基华叶皆已见，悉以类象名之。书凡事之至意，天地阴阳之文，略可见矣。②

这种"使一人主言其本，众贤共违而说之"的方法，与儒家是相通的。道教对"浮华"的理解，在"离本已远，错乱不可常用"的认识上，应该具有一定普遍性。东汉经学上出现的"浮华"现象，应该与此大致相同。由此可知，东汉以来的"浮华"思想，对东汉社会的影响应该是比较深刻的。就学术而言，它影响到了当时的各种

---

① 王明：《太平经合校》卷五十，第175页。
② 同上。

学术，包括本门学术的内部思想，包括文学。因此，儒家与魏文帝等人对何晏的"浮华"之风产生了深刻的排斥。

魏文帝虽然讨厌何晏等人，但他对"浮华"衍生出来的"贵气"之风却比较喜好。早在建安七子时代，这种风气已经影响至深。① 孔融"浮艳""好作变异"，显然也与这种"浮华"之风有关。另外，"建安七子"多好气尚异，与曹植、曹丕关系都很密切。曹丕论诗也讲究以"气"为主，比如，他称赞孔融"体气高妙"，与刘桢称孔融"孔氏卓卓，信含异气；笔墨之性，殆不可胜"，是一致的。既然曹丕可以接受"建安七子"的文学风格与创作方式，他对这些士人的生活方式与行为模式及其形成的社会风气，未必完全排斥。顾炎武即曾将曹丕的行为方式与何晏、邓飏等人相提并论："何晏之粉不去手，行步顾影；邓飏之行步舒纵，坐立倾倚；谢灵运之每出入，自扶接者常数人，后皆诛死。而魏文帝体貌不重，风尚通脱，是以享国不永，后祚短促。"② 可见，魏文帝与何晏等人一样，对当时的"浮华"士风，多有染习。只不过，曹丕不像何晏等人那样过分重视老庄学说而已。从曹丕的政治身份来说，在学术上，他只能采取尊儒重经的学术政策，以维护社会风俗的醇化与学术思想的正统。这种"浮华"思想及其所展示的行为方式，在纠正东汉末年以来儒学废弛的曹魏初年，其生存空间或者只能限于文学与社会生活领域；这些士人及其所带来的社会风气，在政治与经学上是没有出路的。例如，魏文帝、魏明帝对这些人在政治上基本上无所任用。尤其是魏明帝，对这些人可以说是表现出了深深的厌恶，并且在政治上对他们实行严厉的禁锢

---

① 《三国志·魏书》卷十二记载曹操对孔融评价："太中大夫孔融既伏其罪矣，然世人多采其虚名，少于核实，见融浮艳，好作变异，眩其诳诈，不复察其乱俗也。"《三国志·魏书》卷十二，第 373 页。

② 黄汝成：《日知录集释》，岳麓书社 1996 年版，第 485 页。

政策。① 这大概是对东汉以来形成的儒学上的"浮华相尚"之风的极大反动。

何晏在魏文帝、明帝时期一直不甚得意。史书记载他在魏文帝时期"无所事任",魏明帝时期"颇为冗官"。这种情况,除二祖不喜欢何晏张扬的个性之外,恐怕与当时社会主流学术的性质不无关系。魏武帝曹操喜欢申、商法术,且以俭为尚。② 在这种社会风气下,曹操对当时的"浮华"之风,肯定有所节制。魏文帝即位之后,相继采取了很多重儒措施,如黄初二年以孔羡为宗圣侯,奉孔子祀;五年,立太学,制五经课试之法,置《春秋穀梁》博士;召集诸儒撰集经传,等等。魏明帝则明确提出了"尊儒贵学,王教之本"的口号,并且要求郡国"贡士以经学为先";要求"郎吏学通一经,才任牧民",而"浮华不务道本者,皆罢退之"。即使齐王曹芳时期的正始年间,他仍然学习《论语》《尚书》《易传》《礼记》等。可见,曹魏建立政权之后,直到正始年间,社会主流的学术风尚是尊儒重经。但是,根据《三国志》的记载,何晏却是"好老庄言"。他的这种学术思想,与魏初主流学术要求背道而驰。何晏等人,在政治上缺乏必要支持的时候,其政治权益与学术主张都不会得到很好的保障。因此,"浮华"之风的产生虽然比较早,并且也一直在酝酿发展之中,但在魏文帝、明帝时期,一直没有形成很大的气候。"正始初,玄等并在职。复以诞为御史中丞尚

---

① 《魏书》卷二十八:"(诸葛诞)累迁御史中丞尚书,与夏侯玄、邓飏等相善,收名朝廷,京都翕然。言事者以诞、飏等修浮华,合虚誉,渐不可长。明帝恶之,免诞官。"裴松之引《世语》称:"是时,当世俊士散骑常侍夏侯玄、尚书诸葛诞、邓飏之徒,共相题表,以玄、畴四人为四聪,诞、备八人为八达,中书监刘放子熙、孙资子密、吏部尚书卫臻子烈三人,咸不及比,以父居势位,容之为三豫,凡十五人。帝以构长浮华,皆免官废锢。"《三国志·魏书》卷二十八,第769页。

② 顾炎武称:"魏武帝时,毛玠为东曹掾,典选举,以俭率人,天下之士莫不以廉节自励,虽崇贵之臣,舆服不敢过度。"黄汝成:《日知录集释》,岳麓书社1996年版,第487页。

书，出为扬州刺史，加昭武将军"表明，这种情况在正始初年发生了变化。那些被认为"浮华"的士人，开始获得了政治机会。老庄之学与"浮诞"士风，也就获得了在各方面快速发展的历史机遇与政治条件。

这与何晏的特殊身份不无关系。何晏毕竟是曹操的"假子"，与曹氏子孙还是有着千丝万缕的联系。虽然曹丕、曹叡对何晏没有好感，但曹爽对何晏却格外器重。曹爽，字昭伯，史称"少以宗室谨重，明帝在东宫，甚亲爱之"。魏明帝死后，曹爽掌权，何晏等人被曹爽"乃复进叙，任为腹心"。正始元年，何晏为散骑侍郎，后迁侍中、吏部尚书。实际上，在魏明帝死前，何晏有可能就一直在曹氏核心圈子之内。根据《旧唐书》卷四十六《经籍志》与《新唐书》卷五十八《艺文志》的记载，何晏有《魏明帝谥议》二卷，可以说明某些问题。

但何晏等人要获得多数儒家学者的认同，还是很不容易的。他们常常被儒家学者视为异端、恶人，如当时古文经学的大师王肃，就曾经对何晏等人恶语相向。这使得曹爽也不得不对他们的行为提出了告诫：

> 时大将军曹爽专权，任用何晏、邓飏等。肃与太尉蒋济、司农桓范论及时政，肃正色曰："此辈即弘恭、石显之属，复称说邪！"爽闻之，戒何晏等曰："当共慎之！公卿已比诸君前世恶人矣。"[1]

那些儒学正宗，更是将何晏等人视作道德败坏之辈而敬而远之：

---

[1] 《三国志·魏书》卷十三《王肃本传》，第418页。

何晏、邓飏、夏侯玄并求傅嘏交，而嘏终不许。诸人乃因荀粲说合之，谓嘏曰："夏侯太初一时之杰士，虚心于子，而卿意怀不可交。合则好成，不合则致隙。二贤若穆，则国之休。此蔺相如所以下廉颇也。"傅曰："夏侯太初志大心劳，能合虚誉，诚可谓利口覆国之人。何晏、邓飏有为而躁，博而寡要，外好利而内无关籥，贵同恶异，多言而妒前，多言多衅，妒前无亲。以吾观之，此三贤者皆败德之人尔，远之犹恐罹祸，况可亲之邪？"后皆如其言。①

何晏等人与傅嘏等儒家学者的这种矛盾，除了掺杂着深刻的私人恩怨与政治分歧，也有学术正异思想争端的因素。这是因为，何晏等人倡导的"浮华"之学，本身就与正统的儒学思想背道而驰。同时，这也与自汉末以来在士人中间形成的"放旷"之风以及鄙弃传统礼教的思想有关。据《抱朴子》，东汉末年士人已经出现了"放旷""通达"的"无行"之风。这些人背叛传统礼教，互相品藻等级，以与传统礼教大不同者为魁首。②

何晏等人的这种思想，显然有比较久的历史渊源。虽然何晏等人与传统礼教卫士的思想格格不入，但由于此时曹爽掌权，受其庇护，傅嘏反而被免官。当然，曹爽的告诫或者对于何晏起到了一定的作用。正始八年，作为吏部尚书的何晏，虽然一直喜好老庄，但是也不得不一本正经摆出了正宗儒家的面孔：

善为国者必先治其身，治其身者慎其所习。所习正则其身

---

① 《世说新语·识鉴》，徐震堮校笺：《世说新语校笺》，中华书局1984年版，第213—214页。
② 《抱朴子·刺骄》称："抱朴子曰：闻之汉末诸无行，自相品藻次第，群骄慢傲，不入道检者，为都魁雄伯。四通八达，皆背叛礼教，而从肆邪僻，谗毁真正，中伤非党，口习丑言，身行弊事，凡所云为使人不忍论也。"

正，其身正则不令而行；所习不正则其身不正，其身不正则虽令不从。是故为人君者，所与游必择正人，所观览必察正象，放郑声而弗听，远佞人而弗近，然后邪心不生而正道可弘也。……《书》云："一人有庆，兆民赖之。"可自今以后，御幸式乾殿及游豫后园，皆大臣侍从，因从容戏宴，兼省文书，询谋政事，讲论经义，为万世法。①

何晏的这种举动，一方面可能是其政治身份使然，另一方面当然也说明了"浮华"思想在儒家与老庄之间的摇摆，或者说是儒、道思想在当时互相融合、互相影响的事实。这就是"浮华"的本质。大概同时，何晏集注《论语》，其中就收集了对他颇有非议的王肃注。②

此时，儒家学者也在关注老庄之学。据陆德明《经典释文序录》，魏晋士人注《老子》《庄子》作品颇夥：钟会、羊祜等人注《老子》，崔譔、向秀、司马彪、郭象等人注《庄子》。由此我们可以看出"浮华"的两面性：一方面，它具有老庄之学的本质；另一方面，它又没有完全抛弃儒家思想的价值观念。所以，讲究"浮华"的何晏，其学术结构也是复杂的：他有《老子注》，也有《论语集解》。玄学产生之前，崇尚"浮华"的何晏等人，应有儒、道兼综的思想。

在这种学术环境下，玄学也悄然酝酿并不断发展，进而发生了深刻变化。《世说新语·文学》记载："何晏为吏部尚书，有位望，时谈客盈坐。王弼未弱冠，往见之。"又："何平叔注老子，始成，诣王辅嗣，见王注精奇，乃神伏，曰：'若斯人，可与论天人之际

---

① 《三国志·魏书》卷四《三少帝纪》，中华书局1959年版，第122—123页。
② 何晏集注：《论语集注》"正始中上之，盛行于世"。参见陆德明《经典释文序录》，上海古籍出版社1984年版，第31页。

矣!'因以所注为道、德二论。"这就是说，在何晏任吏部尚书期间，他注成《老子》，并与王弼开始交往，随后著《道德二论》。正始年间，应该是何晏等人倡导"浮华"思想与王弼玄学结合的开始。

何晏讲"浮华"，王弼则讲"无"。《世说新语·文学》记载：

> 王辅嗣弱冠诣裴徽，徽问曰："夫无者，诚万物之所资，圣人莫肯致言，而老子申之无已，何邪?"弼曰："圣人体无，无又不可以训，故言必及有；老、庄未免于有，恒训其所不足。"

从此，这股"浮华"与清谈之风就与玄学之"无"相辅翼，顺利找到了在社会上得以立足的正当性及其迅速传播的渠道。"无"成为"浮华"的思想载体，"浮华"则成为"无"的具体表征。二者的密切结合，就在魏晋凝聚成一股特殊的社会风气——浮诞，进而在全社会演变为一种特殊风俗。① "浮诞"的产生，就源于"浮华"与"无"的密切结合。② 何晏的老庄之学，以及他身上一直被魏文帝、明帝所厌恶的"浮华"习气，就以"无"立论，成为朝廷士大夫所喜好的"浮诞"风尚。这种风气，又进一步催生了"清谈"之学。③ 这是"浮华"的进一步演化。

如果说，"浮华"思想与儒家、道家等学术思想具有深刻的渊源

---

① 《晋书》卷四三《王衍传》称："累居显职，后进之士，莫不景慕放效。选举登朝，皆以为称首。矜高浮诞，遂成风俗焉。"赵翼《廿二史札记》卷八"六朝清谈之习"认为，自何晏、阮籍之后，"天下言风流者，以王、乐为首。后进莫不竞为浮诞，遂成风俗"。赵翼：《廿二史札记》，王树民校正，中华书局1984年版，第167页。

② 故司马光《资治通鉴》称："何晏等祖述《老》、《庄》，立论以为：'天地万物，皆以无为本。无也者，开物成务，无往不存者也。阴阳恃以化生，贤者恃以成德。故无之为用，无爵而贵矣!'王衍之徒皆爱重之。由是朝廷士大夫皆以浮诞为美，弛废职业。"

③ 赵翼称："清谈起于魏正始中，何晏、王弼祖述《老》、《庄》，谓天地万物皆以无为本，无也者，开物成务，无往不存者也。"赵翼：《廿二史札记》，王树民校正，中华书局1984年版，第167页。

的话，与"无"结合形成的"浮诞"，则彻底完成了"去学术化"，走上了"玄学化""文学化"的道路。"浮诞"之人，摆脱了"浮华"思想在儒、道之间的摇摆不定，以玄学作为自己的思想基础，完全沦入"弛废职业"的境地，从而也彻底脱离了儒学或道教思想的束缚。这是"浮诞"与"浮华"的主要区别。

在这种情况下，以往被学术争端缠绕的"浮华"，逐渐被没有学术争议的"浮诞"一词所取代，成为儒、道都能接受的思想。以往对何晏"浮华"思想敬而远之的儒家学者，也开始接受"浮诞"思想，并参与论虚谈玄：

> 傅嘏善言虚胜，荀粲谈尚玄远，每至共语，有争而不相喻。裴冀州释二家之义，通彼我之怀，常使两情皆得，彼此俱畅。①

傅嘏论"虚"虽然与荀粲"玄远"有争执，与何晏、夏侯玄也比较疏远，但基本上是属于清谈一流。在其他士人眼里，其思想本质或者没有什么很大的差别。② 既然如此，傅嘏与何晏等人的思想本质应该是相同的。但是，以往傅嘏不屑与何晏等人交往，并以何晏等人的"浮华"为"好利不务本"，说明在儒道兼综的清谈士人当中，或者存在两种思想倾向：一种纯粹追求"浮华"士风，以道化儒，意图使老庄之学与儒家礼教等同，如何晏、王弼、阮籍、荀粲等人；一种也谈玄论虚，爱好"浮诞"，重视儒家的礼教传统，如傅嘏等人。

这是有据可循的。《世说新语》刘孝标注引《文章叙录》曾记

---

① 《世说新语·文学》，徐震堮校笺：《世说新语校笺》，中华书局1984年版，第107—108页。
② 如荀粲，与傅嘏、夏侯玄的关系都比较密切："太和初，到京邑与傅嘏谈。嘏善名理而粲尚玄远，宗致虽同，仓卒时或有格而不相得意。裴徽通彼我之怀，为二家骑驿，顷之，粲与嘏善。夏侯玄亦亲。"《三国志·魏书》卷十《荀彧传》注引《晋阳秋》，第320页。

载:"自儒者论以老子非圣人,绝礼弃学。晏说'与圣人同',著论行于世也。"①荀粲则说:"六籍虽存,固圣人糠秕。"②傅嘏与何晏等人的矛盾,是比较深刻的,甚至到了水火不容的地步。③可见,那些关心时事、尊重儒家礼教的士人,对何晏等人以"浮华"为风流的风气,并不满意。杜国庠在其《魏晋清谈及其影响》中就说:"他们自虽自命为'风流',但当时关心世事之士,则贬之为'浮华'。"④并且,杜国庠先生还将这种"浮华"归因于东汉末期"浮萍"生活的影响。可见,"浮华"与"浮诞"有着本质的区别。

清谈士人,也讲究派别,王僧虔《诫子书》有"论注百氏,荆州《八袟》""《八袟》所载,凡有几家"⑤的说法。还有,何晏、王弼等人的思想也有区别。何晏"以为圣人无喜怒哀乐",王弼与之不同,"以为圣人茂于人者,神明也"。⑥具体到何晏本人来说,其前后思想也有变化。何晏早期的"浮华",就与他以后的"浮诞"思想大相径庭。从政治意义上说,"浮诞"是消极、虚无的;但从文学意义上来说,它又具有特定的美学价值与文化意蕴。魏晋社会与士人,完全被笼罩在这股士风之下,对于文人创作及其魏晋文学风格的定型,具有一定的积极意义。

综上可知,东汉经学上的"浮华"之风,对当时的社会风气、学术思想、文学创作、道德观感、价值取舍等,都产生了方方面面的深刻影响。落实到学术与文学领域,"浮华"对汉代儒家与道教典

---

① 《世说新语·文学》,徐震堮校笺:《世说新语校笺》,中华书局1984年版,第108页。
② 《三国志·魏书》卷十《荀彧传》注引《晋阳秋》,第319页。
③ 《晋书》记载:"何晏等欲害太常傅嘏,颛营救得免。"
④ 《杜国庠文集》,人民出版社1962年版,第338—339页。
⑤ 《南齐书》卷三十三《王僧虔传》,中华书局1972年版,第598页。
⑥ 《三国志·魏书》卷二十八《钟会传》引何劭《王弼传》,第795页。

籍及汉赋的影响最为直接。"辞人之赋丽以淫"，正是"浮华"思想在汉赋撰写中的具体表现。严格说来，"浮华"应该指的是经学领域中的浮夸现象，应属于儒家思想的领域。但在经学外部，儒家与道家，互相以"浮华"相攻讦，必然使其在社会上的接受大打折扣。为了改造"浮华"以使其为儒家、道家都能接受，王弼将老、庄之"无"的观念引入"浮华"，使二者结合形成了一个新的思想——浮诞。这个思想为儒家、道家之士所接受，逐渐成为一种社会风气与士人的生活方式，对文人创作也产生了深远影响。

文学史上每一种新的文学现象或文学风尚，与世俗思想相容是需要一个过程的。如果说，文学来源于生活，那么，那些来源于生活的原始素材，最初并不具有"美"的要素，甚至在其产生之初，却曾受到多数人的抵制与排斥。这主要是因为文学思想，属于较新的观念，一时难以为世俗所容。王国维《文学小言》曾称："昔司马迁推本汉武时学术之盛，以为利禄之途使然。余谓一切学问皆能以利禄劝，独哲学与文学不然。何则？科学之事业皆直接间接以厚生利用为旨，故未有与政治及社会上之兴味相刺谬者也。至一新世界观与一新人生观出现，则往往与政治及社会上之兴味不能相容。"[①]但是，这种文学思想，如果具有较强的文学生命力的话，文学史自然不会埋没它。正如刘勰所云："音实难知，知实难逢，逢其知音，千载其一乎！夫古来知音，多贱同而思古。所谓'日进前而不御，遥闻声而相思'也。"[②] 在文学史上一个特定的拐点上，这种曾经被压制的文学素材及其蓄势已久的美学感染力，会在一批文学家一致的倡导下，突然爆发出来，从而催生一种新的文学气象。

---

① 《王国维文集》第一卷，中国文史出版社 1997 年版，第 24 页。
② 范文澜注：《文心雕龙·知音》，人民文学出版社 1958 年版，第 713 页。

二 "浮诞之美"的艺术化过程与文学表征

"浮诞"士风形成之后,对社会风俗与文学风尚的极大影响,是使当时的士人及其文学作品,完全沾溉了"浮诞"之风与玄学思想,清谈之风更盛,从而使彼时的文风发生了根本性转向,产生了很多与玄学有关的评价词汇,如"气""华""秀""清",等等。

根据钟嵘《诗品》的记载,"浮诞"士风不仅影响到当时士人的文章风格,而且直接反映在他们的生活方式和行为方式上。[①] 重"清虚"、好"玄风"、尚清谈,成为一时风气。《诗品》记载:"永嘉以来,清虚在俗。王武子辈诗,贵道家之言。爰泊江表,玄风尚备。真长、仲祖、桓庾诸公犹相袭。世称孙、许,弥善恬淡之词。"[②] 这里列举的王济、杜预、孙绰、许询,都具有这种思想倾向。尤其是杜预,作为当时有名的《左传》学者,也未能免于"浮诞"士风的影响。名冠一时的"二十四友",自然也具有这种思想倾向,如其中的刘琨早年就深受老庄思想影响,他在《答卢谌书》中说:"昔在少壮,未尝检括,远慕老庄之齐物,近嘉阮生之放旷,怪厚薄何从而生,哀乐何由而至。""二十四友"中的石崇、陆机等人,在当时皆以浮华知名;"二十四友"的领袖贾谧,更是以浮华著称:"负其骄宠,奢侈逾度,室宇崇僭,器服珍丽,歌僮舞女,选极一时。开阁延宾,海内辐凑,贵游豪戚及浮竞之徒,莫不尽礼事之。""浮竞之徒",当指参与"二十四友"者。这些人,不仅在物质上浮华无度,而且多写诗唱和,"或著文章称美谧,以方贾谊"。他们的这种

[①] 《世说新语》称:"郭泰为处士,沉沦不能自拔于世。""顾恺之博学有才气,好谐谑,人多爱狎之。"《晋书》则称:"学者以老庄为宗而黜《六经》,谈者以虚荡为辨而贱名检,行身者以放浊为通而狭节信,进仕者以苟得为贵而鄙居正,当官者以望空为高而笑勤恪。"

[②] 曹旭:《诗品集注》,上海古籍出版社1994年版,第385页。

文学习气，对当时的文风转变具有引领作用。

两晋文学多以"浮诞"相尚。黄履翁认为："两晋承浮诞之俗，当贵其气。"浮诞思想在文学中的早期气象，就是"气"。也可以说，这种"气"，与"浮诞"思想密切有关。这种思想早在东汉末年就已经出现了，只不过至两晋而转盛。具体到文学内部来说，就是注意词藻的华丽、词采的雕琢与文章的节奏，其具体特点就是讲究气骨、"举体华美"、"文体华净"、"词采华茂"、言辞华丽、好为雕饰。"华美""华净""华丽""华艳"等词汇，就由此而生。但这些作者或作品中，有的又不失古诗之婉讽，何晏《拟古》诗就具有这种风格。这形成了当时文学"浮华"与"沉郁"并存的风格。

钟嵘《诗品》评价魏晋士人，多用"气"来衡量他们文章与文才的高下，如评陆机"气少于公干"，张华"儿女情多，风云气少"，郭泰、顾恺之等人则"气调警拔"。魏晋文学以"气"为美，故士人文章多好"气"。刘桢则"壮气爱奇"，甚至到了"气过其文"的地步。这种情况，虽然容易导致诗歌缺乏文学所必需的刻意雕磨，但可以增加文学的"气质"与"风骨"。所以，钟嵘评价刘桢诗"真骨凌霜，高风跨俗"。魏晋文学的"气"，往往来源于文辞的巧妙措置。曹植诗被称为"骨气奇高，词采华茂"，就说明了这一点。同时，这种"骨气"，还可以收到文质兼备的效果。钟嵘评曹植诗"体被文质"，就是这个道理。

这些文学作品表现出来的这种"气"，与"浮诞"之风有关。钟嵘有时称为"华"，如曹植《王仲宣诔》评王粲"文若春华"；钟嵘评陆机"才高辞赡，举体华美"，又称"谢益寿、殷仲文为华绮之冠"。《诗品》对潘岳评价也很高："《翰林》叹其翩翩，如翔禽之有羽毛，衣被之有绡縠。"谢混云："潘诗烂若舒锦，无处不佳；陆文如披沙拣金，往往得宝。"张协"词彩葱蒨，音韵铿锵，使人味之，亹亹不倦"；张翰、潘尼"季鹰黄华之唱，正叔绿繁之良，虽不具美，而文彩高丽"。应璩"华靡"，郭璞"文体相辉，彪炳可玩"，表达的主旨都是"华"。

这些崇尚"浮诞"的文人的作品，并非都带有老、庄思想。即以老庄思想的首倡者之一何晏为例，《三国志补注》曾录何晏《拟古诗》："鸿鹄比翼游，群飞饮太清。常畏大网罗，忧祸一旦并。岂若集五湖，从流唼浮萍。永宁旷中怀，何为怵惕惊。"① 此诗气质沉郁，风骨凌然。何晏以往的"浮华"与放旷，完全被他对当时残酷现实的深深忧虑所遮蔽。《名士传》称："是时曹爽辅政，识者虑有危机。晏有重名，与魏姻戚，内虽怀忧，而无复退也。著五言诗以言志。"这些浮诞文人，在老庄之学的喧嚣背后，隐藏着深沉的历史忧患与现实忧虑。这里何晏所说的"浮萍"，应是"浮华"思想的早期反映。

魏晋士人将老、庄之学与玄学引入文学之后，当时逐渐形成了魏晋文学的另一气象："秀"和"清"。其文学表征是："文秀而质羸"、清逸、清丽、清秀、清慎、清妙、清通、清远、秀整。这些词汇屡见于《世说新语·德行》，此时的文学风尚，首先是对士人品藻风气的规范化。也就是说，"浮诞"之美，反映在对士人的品藻方面，就是深深带有老、庄之学的痕迹。这里，我们可以从孙绰品鉴士人的思想看出一点端倪。《世说新语·品藻》记载晋简文帝与孙绰品鉴时人，孙绰分别用"清蔚简令""温润恬和""高爽迈出""清易令达""弘润通长""洮洮清便""远有致思"等品鉴人物。② 这些词汇，无疑都属于老庄之学的思想范畴。何况，孙绰自道他的品鉴理论的来源，就在于"时复托怀玄胜，远咏老、庄"。

---

① 杭世骏：《三国志补注》卷四，《丛书集成初编》，商务印书馆1935年版，第70页。
② 《世说新语·品藻》，徐震堮：《世说新语校笺》，中华书局1984年版，第284页。

晋人讲"浮诞",并不是不讲德行,恣意妄为。但是,他们将其品鉴士人德行的标准定为"清""秀",不但与以往儒家的评价标准产生了很大差异,而且这种评价标准,关注的多是个人展示在外的行为方式,而不是内在的道德节操。或者说,魏晋士人的这种评价标准,是将本来内向化的道德品质,完全用外在的行为模式来衡量了。这种标准的好处就是,可以直观地衡量一个人是否属于"清谈"之人。这就将"浮诞"之美具体化了。相反,一个人内在道德的抽象化,反而容易掩盖士人对其"清谈"形象的评价。如《世说新语·德行》记载:"太保居在正始中,不在能言之流。及与之言,理中清远,将无以德掩其言。"太保即王祥。意思是说,他内在的美德掩盖了他的清谈形象,从而使社会上那套公认的评价标准,将其排除在"清谈"人物之列。他们也有社会责任感,这种责任,也与玄学挂钩:"李元礼风格秀整,高自标持,欲以天下名教是非为己任。"

将这种外化的行为方式作为道德的衡量标准,很容易使士人刻意追求行为的标新立异,以获得士人社会的虚名。这就使本来内敛的"清""秀",向放旷的任放、通达转变。《世说新语》记载:"王平子、胡毋彦国诸人,皆以任放为达,或有裸体者。"根据刘孝标的注释,这批人为数不少,并且刻意追求通、达之境:

> 王隐《晋书》曰:"魏末,阮籍嗜酒荒放,露头散发,裸袒箕踞。其后贵游子弟阮瞻、王澄、谢鲲、胡毋辅之之徒,皆祖述于籍,谓得大道之本。故去巾帻、脱衣服、露丑恶,同禽兽。甚者名之为通,次者名之为达也。"①

---

① 《世说新语·德行》,徐震堮:《世说新语校笺》,中华书局1984年版,第14页。

这种自以为旷达的思想，本源于老、庄思想，与东汉末年形成的士人"无行"、互相品藻的风气有关，是魏晋社会"浮诞"士风之下的产物。这种"通达"，与儒者一贯提倡的"通达"背道而驰，可以说超越了当时儒家正统思想的一贯认识。① 当时有的儒家学者，对此颇有微词。② 陶侃曾经批评道："《老》、《庄》浮华，非先王之法言，不可行也。君子当正其衣冠，摄其威仪，何有乱头养望自谓宏达邪？"③ 在他们看来，这种行为方式，必然导致个人道德节操的沦丧，"旷达"一词，即由此而来。裴頠在《崇有论》中就说："立言藉于虚无，谓之玄妙；处官不亲所职，谓之雅远；奉身散其廉操，谓之旷达。"这是儒家学者刻意以"旷达"代替这些人自我标榜的"通达"。但是，这批对"浮华"之风甚为不满的人，未必完全能够拒绝这股士风熏染。《世说新语·任诞》篇就记载了裴頠夫妇的"旷达"之风：

> 裴成公妇，王戎女。王戎晨往裴许，不通径前。裴从床南下，女从北下，相对作宾主，了无异色。

王戎，《晋书》本传称其："幼而颖悟，神彩秀彻。视日不眩，裴楷见而目之曰：'戎眼灿灿，如岩下电。'"其父王浑与阮籍友善，阮籍曾对王浑有言："濬冲清赏，非卿伦也。共卿言，不如共阿戎谈。"王戎少即有浮诞之风。而前文所说对何晏浮诞之学"爱重"之王衍，

---

① 《抱朴子·刺骄》称："夫古人所谓通达者，谓通于道德，达于仁义耳。岂谓通乎褒黩，而达者淫邪哉！"葛洪著，杨明照校笺：《抱朴子外篇校笺》下册，中华书局1997年版，第43页。
② 《晋书》记载："頠深患时俗放荡，不尊儒术，何晏、阮籍素有高名于世，口谈浮虚，不遵礼法，尸禄耽宠，仕不事事；至王衍之徒，声誉太盛，位高势重，不以物务自婴，遂相放效，风教陵迟，乃著崇有之论以释其蔽。"《晋书》卷三十五，中华书局1974年版，第1044页。
③ 《晋书》卷六十六《陶侃传》，第1774页。

即其从弟。可见，琅琊王氏，世爱浮诞。裴頠即为王戎之婿，对此风亦有所好，是可以理解的。由此我们联想到，曹丕、裴頠等人反对"浮华""浮诞"，很可能是另有原因。

曹魏时期，也有人凭权势进入这个圈子，①但是入晋以后，这种情况就发生了变化。有名的"二十四友"明确规定，参加者只能是这二十四人，"其余不得预焉"。《世说新语》也记载了阮籍拒绝让其子阮浑学习旷达的事情："阮浑长成，风气韵度似父，亦欲作达。步兵曰：'仲容已预之，卿不得复尔。'"由此可见，晋代的"浮诞"士风，已经杜绝了曹魏时期允许任何人可以学习或加入的无原则风气。这种选择性，无疑大大增强了其影响力与生命力。

事物的规律往往如此：当一个新生事物对其发展具有选择性与限制性的时候，往往能够保证其成分的纯粹性与发展的可持续性。无限制的再生与繁衍，则会促使其快速走向衰亡。魏晋"浮诞"士风的这种有条件性，无疑使其带有更加浓厚的神秘色彩，从而使士人纷纷效仿。我们推测，裴頠在其《崇有论》中反复申明浮诞之害，大概并非像《晋书》所说是为了揭露王衍之徒的"口谈浮虚"，而是其不能"预"当时风流圈子导致的嫉妒心理在作怪。当时，王浑都不能入阮籍"青眼"，作为王浑的孙女婿，裴頠恐怕也是被排除在"浮诞"圈子之外的。但在个人生活中，裴頠及其家人仍然不能拒绝这股士风的魅力。由此可见，这股士风对魏晋社会的影响，是全面而深刻的。

魏晋士风的这种"浮诞"之美，实际上已经不是单纯的思想立场之争，而是作为一种时代风尚的象征，进而演变成一种社会普遍接受的艺术之美，为广大士人所认同：即使一贯反对这种思想的人，

---

① 《世说新语》称："中书监刘放子熙、孙资子密、吏部尚书卫臻子烈三人，咸不及比，以父居势位，容之为三豫。"

魏晋玄学"浮诞之美"的生成及其文学气象

也无法例外。那么,"浮诞"之美是以什么样的形式为魏晋士人所认同的呢？以阮籍为例,"嗜酒荒放,露头散发,裸袒箕踞",在传统礼教看来是一种背叛性的放荡不羁,而在那些追求个性自由的士人那里,这却成了行为放松与心理舒解的表达方式。这种行为方式与人生理解,反映在文学作品中,就形成了轻松、清逸的文学风格。根据康德的理论,这或者可以被称为文学的"优美"。① 这样,"浮诞"之美就从日常生活进入了文学领域。而根据托尔斯泰的说法,艺术之美就起源于此：个人在内心重新"唤起"对美的思想感受,进而借文学作品加以外在的体现。② 魏晋士人的浮诞行为,是与当时社会普遍接受的行为方式的一种超越,是对个人与时代理想生活状态的一种追求。同时,魏晋士人为了美化或者提升浮诞之美,必然在其文学作品中加以雕润与提升。原来作为生活方式的"浮诞",连同这些士人相关的文学作品,就进入了美学范畴。

在魏晋时期,"浮诞"士风的这种艺术魅力主要表现在两个方面：士人的行为方式及其在文学作品中的反映。无论是"气骨",还是"清秀",甚至阮籍等人的"通达",魏晋社会的这种"浮诞"士风,除了对文人个人行为方式、生活状态、思想动态等具有深刻影响之外,在其文学作品中也有着形式各样的相应体现。这就形成了魏晋文学的主要气象,同时也是魏晋时期主要的文学理论来源。

"文以气为主。""浮诞"文学之美的第一要素就是"气"。③ 所

---

① 康德称："属于一切行为之优美的,首先就在于它们表现得很轻松,看来不需要艰苦努力就可以完成；相反地,奋斗和克服困难则激起惊叹,因而就属于崇高。"参见［德］康德《论优美感和崇高感》,何兆武译,商务印书馆2001年版,第30页。
② 列夫·托尔斯泰曾经说过："艺术起因于下列事实：一个人抱着想把自己感情传达给别人的目的,于是在自己心里重新唤起这种感情并且用某种外在的标志表现出来。"参见《列夫·托尔斯泰谈创作》,戴启篁译,漓江出版社1982年版,第15页。
③ 刘勰称："若夫八体屡迁,功以学成,才力居中,肇自血气；气以实志,志以定言,吐纳英华,莫非情性。"

以，魏晋时期有名的文人，莫不讲究文以"气"为先。这是他们文学风格多样化的主要原因。实际上，魏晋文学表现出来的以"气"为美的气象，与上面我们列举的魏晋文人的各种各样的行为方式密切相关，所以古人论文，往往将"气"与文人之"行"联系起来。①魏晋文人之所以出现这种"以气为美"的文学思想，主要是因为他们认为，"情"由"气"生。文质相谐，也源于此。所以，他们非常重视"气"，评价文人也多以此为标准。

故魏文称："文以气为主，气之清浊有体，不可力强而致。"故其论孔融，则云体气高妙；论徐幹，则云时有齐气；论刘桢，则云有逸气。公干亦云，孔氏卓卓，信含异气，笔墨之性，殆不可胜，并重气之旨也。②

"气"寓于文，便形成了文章独有的或刚劲或淡泊或疏放或豪逸的风格。如擅长以气为文的曹植、刘桢等人，就是如此。刘勰称他们："陈思之《黄雀》，公干之《青松》，格刚才劲，而并长于讽谕。叔夜之《赠行》，嗣宗之《咏怀》，境玄思澹而独得乎优闲。士衡之疏放，彭泽之豪逸，心密语澄，而俱适乎壮采。"③"格刚才劲"与"境玄思澹"，正与《乐记》"刚气不怒，柔气不慑"的说法相合。可见，文章之"气"，也是作者个人文章风格与气质的主要体现。

"气"有清浊，则文有高下。"清"与"气"，是紧密相关的两个概念。晋代以"清"著名的首推裴楷。《晋书》记载："楷风神高

---

① 刘勰称："仲宣躁锐，故颖出而才果；公干气褊，故言壮而情骇；嗣宗俶傥，故响逸而调远；叔夜俊侠，故兴高而采烈；安仁轻敏，故锋发而韵流；士衡矜重，故情繁而辞隐。"《文心雕龙·体性》，范文澜：《文心雕龙注》，人民文学出版社1958年版，第506页。

② 《文心雕龙·风骨》，范文澜：《文心雕龙注》，人民文学出版社1958年版，第513、514页。

③ 《文心雕龙·隐秀》，范文澜：《文心雕龙注》，人民文学出版社1958年版，第635页。范文澜先生认为此段为明人伪作，由于没有直接证据，我们暂将其视作刘勰旧作。其中缺字，据陆侃如等注本增补。

迈，容仪俊爽，博涉群书，特精理义，时人谓之'玉人'，又称'见裴叔则如近玉山，映照人也'。"① 这个"理义"，就是上文我们说过的《世说新语》中记载王祥的"理中清远"之"理"，与老庄之学有关。裴楷在为晋武帝解释所卜世数得"一"的问题时就说："臣闻天得一以清，地得一以宁，王侯得一以为天下贞。"显然运用了老庄的哲学思想。唐司空图《诗品》在解释"清奇"一词时，也借用了裴楷的典故："娟娟群松，下有漪流。晴雪满汀，隔溪渔舟。可人如玉，步屧寻幽。载瞻载止，空碧悠悠。神出古异，淡不可收。如月之曙，如气之秋。"② 对于清奇之人与清奇之神的描写，可谓神似。

至于"旷达"，也是文人气质的一种表现。何为"旷达"？就是抛却儒家的滞碍，追求老庄或道家的放任与恣意。司空图《诗品》对"旷达"的解释是这样的："生者百岁，相去几何。欢乐苦短，忧愁实多。何如尊酒，日往烟萝。花覆茆檐，疏雨相过。倒酒既尽，杖藜行歌。孰不有古，南山峨峨。"完全是一种世外高人的形象。《皋兰课业本原解》的解释也比较贴切："迂腐之儒，胸多执滞，故去诗道甚远，惟旷则能容，若天地之宽，达则能悟，识古今之变。"③ 司空图对"旷达"的解释，实际上与魏晋"浮诞"士风比较相合。他的"生者百岁，相去几何"，也来自魏晋文人。曹植《游仙》："人生不满百，岁岁少欢娱。意欲奋六翮，排雾凌紫虚。"陶渊明《空服九华寄怀于言》："世短意常多，斯人乐久生。日月依辰至，举俗爱其名。"当然，这种思想可能来源还要早，《古诗十九首》就有相似的吟叹："人生不满百，常怀千载忧。昼短苦夜长，何不秉烛

---

① 《晋书》卷三十五，第1084页。
② 郭绍虞：《诗品集解·续诗品注》，人民文学出版社1963年版，第30页。
③ 同上书，第41页。

游。"魏晋士人"浮诞"的文学气象,对"旷达"的阐释应该更加完美。

"浮诞"士风对魏晋士人产生的深刻影响,必然导致社会风俗的深刻变革,反映在文学上,进而引起文学风貌的根本变化。这是一种与两汉文风迥然不同的全新文学气象,也是魏晋文学能够攀越一个新高度、在中国古典文学殿堂占有一席之地的原因之一。

三 "浮诞之美"的文学气质差异与文学意义

魏晋文学"浮诞"之美形成之后,在文人个体和地域群体中,都产生了不同的气质差异:"浮诞"之美形成之初,因人而异,形成了不同的文人气质与文学风格;西晋东渡以后,文学气象以地域为界判然二分,文学风格又产生了南北之别。这既是文学发展的客观趋向,也是文学生态的正常反映。

上文胪列与"浮诞"之美有关的文学士人,集中在江南地区。当时与东晋并列的北方王朝如刘赵、石赵等几个少数民族政权,基本上没有受到这种"浮诞"风气的影响。对于南方士人而言,"浮诞"思想给他们的政治理念、社会责任感与道德操守,多是负面的影响。这是有根据的。从当时南北学风来看,南方尚清谈,北方重儒学,如赵翼发现:"《晋》载记诸僭伪之君,虽非中国人,亦多有文学。刘渊少好学,习《毛诗》、京氏《易》、马氏《尚书》,尤好《左氏春秋》,孙、吴兵法。《史》、《汉》、诸子,无不综览。"[①] 其他如刘聪、刘曜、慕容皝、慕容宝、苻坚、姚兴、赫连勃勃等,皆好经学,尊儒重学。南北学术风尚的差异,或者是造成双方国运不同

---

① 王树民:《廿二史札记校证》,中华书局1984年版,第164页。

的根本原因。早在齐梁，就有人注意到这种差别，并将两晋衰亡的原因，归结于"清谈"。① 文中子承认"虚玄"误国，但认为此非老庄之罪；真德秀则认为与老庄不无关系。②"浮诞"士风既然源于老庄之学，并且给魏晋士人带来了深刻的思想变化，不能说与老庄毫无关系。魏晋士人的这种思想变化，反映在政治层面，则是使士人的国家观念、政治操守与社会责任，发生了很大改变。具体到政治操守而言，东晋士人政治立场多易变，忠诚观念相对淡薄。祖逖之子祖约等人逃晋奔赵，可以说明一些问题。但是，北方重儒，反其道而行之。他们非常重视忠诚观念，对于反叛晋室者，多毫不留情地大加屠戮。如祖约后来举家为赵所杀，就是一例。

从学术境界上来说，南北方是有很大差异的。《世说新语·文学》记载：

> 褚季野语孙安国云："北人学问渊综广博。"孙答曰："南人学问清通简要。"支道林闻之，曰："圣贤故所忘言，自中人以还，北人看书如显处视月，南人学问如牖中窥日。"③

虽然支道林这里有贬低北方、崇扬南方学术的意思，但实际上他们在这里评价的标准有所不同。"渊综广博"，说的是学术积累的问题；"清通简要"，则是学术风格的问题。从南北文学的风格来说，北方当然不如南方繁盛。但南方文学"清通"的文学气象，则是北方所

---

① 颜之推云："晋朝南渡，优借士族；故江南冠带，有才干者，擢为令仆已下尚书郎中书舍人已上，典掌机要。其余文义之士，多迂诞浮华，不涉世务；纤微过失，又惜行捶楚，所以处于清高，盖护其短也。"《颜氏家训·涉务》，王利器集解，上海古籍出版社1980年版，第292页。
② 文中子《中说》："虚玄长而晋室乱，非老庄之罪也。"真德秀《西山读书记》称："文中子有曰：'清谈甚而晋室衰，非老庄之罪也。'夫清谈之弊，正祖于老庄，谓非其罪，可乎？"
③ 《世说新语·文学》，徐震堮校笺：《世说新语校笺》，中华书局1984年版，第117页。

不能及的。

对南方文学来说,"浮诞"之美也存在深刻的气质差异。我们说"气质",主要就文人身上所蕴含的个人禀性与气质及其在文学风格上的反映。"浮诞"之美所表现出来的这种差异,就是文学时代风貌多样化的具体展现。

对于个体文人来说,他们的文学气质既有不同于他人的特征,同时不同的文学评论家对他们个人身上展现的气质又有不同的理解。这一点,我们也以"气"为例进行说明。

首先,不同地域的文人,有不同的文学气质。嵇康,刘勰称其"叔夜俊侠,故兴高而采烈",是说其"气放";钟嵘称其"过为峻切,讦直露才。伤渊雅之致,然托喻清远",是说其"气盛"。"兴高采烈"当然会"伤渊雅之致"。但"俊侠"之人,足以"托喻清远"。《三国志·魏书》称嵇康:"文辞壮丽,好言老、庄,而尚奇任侠。"① 阮籍,刘勰称其"嗣宗俶傥,故响逸而调远",是说其"气逸";钟嵘称其"厥旨渊放,归趣难求",是说其"气高""气深"。"气高"则"响逸而调远"。《晋书》称阮籍:"容貌瑰杰,志气宏放,傲然独得,任性不羁,而喜怒不形于色。或闭户视书,累月不出;或登临山水,经日忘归。博览群籍,尤好《庄》《老》。"② 徐干,曹丕称其"时有齐气",是说徐干之文具有齐地"气缓"的特征。钟嵘称其"闲雅",显然与"气缓"是一致的。《三国志》注称"干清玄体道",说明其"气"当与玄学有关。潘岳,刘勰称其"安仁轻敏,故锋发而韵流",是说其"气捷";钟嵘则称其"如翔禽之有羽毛,衣被之有绡縠"。谢混云称其"诗烂若舒锦",是说其"气绚"。"锋发而韵流"与"烂若舒锦",似乎关系也不远。《晋书》

---

① 《三国志·魏书》卷二十一,第605页。
② 《晋书》卷四十九,第1359页。

称:"岳美姿仪,辞藻绝丽,尤善为哀诔之文。"这种"丽"与"烂"的关系还是比较近的。与"锋发而韵流",也有某种内在联系。《晋书》潘岳本传称:"岳性轻躁,趋世利,与石崇等诣事贾谧,每候其出,与崇辄望尘而拜。构愍怀之文,岳之辞也。谧二十四友,岳为其首。谧《晋书》限断,亦岳之辞也。"[①]

其次,同一个作家身上,可以有不同的气质理解与评价。陆机,刘勰称其"士衡矜重,故情繁而辞隐",是说其"气矜";钟嵘称其"气少于公干,尚规矩,不贵绮错",实际上与"气矜"是一个意思。《晋书》的说法,则与之有所区别:"机天才秀逸,辞藻宏丽。""后葛洪著书,称'机文犹玄圃之积玉,无非夜光焉,五河之吐流,泉源如一焉。其弘丽妍赡,英锐漂逸,亦一代之绝乎!'"[②]"气矜""不贵绮错"与"秀逸""弘丽妍赡"简直是截然相反的两种评价。对刘桢的评价,刘勰称其"公干气褊,故言壮而情骇",是说其"气促";曹丕称其"有逸气",是说其"气俊";钟嵘则称其"壮气爱奇,动多振绝,真骨凌霜,高风跨俗",显然是说其"气壮"。从气质特征上来说,这些评价还是有所差异的。再如,刘勰称王粲"仲宣躁锐,故颖出而才果",显然认为王粲"气躁",从而导致其文锐敏果断;钟嵘则称王粲"发愀怆之词,文秀而质羸",显然认为王粲"文气质羸",风格孱弱。文人气盛,则其文多躁,文气弱应与"躁"无涉。

这种评价差异,除了作者风格确实多样的原因,或者还与解读者可能是针对同一作者的不同文本而言的。这也是当时文学风貌的多样化在个体作家身上的反映。刘勰、钟嵘对王粲文学风格评价的这种差异性认识,也是当时个人文学风格对时代文学多样化风貌的

[①]《晋书》卷五十五,中华书局1974年版,第1504页。
[②]《晋书》卷五十四,中华书局1974年版,第1480—1481页。

体现之一。但文人之"气"虽各有异，应皆属于"浮诞"之美的衍生物，在他们身上具有长期的一贯性，并在各自的文学作品中呈现出不同的文学特征。并且，以"气"评价文人之多以及风气之盛，证明这是一种非常普遍的文学现象，具有浓郁的时代色彩与文化意蕴。

魏晋文学风貌的多样化，魏晋文人创作方式的多样化，以及同时代或后世文人评价模式的统一与差异，真实反映了一个时代的文学特征。这对于后世文学的影响是非常深远的。因为，诸如魏晋时代的文学作品、文人群体、同时代的士人评价或后世文人的评价等，各个层面展示出来的这种文学特征，不是一时、一地产生的。这充分说明，这种文学气象影响了一个甚至几个时代。这是非常了不起的文学大事。

中国古代最早的文学理论作品，能够产生在这个时代，绝非偶然。①曹丕的《典论·论文》、挚虞的《文章流别论》、李充的《翰林论》，是魏晋文学高度发达的产物，皆产生在北方地区。从这些作品的文字记载看来，它们对当时的很多文人，给予了较高的评价，大致反映了当时的文学气象与创作风貌。其后，南方地区产生的《文心雕龙》《诗品》《文选》等，是对魏晋文学理论与批评精神的继承，为魏晋文学气象的进一步传播，以及当时新的文学意蕴的形成，奠定了很好的理论基础。

值得深思的是，一种文学气象，有时可以影响几个时代的文学创作，并且在不同时代的文学之树上，还会绽放类似的艺术之花。齐梁之际，与魏晋社会风俗的相似之处，就是士族多骄奢豪侈，浮诞放达。颜之推对此曾有详细描述：

---

① 《晋书》称："逮乎当涂基命，文宗郁起，三祖叶其高韵，七子分其丽则，《翰林》总其菁华，《典论》详其澡绚，彬蔚之美，竞爽当年。"《晋书》卷九十二《文苑传》，第2369页。

> 梁世士大夫，皆尚褒衣博带，大冠高履，出则车舆，入则扶侍，郊郭之内，无乘马者。周弘正为宣城王所爱，给一果下马，常服御之，举朝以为放达。至乃尚书郎乘马，则纠劾之。及侯景之乱，肤脆骨柔，不堪行步，体羸气弱，不耐寒暑，坐死仓猝者，往往而然。①

反映在文学上，与魏晋文学的浮诞气象相似。这个时期的豪奢之风，孕育了绮丽、华艳的宫体诗歌。由此可见，社会风气移于文学，造成了这种文学气象的极大相似性；与这种社会风气相联系，齐梁之际，《文心雕龙》与《诗品》几乎同时问世，也对魏晋文学给予了较多的关注，尤其对魏晋文学的"浮诞"之美，给予了较多的肯定。这充分证明，曹丕、挚虞、李充、刘勰、钟嵘等人，无不高度关注魏晋文学中的"浮华"或"浮诞"之风及其体现出来的"气"之风格。可以说，魏晋文学的"浮诞"之美，养育了一代文学与一代文人；同时代与后世的文学理论，又从这种文学气象中汲取了宝贵的理论营养。直至唐宋，这种文风的影响仍然余音未绝。②

魏晋"浮诞"思想造成了两晋士人的孱弱与国运的衰微，对魏晋文学则带来了积极的影响。这种社会风气至齐梁犹存，并产生了类似的社会思潮、文学气象与士俗风尚，体现了中国传统文化发展的一贯性、渐进性与层垒性。尤其是魏晋与齐梁这两个历史时期，在南方士人中间逐渐形成了截然不同的两种文化现象：魏晋士人好老庄，齐梁士人尚佛学，而其流皆入于浮诞，儒者则皆视其为"异端"。从此，中国传统文化中儒、释、道三大思想互相融合的体系逐

---

① 《颜氏家训·涉务》，王利器集解，上海古籍出版社1980年版，第295页。
② 刘熙载《艺概·文概》称："自《典论·论文》以及韩、柳，俱重一'气'字。"又称："至昌黎《与李翊书》，柳州《与韦中立书》，皆论及于气。"参见《艺概》，上海古籍出版社1978年版，第38页。

渐建立起来，中国士大夫出现了出入于三家学问之间的现象。① 自唐宋以后，士大夫之间因地域不同而学术各异。② 这种风气发展与衍化的渊薮，应始于魏晋时期的"浮华"与"浮诞"思想。

总之，文学之于个人而言，与其性情关系极大。性情不同，其文章内容、文学批评观点与文学风格即多有差异。钱锺书先生云："人之嗜好，各有所偏。好咏歌者，则论诗当如乐；好雕绘者，则论诗当如画；好理趣者，则论诗当见道；好性灵者，则论诗当言志；好于象外得悬解者，则论诗当如羚羊挂角，香象渡河。"③ 然文学之于人类群体而言，与该群体的集体喜好不无关系。这种集体喜好，在一定的社会条件下，会形成一种"集体无意识"的生活习性与生活方式，进而在文学内容、文章体式、文学风格等方面，形成共同的文学认识与审美追求，最终造成一种文学风尚或文学风格的成熟与定型。

（作者单位：中国社会科学院文学研究所）

---

① 在北宋，儒家学者多学佛、道，吕大临即云："今大道未明，人趋异学，不入于庄，则入于释。"

② 此即顾炎武所称："南方士大夫，晚年多好学佛；北方士大夫，晚年多好学仙。"黄汝成：《日知录集释》，岳麓书社1996年版，第501页。

③ 钱锺书：《谈艺录》（补订本），中华书局1984年版，第42页。

论曹魏两晋时期的宫廷女乐

许继起

女乐作为一种特殊的音乐类别，在中国古代音乐史及音乐文学史上具有重要的意义。我们在过去的研究中，探讨了两汉时期掖庭女乐的管理、功能、分类等问题，论述了它对汉代乐府文学发展产生的意义。[①] 以下拟进一步从制度史角度，对魏晋十六国时期宫廷女乐的管理制度、职官建置、礼仪功能等进行研究，揭示宫廷女乐在这一时期流变、传播的历史面貌，探讨魏晋宫廷女乐对贵族蓄伎之风产生的意义和影响。

一 曹魏的宫廷女乐

汉末在群雄并起，逐鹿中原的争夺中，魏武帝曹操完成了统一北方的大业，他制定措施，采取积极的文化措施，吸引了大批文士，形成了以曹氏父子及建安七子为核心的邺下乐府文学创作集团。曹魏乐府文学集团主要由三部分人员组成：以宫廷贵族为中心的文人

---

① 参见许继起《汉代掖庭女乐考论》，《文学遗产》2006年第2期。

集团、音乐专门人才、后宫表演人才,而后二者与曹魏女乐有着密切的关系。乐府文学最重要的特征在于它是一门表演艺术,音乐专门人才以及数量众多的表演人才,在宫廷乐府文学的度曲配辞、器乐演奏、歌舞表演中承担了重要的角色,宫廷女乐是其中不可或缺的重要力量。

曹魏乐府文学创作大致是围绕曹氏父子为中心展开。依逯钦立先生《先秦汉魏晋南北朝诗》,魏武帝曹操存诗21首,均为乐府诗。文帝曹丕现存诗约40首,有20首为乐府诗。明帝曹叡18首,均为乐府诗。在曹植110多首作品中,有65首为乐府诗。建安七子也多有乐府之作,但是数量相对曹氏父子来说颇少。这反映了曹魏乐府文学创作是以曹氏父子为核心而展开的现象,显示了曹魏时期乐府文学创作的贵族化倾向。

音乐专门人才以及数量众多的表演人才,往往不被写入通常意义上的文学史著作,但是毫无疑问,这两类音乐人才在乐府音乐的创作改制,以及乐府作品度曲定调、歌舞表演中发挥着重要作用。宫廷女乐泛指参与宫廷祭祀、朝会、宴饮等活动的女子伎乐。掖庭女伎、清商女伎、总章女伎是曹魏宫廷女乐表演的主要承担者,她们也应该被看作是曹魏乐府文学集团的组成部分。

魏武帝平定荆州,获得汉雅乐郎河南杜夔,并使其创定雅乐。散骑侍郎邓静、尹商善于雅乐,歌师尹胡能歌唱宗庙、郊祀之曲,舞师冯肃、服养晓知先代舞乐,列和等制作钟磬金石等宫悬之器。柴玉、左延年则因擅新声取宠。《宋书·乐志上》:"汉末大乱,众乐沦缺。魏武平荆州,获杜夔,善八音,尝为汉雅乐郎,尤悉乐事,于是以为军谋祭酒,使创定雅乐。时又有邓静、尹商,善训雅乐,哥师尹胡能哥宗庙郊祀之曲,舞师冯肃、服养晓知先代诸舞,夔悉总领之。远考经籍,近采故事,魏复先代古乐,自夔始也。而左延年等，妙善郑声，惟夔好古存正焉。"① 相和歌、清商三调是曹魏时期最为活跃的乐府文艺品类，这与杜夔、左延年、列和等人的乐律改制有密切的关系。换言之，音乐专门人才的乐律改制、度曲配辞、歌舞制作，对曹魏乐府音乐的改制、创新与发展具有决定性的意义。

邺城铜雀女乐是曹魏宫廷女乐发展的第一个阶段。建安五年（公元201年）官渡之战后，魏武帝灭邺侯袁绍。建安十年（公元206年），灭袁谭，邺城逐渐成为魏武帝政治军事活动的中心。魏武帝在此制定了屯田令，举贤良才等重要的政治文化举措。建安十五年（公元210年），建铜雀台，广纳女伎，演于歌舞，这是曹魏女乐发展的起始阶段。建安期间魏武帝父子创作了大量的乐府文学作品，与建安诸子相唱和，开乐府新声变曲风气之先。铜雀女伎在乐府歌舞表演中，承担了重要的角色。

魏武帝善音乐，可以与后汉桓谭、蔡邕二人并称，② 尤其喜好倡优之伎。《三国志·魏书·武帝纪》范晔注引《魏书》云："是以创造大业，文武并施，御军三十余年，手不舍书，昼则讲武策，夜则思经传，登高必赋，及造新诗，被之管弦，皆成乐章。"又引《曹瞒传》云："太祖为人佻易无威重，好音乐，倡优在侧，常以日达夕。"③ 邺下铜雀台的音乐活动，也成为魏晋以下清商之乐的重要源头。刘宋顺帝升明二年（478年），尚书令王僧虔上表论三调歌诗云："又今之《清商》，实犹铜雀，魏氏三祖，风流可怀，京、洛相高，江左弥重。"④ 魏武父子对乐府文艺的偏好和创作实践，对曹魏

---

① 《宋书·乐志》，中华书局1974年版，第534页；又参见房玄龄等《晋书·乐志》，中华书局1974年版，第679页。
② 《三国志·魏书·武帝纪》范晔注引张华《博物志》云："桓谭、蔡邕善音乐，冯翊山子道、王九真、郭凯等善围棋，太祖皆与埒能。"中华书局1982年版，第54页。
③ 《三国志·魏书·武帝纪》，范晔注，中华书局1982年版，第54页。
④ 《宋书·乐志》，中华书局1974年版，第553页。

女伎之乐以及清商乐的发展与繁荣,具有重要的推动意义。由于魏武未践帝位,从严格意义上讲,铜雀女乐不是宫廷女乐的范围。自建安十八年（公元213年）,魏武帝受九锡之礼,封魏公,行汉初诸王礼仪,置百官,始建魏氏宗庙于邺。十九年春正月,行藉田礼,三月,魏公位诸侯王之上,授金玺、赤绂、远游冠。二十一年进爵魏王。二十二年,设天子旌旗,出入敬跸,置泮宫。十二月,天子命魏王冕十二旒,乘金根车,驾六马,设五时副车。① 魏武帝自受封魏公行汉初诸侯礼,至封魏王,出入比天子仪仗。此期间铜雀女乐行用于诸种礼仪,在一定程度已经具有了宫廷女乐的性质。

文帝时期是女乐职官制度建立的阶段。魏文建国后,移宫洛阳,一部分铜雀女乐随之进入曹魏宫廷,成为真正意义上的宫廷女乐。文帝伐吴蜀,定百官,修宗庙,行郊祀,重文士,集一时人文之盛。太乐、清商、总章诸乐署,盖建于此期。② 此期间,邺城为曹魏别宫,铜雀女乐不失往日繁华。

曹魏宫廷女乐发展的第三个阶段是在魏明帝时期。明帝加强后宫制度建设,扩建宫殿台榭,广纳后廷人员,宫中习伎乐者近千人之多。太和三年（229年）曹魏宗庙由邺地迁至洛阳,魏明帝修治洛阳庙室。青龙年间又修建洛阳宫、太极殿、总章观,置八坊专门容纳后宫贵人女伎,并拟百官之数,各设品秩。《三国志·魏书·明帝纪》云:"（青龙年间）是时,大治洛阳宫,起昭阳、太极殿,筑总章观。百姓失农时,直臣杨阜、高堂隆等各数切谏,虽不能听,常优容之。"刘宋裴松之注引《魏略》云:"是年起太极诸殿,筑总章观,高十余丈,建翔凤于其上。又于芳林园中起陂池,楫棹越歌。

---

① 参见《三国志·魏书·武帝纪》,范晔注,中华书局1982年版,第37—49页。
② 许继起:《魏晋南北朝清商乐署考论》,《中南民族大学学报》（人文社会科学版）2016年第6期。

又于列殿之北，立八坊，诸才人以次序处其中，贵人夫人以上，转南附焉，其秩石拟百官之数。"① 曹魏诸后宫才人知书付信，典省外事，管理制度井然有序，其歌舞伎人更是逾千人之数。《三国志·明帝纪》裴松之注引《魏略》说："帝常游宴在内，乃选女子知书可付信者六人，以为女尚书，使典省外奏事，处当画可，自贵人以下至尚保，及给掖庭洒扫，习伎歌者，各有千数。通引谷水过九龙殿前，为玉井绮栏，蟾蜍含受，神龙吐出。使博士马均作司南车，水转百戏。岁首建巨兽，鱼龙曼延，弄马倒骑，备如汉西京之制，筑阊阖诸门阙外罘罳。"② 由上可见，明帝时期掖庭女伎之众，盛极一时。不仅如此，此时宫廷百戏"备如汉西京之制"，反映了民间散乐充斥掖宫的现象，这意味着民间女子倡乐以及杂舞女乐，也是曹魏宫廷宴饮娱乐的一支重要力量。

据《宋书·乐志》《乐府诗集·舞曲歌辞》，魏世有杂舞乐。《乐府诗集·舞曲歌辞》"杂舞一"小序："杂舞者，《公莫》、《巴渝》、《盘舞》、《鞞舞》、《铎舞》、《拂舞》、《白纻》之类是也。始皆出自方俗，后寖陈于殿庭。盖自周有缦乐散乐，秦汉因之增广，宴会所奏，率非雅舞。汉、魏已后，并以鞞、铎、巾、拂四舞，用之宴飨。"③ 依此，魏世宫廷宴飨有鞞、铎、巾、拂四舞。鞞、铎之舞，多与男子有关。《乐府诗集·舞曲歌辞》载曹植《鼙舞歌》，解题云："《宋书·乐志》曰：'《鞞舞》未详所起，然汉代已施于燕享矣。傅毅、张衡所赋，皆其事也。魏曹植《鞞舞歌序》曰：'汉灵帝西园鼓吹，有李坚者，能《鞞舞》。遭乱，西随段颎。先帝（魏武帝）闻其旧有技，召之。坚既中废，兼古曲多谬误，故改作新歌五

---

① 《三国志·魏书·明帝纪》，范晔注，中华书局1982年版，第104页。
② 同上书，第104—105页。
③ 《乐府诗集·舞曲歌辞》"杂舞一"小序，中华书局1979年版，第771页。

篇.'……并陈于元会。"① 巾、拂、杯盘之舞多女子舞乐，除了在元正朝会等礼仪场合演于宫廷外，也活跃于贵族以及中下阶层。这在汉代中下阶层墓葬出土的汉画像中，有诸多图物可证，曹魏盖沿汉俗。依汉制，百戏散乐众伎，诸乐人不入官籍，宫廷举行朝会宴飨等礼仪活动时，多从民间临时征召，曹魏如之。

明帝掖庭伎人的极度扩充，除礼仪、宴饮娱乐的需要外，一定程度上也是加强后宫制度建设的结果。据《三国志·魏书·后妃传》，汉后宫制度，帝母曰皇太后，帝妃曰皇后，其余内官十有四等。魏因汉法，自夫人以下，世有增损。魏武建国，② 始命王后，其下五等：夫人、昭仪、倢伃、容华、美人；文帝增贵嫔、淑媛、修容、顺成、良人；明帝增淑妃、昭华、修仪，而且"太和中始复命夫人，登其位于淑妃之上。自夫人以下爵凡十二等：贵嫔、夫人，位次皇后，爵无所视。淑妃位视相国，爵比诸侯王。淑媛位视御史大夫，爵比县公。昭仪比县侯。昭华比乡侯。修容比亭侯。修仪比关内侯。倢伃视中二千石。容华视真二千石。美人视比二千石。良人视千石"。③ 魏武备后宫之仪，文帝增其数，明帝分其爵，曹魏后宫制度建设有一个明显变化的过程。尤其明帝太和中，不仅后宫称号有所增加，人员规模扩大，而且自夫人以下拟百官制度，备以品秩。掖庭嫔妃既备百官品爵，其宴饮、礼仪、娱乐亦备其制可知。

"习伎歌者，各有千数"，既是明帝加强后宫制度建设的产物，也反映了此时期掖庭女伎空前繁盛的局面。明帝时期掖庭女子备以官职，知书识礼，典省公事，制度上的认同不仅提高了掖庭女子，包括掖庭女伎的合法地位，也给予了她们接受教育、习得知识的机

---

① 《乐府诗集·舞曲歌辞》"杂舞一"小序，中华书局1979年版，第771—772页。
② 建安十八年（公元213年），魏武帝策命为魏公，封十郡，始建国。参见《三国志·魏书·武帝纪》，范晔注，中华书局1982年版，第39—42页。
③ 《三国志·魏书·后妃传》，第156页。

会，这为掖庭女乐的发展创造了条件，也为掖庭女乐带来一个崭新的面貌。

明帝时掖庭女伎的一个主要来源是宫中的选拔，另一个途径则是征诏而来。后者与明帝时期特殊的军事政策有关。明帝时既有内部叛乱，也有外族侵扰。为了激励军士，明帝下诏令剥夺众多已嫁吏民为妻的女子，配给兵士。在此名义下，一部分被选送入宫廷，成为掖庭伎人，这成为掖庭女乐的一个重要来源。《三国志·魏书·明帝纪》裴松之注引《魏略》云："又录夺士女前已嫁为吏民妻者，还以配士，既听以生口自赎，又简选其有姿色者内之掖庭。"① 诸人为保住妻子，富人、贫者均倾其资财，购买与妻女年纪、长相相当的"生口"，② 以便赎回自己的妻子，而"县官以配士为名而实内之掖庭，其丑恶者乃出与士"。③ 在夺吏民之女以配士的名义下，选拔貌美的女子录于掖庭。此类女子，有的成为才人，有的隶为杂役，有的则可能成为"习伎歌"者，服务宫廷礼仪娱乐，这也是明帝时期掖庭女乐队伍日渐壮大的原因之一。选女配士、"生口"买卖的政策，或可能是促使营伎制度产生的根源之一。

掖庭女乐是两汉乐府中重要的音乐品类之一。④ 曹魏时置掖庭令以及左右丞，亦掌掖庭女乐。洪饴孙《三国职官表》"光禄勋"属官："掖庭令一人（《唐六典》：魏有此官，而非宦者。《册府元龟》），六百石，第七品，掌后宫贵人采女事。（《汉志》）……左右丞各一人，二百石，第九品。"又置清商令、丞："清商令一人（《册

---

① 《三国志·魏书·明帝纪》裴松之注引《魏略》，第105页。
② 生口，指战争中虏掠来的人口。
③ 《三国志·魏书·明帝纪》裴松之注引《魏略》，第105页。
④ 笔者认为，汉代掖庭女乐既可施于国家郊祀、宗庙等大型礼仪，又能供帝王殿廷宴飨以及后宫宴饮娱乐，也能事官巫以礼诸神，是汉代乐府重要的音乐品类之一。参见《两汉掖庭女乐考》，第27—28页。

府元龟》《本志》),六百石(汉无此官,依诸令补),第七品,所掌如掖庭令(……是所掌如汉掖庭令也),魏所置(汉无此官)。"① 可知,曹魏掖庭与清商二官署,职属分明,关系尤为密切。换言之,清商自有其女伎,可谓清商女伎,而掖庭习伎乐者,亦隶受清商乐官教习。

明帝之后,少帝齐王芳嗣位,尤喜倡优杂戏,并将九亲妇女留付于清商,以为娱乐。嘉平六年(254年),诸大臣上奏太后要求废帝。《三国志·魏书·少帝纪》载太后诏令,叙齐王劣迹:"皇帝芳春秋已长,不亲万机,耽淫内宠,沉漫女德,日延倡优,纵其丑谑。迎六宫家人留止内房,毁人伦之叙,乱男女之节。"裴松之注引《魏书》载大臣议云:"(齐王芳)又于广望观上,使怀、信等于观下作辽东妖妇,嬉亵过度,道路行人掩目,帝于观上以为宴笑。于陵云台曲中施帷,见九亲妇女,帝临宣曲观,呼怀、信使入帷共饮酒。怀、信等更行酒,妇女皆醉,戏侮无别。使保林李华、刘勋等与怀、信等戏,清商令令狐景呵华、勋曰:'诸女,上左右人,各有官职,何以得尔?'"又云:"清商丞庞熙谏帝……帝言:'我自尔,谁能奈我何?'……每见九亲妇女有美色,或留以付清商。"② 齐王日引倡优,留九亲妇女以付清商的做法,从侧面说明在曹魏清商乐署中,清商乐的表演者多为女伎。清商乐署中女伎之乐,可称清商女乐,是曹魏宫廷女乐中最重要的组成部分。

汉代房中乐为掖庭女乐的范畴,魏代亦置房中乐。魏国初建,王粲曾改汉代房中乐为《安世乐》,文帝又改《安世乐》为《正始之乐》,至明帝时侍中缪袭又改为《飨神乐》,主要用于宗庙,以宴

---

① 洪饴孙:《三国职官表上》,《二十五史补编》排印本,开明书店1937年版,第2册,第2753页。
② 《三国志·魏书·少帝纪》,第129—130页。

飨神灵。《宋书·乐志》载:"侍中缪袭又奏:'《安世哥》本汉时哥名。今诗哥非往时之文,则宜变改。案《周礼》注云:《安世乐》,犹周《房中之乐》也。是以往昔议者,以《房中》哥后妃之德,所以风天下,正夫妇,宜改《安世》之名曰《正始之乐》。自魏国初建,故侍中王粲所作登哥《安世诗》,专以思咏神灵及说神灵鉴享之意。(缪)袭后又依哥省读汉《安世哥》咏,亦说"高张四县,神来燕享,嘉荐令仪,永受厥福"。无有《二南》后妃风化天下之言。今思惟往者谓《房中》为后妃之歌者,恐失其意。方祭祀娱神,登堂哥先祖功德,下堂哥咏燕享,无事哥后妃之化也。自宜依其事以名其乐哥,改《安世哥》曰《享神哥》。'奏可。案文帝已改《安世》为《正始》,而袭至是又改《安世》为《享神》,未详其义。王粲所造《安世诗》,今亡。"① 由上可知,曹魏房中女乐在功能上较之两汉,更加注重加强其礼神、娱神的礼仪功能。

汉代设总章乐署,主掌宫廷舞乐,诸伎舞女乐属之。② 史籍不明曹魏总章职官,依汉晋制度有总章乐署,曹魏盖有其官,或为太乐官兼掌之。明帝时在后宫建总章观,或与掖庭女乐及诸伎舞女乐有关。总章工官,掌教伎舞女乐。《宋书·乐志》载:"宋文帝元嘉十三年,司徒彭城王义康于东府正会,依旧给伎。总章工冯大列:'相承给诸王伎十四种,其舞伎三十六人。……今诸王不复舞伎,其总章舞伎,即古之女乐也。殿庭八八,诸王则应六八,理例坦然。'"③ 总章伎舞女乐,主要用于郊祀、宗庙、朝会、燕飨等礼仪。④

自魏武帝以来诸将门豪富便有蓄女乐之风。《三国志·魏书·杨

---

① 《宋书·乐志》,中华书局1974年版,第536—537页;又参见《三国志·魏书·文帝纪》裴松之注引《魏书》,第80页。
② 许继起:《乐府总章考论》,《文学评论》2013年第3期。
③ 《宋书·乐志》,中华书局1974年版,第547页。
④ 许继起:《乐府总章考论》,《文学评论》2013年第3期。

阜传》:"(曹)洪置酒大会,令女倡着罗縠之衣,蹋鼓,一坐皆笑。阜厉声责洪曰:'男女之别,国之大节,何有于广坐之中裸女人形体!虽桀、纣之乱,不甚于此。'遂奋衣辞出。洪立罢女乐,请阜还坐,肃然惮焉。"① 曹魏时扶风马钧,善于巧思,曾受明帝诏,使女乐用于百戏。《方技传·杜夔》:"时有扶风马钧,巧思绝世。……其后人有上百戏者,……设为女乐舞象,至令木人击鼓吹箫;作山岳,使木人跳丸掷剑,缘絙倒立,出入自在;百官行署,春磨斗鸡,变巧百端。"② 齐王芳时,魏氏宫廷权弱,大将军之子曹爽不但取明帝时掖庭才人、民间良家女为伎乐,而且遣送诸才人于邺台,使先帝(明帝)婕妤教诸伎乐。《曹爽传》:"爽饮食车服,拟于乘舆;尚方珍玩,充牣其家;妻妾盈后庭,又私取先帝才人七八人,及将吏、师工、鼓吹、良家子女三十三人,皆以为伎乐。诈作诏书,发才人五十七人送邺台,使先帝倢伃教习为伎。擅取太乐乐器,武库禁兵。作窟室,绮疏四周,数与晏等会其中,饮酒作乐。"③《晋书·宣帝纪》:"(正始)九年春三月,黄门张当私出掖庭才人石英等十一人,与曹爽为伎人。"④ 曹爽除了争明帝掖庭女伎外,还有专门教授家伎的乐人。⑤

曹爽掠取掖庭才人为女乐的事实,一方面说明,曹魏宫廷女乐拥有专门的音乐技能和音乐人才资源,这是当时一般贵胄将门所无法企及的。另一方面说明贵族豪门蓄养女伎与宫廷崇尚女乐风气有莫大的关联。尤其曹魏之末,出现了中下层贵族蓄养女乐渐成风气

---

① 《三国志·魏书·杨阜传》,第704页。
② 《三国志·魏书·方技传·杜夔》,第807页。
③ 《三国志·魏书·曹爽传》,第284页。
④ 《晋书·宣帝纪》,第16页。
⑤ 《晋书·宣五王传·梁王肜》:"(张)蕃素无行,本名雄,妻刘氏解音乐,为曹爽教伎。"第1127页。

的动向，这对西晋世族的蓄伎风尚有一定影响。

建安之际，汉室权弱，诸侯烽起。连年的战争，使得民生凋敝，军士流离。魏武横槊南北，征战无数，官渡之役，稳定了汉室基业。魏武帝父子豪情婉转，建安文士邺下文章，既记录了这段历史的艰难，也抒写了志于天下人民的慷慨悲歌。魏武帝受九锡之赐，始行魏公礼乐，立宗庙于邺。杜夔、列和等人损益汉制，重建曹魏雅乐。左延年等人力求新声变曲，魏武帝不僭天子之位，为建安时期乐府礼乐改制和革新打开了广阔的空间。魏武帝建铜雀三台，演军事，招贤士，铜雀风流，名播四域，清商相和演为后世礼乐之弥祖。魏文帝，修宗庙，定郊祀，重文章，洛阳邺台人文盛极一时。明帝时期广修宫室，留意玩饰，加强后宫之制度，注重提高后宫人员的知识水平。加之前代经济、礼乐的积累，从制度建设、人员储备以及后宫人员的整体素质上，为曹魏宫廷女乐的发展创造了有利的条件。

二 两晋时期的宫廷女乐

依前所述，掖庭署、清商署、总章署多容有女乐。西晋初掖庭、清商并属光禄勋，以后又有省并。《晋书·职官志》云："光禄勋，统武贲中郎将、羽林郎将、冗从仆射、羽林左监、五官左右中郎将、东园匠、太官、御府、守宫、黄门、掖庭、清商、华林园、暴室等令。哀帝兴宁二年，省光禄勋，并司徒。孝武宁康元年复置。"① 晋武帝时加强后宫制度建设，尤其平东吴后，纳孙晧宫人于掖庭，人数近万人之多。《晋书·后妃传·胡贵嫔》载："泰始九年，帝多简良家子女以充内职，自择其美者以绛纱系臂。……时帝多内宠，平

---

① 《晋书·职官志》，第736页。

吴之后复纳孙晧宫人数千，自此掖庭殆将万人。"① 晋初武帝朝坐拥曹魏洛阳、邺城宫伎，尤其晋武帝平东吴，纳东吴宫廷女乐于掖庭，为江南吴声进入西晋宫廷提供了契机。

房中女乐是西晋掖庭女乐的重要组成部分，设于朝会礼仪。《晋书·礼志下》载《咸宁注》记晋朝会礼仪云："夜漏未尽七刻谓之晨贺，昼漏上三刻更出，百官奉寿酒，谓之昼会。别置女乐三十人于黄帐外，奏房中之歌。"② 较之曹魏房中女乐祀神、娱神礼仪功能的增强，西晋房中女乐主要用之朝会，与之相适应，晋初房中女乐的宴飨功能相对有所加强。

晋代武帝泰始年间，太乐、总章、清商、鼓吹四署并列。晋武帝泰始九年（公元273年），荀勖定依杜夔所定律吕，校定四署之乐。《晋书·乐志》载："泰始九年，光禄大夫荀勖以杜夔所制律吕，校太乐、总章、鼓吹八音，与律吕乖错，乃制古尺，作新律吕，以调声韵。事具《律历志》。律成，遂班下太常，使太乐、总章、鼓吹、清商施用。"③ 太乐、总章、清商等独立乐署机构的建立，晋初宫廷女乐在诸乐署调习、掌教下，行用于宫廷礼仪宴饮歌舞。

西晋惠帝昏弱，贾后秉权。永康元年（公元300年），赵王伦矫诏废贾后，自为丞相辅政，永宁元年（公元301年）春正月篡帝位。后齐王冏传檄诸郡，联众讨伐，族灭伦党。后张方举事，二度劫略洛阳，挟惠帝幸长安。"（张）方以帝幸其垒，帝令方具车载宫人宝物，军人因妻略后宫，分争府藏。魏晋已来之积，扫地无遗矣。"④ 张方叛乱入洛，持帝长安，是对晋室以来宫廷礼乐最大的一次破坏。

---

① 《晋书·后妃传·胡贵嫔》，第962页。
② 《晋书·礼志下》，第651页。
③ 又见《宋书·律历志》："（荀）勖又以魏杜夔所制律吕，检校太乐、总章、鼓吹八音，与律乖错。"第219页。
④ 《晋书·惠帝纪》，第103页。

惠帝元康至元熙年间，皇廷诸王内乱，史称"八王之乱"，晋帝一度转徙洛阳、长安、南阳之间，加之自然灾害频发，惠帝期间有长达十多年的内廷争斗，晋室重器，屡遭劫掠。晋怀帝永嘉年间，赵石寇京，五胡乱华，十六国渐兴。"朝廷无车马章服，唯桑版署号而已。众唯一旅，公私有车四乘，器械多阙，运馈不继。巨猾滔天，帝京危急，诸侯无释位之志，征镇阙勤王之举，故君臣窘迫，以至杀辱云。"① 《晋书·愍帝纪》引干宝云："怀帝承乱得位，羁于强臣，愍帝奔播之后，徒厕其虚名，天下之政既去，非命世之雄才，不能取之矣！"② 西晋自惠帝时张方二度侵洛，至怀、愍二帝受掳刘、石，西晋宫廷礼乐渐无。

永嘉之后，北方诸族入侵中原，晋室南渡。西晋宫廷礼乐之器大量散落，先后流入刘聪、石勒、慕容氏、姚兴所建诸国。东晋之初，礼乐之器不备，乐人残缺，各乐署或省或并，东晋宫廷礼乐衰颓。经过元、明、成三帝的努力经营，礼乐制度建设有所恢复。东晋诸帝，一直为失地及战争的阴影所笼罩，在心理上无暇娱乐，加之前朝礼乐文物散失殆尽。相比西晋泰始之年，东晋宫廷乐府娱乐事极度衰落，其宫廷女乐已不复晋初宫掖万人景象。

西晋之末，宫廷内争，各地方将领、豪门、大族为维护自身的利益纷纷崛起，成为社会统治阶层的新生力量，门阀之制渐兴。不断崛起的地方势力，在军事、经济、文化建设上越来越具有更大的自主权力。南渡之后，北方大族随之南迁，携手权力渐起的南方世族，在政治上形成掎角之势，南北士族豪门成为维护东晋社会统治的中坚力量。这为两晋中层贵族、士族阶层的蓄伎之风创造了条件，对此文献多有记载：

---

① 《晋书·愍帝纪》，第132页。
② 同上书，第137页。

《晋书·王敦传》："（明帝）时王恺、石崇以豪侈相尚，恺尝置酒，敦与导俱在坐，有女伎吹笛小失声韵，恺便驱杀之，一坐改容，敦神色自若。"①

《蔡谟传》："（元帝）（蔡）谟性方雅。丞相王导作女伎，施设床席。谟先在坐，不悦而去，导亦不止之。"②

《祖约传》："（成帝咸和五年）至日，勒辞之以疾，令遐请（祖）约及其宗室……遂杀之，并其亲属中外百余人悉灭之，妇女伎妾班赐诸胡。"③

《刘舆传》："（惠帝）延爱妾荆氏有音伎，延尚未殁，（刘）舆便娉之。未及迎，又为太傅、从事中郎王儁所争夺。"④

《刘弘传》："（惠帝）时总章太乐伶人，避乱多至荆州，或劝可作乐者。弘曰：'昔刘景升以礼坏乐崩，命杜夔为天子合乐，乐成，欲庭作之。夔曰："为天子合乐而庭作之，恐非将军本意。"吾常为之叹息。今主上蒙尘，吾未能展效臣节，虽有家伎，犹不宜听，况御乐哉！'乃下郡县，使安慰之，须朝廷旋返，送还本署。"⑤

《桓温传》："（愍帝）及是（桓温）征还，于北方得一巧作老婢，访之，乃琨伎女也，一见温，便潸然而泣。"⑥

《王国宝传》："（孝武帝）（王）国宝贪纵聚敛，不知纪极，后房伎妾以百数，天下珍玩充满其室。"⑦

《桓玄传》："（安帝）（桓）玄入建康宫，逆风迅激，旌旗

---

① 《晋书·王敦传》，第2553页。
② 《晋书·蔡谟传》，第2041页。
③ 《晋书·祖约传》，第2627页。
④ 《晋书·刘舆传》，第1692页。
⑤ 《晋书·刘弘传》，第1766页。
⑥ 《晋书·桓温传》，第2571页。按：刘琨通声律，蓄伎，永嘉后据守晋阳十年。
⑦ 《晋书·王国宝传》，第1972页。

仪饰皆倾偃。及小会于西堂，设妓乐，殿上施绛绫帐，缕黄金为颜，四角作金龙，头衔五色羽葆旒苏。"①

《殷仲文传》："（桓玄）以（仲文）佐命亲贵，厚自封崇，舆马器服，穷极绮丽，后房伎妾数十，丝竹不绝音。性贪吝，多纳货贿，家累千金，常若不足。"②

《五行志中》："（废帝）海西公时，庚晞四五年中喜为挽歌，自摇大铃为唱，使左右齐和。又宴会辄令倡妓作新安人歌舞离别之辞，其声悲切。"③

《宋书·五行志二》"诗妖"："（东）晋安帝隆安中，民忽作《懊恼歌》，其曲中有'草生可揽结，女儿可揽抱'之言。桓玄既篡居天位，义旗以三月二日扫定京都，玄之宫女及逆党之家子女伎妾，悉为军赏。东及瓯、越，北流淮、泗，皆人有所获焉。时则草可结，事则女可抱，信矣。"④

以上记载，大致反映了两晋时期门阀贵族、庄园豪富阶层蓄养女伎之乐的风气。晋世清商、相和、吴声，也正是在此晋室政权下移的背景下，获得了更为开阔的发展空间。

司马氏父子在辅政魏帝的名义下，伐吴平蜀，定南北为一，也因此奠定了西晋建国的基业。西晋武帝朝，是在曹魏雄厚的国力基础上建立起来的政权，一定程度上是对旧有曹魏中央政权的巩固和加强，最直接的表现是西晋之初职官制度和礼仪制度的建设。礼仪制度建设，无疑是维系晋初中央政权的一条重要纽带。《晋书·天文志》三卷、《律历志》三卷、《地理志》二卷、《礼志》三卷、《乐

---

① 《晋书·桓玄传》，第2596页。按：此桓玄践帝位，行帝王礼乐。
② 《晋书·殷仲文传》，第2604页。
③ 《晋书·五行志中》，第836页。
④ 《宋书·五行志二》，第918页。

志》二卷、《职官》一卷，详载了晋初制度。加强制度建设，是晋初稳固中央政权的重要举措，礼乐制度亦在其中。在礼仪的束缚下，使得晋初乐府少了些梗概之气。尤其雅乐、宴飨之乐稍行改作，基本多是沿袭魏制。

司马炎代魏称帝，平东吴，定南北，建国之始，礼仪制作彰显大国之气，可补曹魏制度不足。惠帝昏弱，西晋礼乐毁于贾后，败于怀帝，亡于永嘉。南迁之后，金石不备，加之政权始建，战争连绵，明、成、元三世着力补阙。至穆帝永和十一年（355年），"谢尚镇寿阳，于是采拾乐人，以备太乐，并制石磬，雅乐始颇具"。① 孝武帝"太元中，破苻坚，又获其乐工杨蜀等，闲习旧乐，于是四厢金石始备焉"。② 北方稳固的豪门大族以及江南不断崛起的士族，无疑是稳固两晋政权的中坚力量。晋代改革曹魏屯田制，施行占田制及荫客制的土地政策，使得地主、士族获得大量的土地和农民资源，促进了庄园经济的极大发展，中上地主阶层的财富囤积可比王侯。尤其东晋之后，北方诸国彼此征战相残，无暇东晋，这为东晋王朝赢得了相对安定的政治环境，也为东晋的经济发展提供了条件。以清商、相和以及江南吴声代表的乐府文艺，很快进入士族阶层的视野，蓄伎之风盛于王廷，在此背景下，东晋士族阶层的女乐发展颇现生机。东晋宫廷女乐的衰落，与门阀士族的宴饮女乐的兴起，形成了一定程度的对比，后者则成为滋养庄园经济背景乐府文艺发展的温床。

三 北方十六国的宫廷女乐

西晋惠帝时，晋室陷于内战。北方匈奴刘乂海（渊），于惠帝永

---

① 《晋书·乐志》，第698页。
② 同上。

安元年（公元305年）称汉王，怀帝永嘉二年（公元308年）称帝（前赵），后迁都平阳（太原附近）。公元310年刘和即位，后被庶弟刘聪弑杀。公元311年刘聪、石虎攻陷洛阳，掳西晋怀帝于平阳。建兴四年（公元316年）刘曜攻陷长安，晋愍帝降汉，西晋亡。此时前赵攻占了陇右、关东、关外、山东、河南大部分地区，晋室礼乐重器，尽归于平阳。刘聪死后，刘曜僭位称帝（前赵）。

东晋元帝大兴元年（公元318年），前赵大将石勒攻战平阳，迁平阳浑仪、图籍以及礼乐重器于襄国（今河北邢台），公元319年石勒称赵王（后赵）。此后石勒兼并冀州、幽州、豫州等地。后赵太和二年（公元329年）灭刘曜，前赵亡。石勒又先后定北边前凉、氐羌、鲜卑诸族。至此，后赵控制了长江以北的大部分地区，半壁东晋。公元330年石勒称帝，号大赵天王，行皇帝事，兴建邺宫。建武元年（公元335年）石季龙弑帝（石弘）称元，并迁都邺城，旧都襄国改置襄国郡。

北方诸族长期混乱，无暇礼乐之事，但是对西晋宫廷礼乐器物及乐人的劫掠也刺激了诸国礼乐制度的建设和礼乐活动的进行。如石勒收平阳重器于襄城后，"勒始制轩悬之乐，八佾之舞，为金根大辂，黄屋左纛，天子车旗，礼乐备矣"。①

后赵石季龙（虎）迁都于邺，行天子礼仪。石氏穷兵黩武，残暴贪色，扩建长安、洛阳、邺城宫室。《晋书·石季龙载记上》载："发雍、洛、秦、并州十六万人城长安未央宫。""又发诸州二十六万人修洛阳宫。"又云："季龙志在穷兵，以其国内少马，乃禁畜私马，匿者腰斩，收百姓马四万余匹以入于公。兼盛兴宫室于邺，起台观四十余所，营长安、洛阳二宫，作者四十余万人。"② 又云："咸康

---

① 《晋书·石勒载记》（下），第2736页。
② 《晋书·石季龙载记》（上），第2765页。

二年，使牙门将张弥徙洛阳钟虡、九龙、翁仲、铜驼、飞廉于邺。钟一没于河，募浮没三百人入河，系以竹絙，牛百头，鹿栌引之乃出。造万斛舟以渡之，以四轮缠辋车，辙广四尺，深二尺，运至邺。"① 由上，可以看出石季龙极为重视加强长安、洛阳以及邺城宫室建设及礼乐制度建设。

石季龙在诸城宫室均纳以士女，内设女官十八等，后增至二十四等，又置女子鼓吹以及女子千骑卤簿仪卫。《晋书·石季龙载记上》载："又起灵风台九殿于显阳殿后，选士庶之女以充之。后庭服绮縠、玩珍奇者万余人，内置女官十有八等，教宫人星占及马步射。置女太史于灵台，仰观灾祥，以考外太史之虚实。又置女鼓吹羽仪，杂伎工巧，皆与外侔。"② 石氏时帝王宫廷、东宫太子、公侯均置女官，且等级分明，各地方官员也纷纷采集妇人良女送于石氏，诸女总会于邺宫。仅宫廷女骑卤簿，就有近千人之数。《石季龙载记下》云："增置女官二十四等，东宫十有二等，诸公侯七十余国皆为置女官九等。先是，大发百姓女二十已下十三已上三万余人，为三等之第以分配之。郡县要媚其旨，务于美淑，夺人妇者九千余人。百姓妻有美色，豪势因而胁之，率多自杀。石宣及诸公又私令采发者，亦垂一万，总会邺宫。季龙临轩简第诸女，大悦，封使者十二人皆为列侯。……李龙常以女骑一千为卤簿，皆著紫纶巾、熟锦袴、金银镂带、五文织成靴，游于戏马观。观上安诏书五色纸，在木凤之口，鹿卢回转，状若飞翔焉。"③ 虽无明确数据记录石季龙宫廷蓄养女乐之众，但是从季氏后宫女官制度的建立，置千骑女子卤簿，并列女子鼓吹等举措，后赵宫廷礼仪于此为盛可见。季龙僭位十五年

---

① 《晋书·石季龙载记》（上），第 2777 页。
② 同上书，第 2764 页。
③ 同上书，第 2777—2778 页。

间，行郊祀、耕藉、桑田之礼，并祈祀山川，可知其礼仪略备。① 由于史籍不详，后赵宫廷女乐职官、职能、分属等问题，亦难明晰。从赵石季龙宫廷置女子千骑卤簿，列女子羽葆鼓吹的做法来看，不类中原仪制，应是羯胡民族习尚的一种表现。

慕容皝在公元337年自立为燕王（前燕），内附东晋，与后赵交恶数载。后慕容儁灭冉魏，受后赵玺符，迁都邺城，尽得前、后赵礼乐器物图籍。前秦苻坚建国，灭前燕，淝水之战后，慕容垂建立后燕，都中山（今河北定州）。北魏拓跋氏建国，南下攻燕，后燕遂分南、北两部。后燕慕容宝退居龙城（今辽宁朝阳），后返邺城攻北魏不成，在折返龙城附近被杀。慕容德于滑台（今河南滑县）称帝，建南燕，后由慕容超即位，终被刘裕斩杀于建康，南燕灭国。前、后燕，先后屯居邺城，得后赵之利，备礼乐珍宝器具，但是限于征战，礼乐亦无施行。唯南燕慕容德以及慕容超时期，史籍对其宫廷礼乐略有记录。

南燕慕容德在北魏破中山后，为避魏军攻邺，"乃率户四万、车二万七千乘，自邺将徙于滑台"。② 在此次迁徙中，前朝礼乐器物多有载行。慕容超即位后，会东阳殿作礼乐，叹礼乐不备。《晋书·慕容超载记》："超正旦朝群臣于东阳殿，闻乐作，叹音伎不备，悔送伎于姚兴，遂议入寇。其领军韩□谏曰：'先帝以旧京倾没，戢翼三齐，苟时运未可，上智辍谋。今陛下嗣守成规，宜闭关养士，以待赋衅，不可结怨南邻，广树仇隙。'超曰：'我计已定，不与卿言。'于是遣其将斛谷提、公孙归等率骑寇宿豫，陷之，执阳平太守刘千载、济阴太守徐阮，大掠而去。简男女二千五百，付太乐教之。"③

"悔送伎于姚兴"的记载中隐含了另一段史实。慕容超是慕容德

---

① 参见《晋书·石季龙载记》（上、下）。
② 《晋书·慕容德载记》，第3164页。
③ 同上书，第3180页。

兄长北海王慕容纳之子，前燕灭亡，苻坚任命慕容纳为广武（河南荥阳）太守，后辞官，避乱张掖（甘肃张掖）。慕容垂建立后燕，前秦张掖太守苻昌随即诛杀慕容纳和慕容德诸子。慕容纳的母亲公孙氏年老，妻子段氏孕娠，免死被囚禁狱中。得掾吏呼延平之助，逃到羌地，段氏生下慕容超。又辗转吕凉，吕凉（后凉）降后秦姚兴，慕容超恐受其害，佯狂长安，后东奔族父慕容德。慕容超即南燕帝位，姚苌囚其母妻，并责南燕为藩，求太乐伎。"超母妻既先在长安，为姚兴所拘，责超称藩，求太乐诸伎，若不可，使送吴口千人。"① "超遣其仆射张华、给事中宗正元入长安，送太乐伎一百二十人于姚兴。兴大悦，延华入宴。酒酣，乐作，兴黄门侍郎尹雅谓华曰：'昔殷之将亡，乐师归周。今皇秦道盛，燕乐来庭。废兴之兆，见于此矣。'华曰：'自古帝王，为道不同，权谲之理，会于功成。'故《老子》曰：'将欲取之，必先与之。'今总章西入，必由余东归，祸福之验，此其兆乎。"②

从这段历史记载，可以看出礼乐重器、音乐伎人，在宫廷礼仪中的重要意义。从后秦黄门侍郎尹雅对此事件的评论，即"今皇秦道盛，宴乐来廷。废兴之兆，见于此矣"的描述中，可以看出太乐音、声、伎人不仅是简单的歌舞娱乐，还是国家兴亡的象征，也意味着国家正统地位的确立。在南燕仆射张华的叙述中，即所谓"总章西入"，则暗示了这120名太乐伎中，俳舞女乐占有很大的比例。

西晋之末年，苻洪为氐族之长。东晋永和六年（公元350年），自称大都督、大将军、大单于、三秦王，后为石季龙故将麻秋鸩杀于枋头（河南浚县）。其子苻健率领关中氐人进入长安，公元351年自称大秦天王、大单于。公元352年称皇帝，国号秦，史称前秦。

---

① 《晋书·慕容超载记》，第3178页。
② 同上书，第3179—3180页。

升平元年（公元355年）苻坚登帝位称大秦天王，苻坚拟汉高祖行事。采取积极的统治政策，务农业，修水利，建学官，重儒学，崇佛法，兴礼制，建明堂庠序，行宗庙郊祀礼仪。"（苻）坚起明堂，缮南北郊，郊祀其祖洪以配天，宗祀其伯健于明堂以配上帝。亲耕藉田，其妻苟氏亲蚕于近郊。"① 史籍称："自永嘉之乱，庠序无闻，及坚之僭，颇留心儒学，王猛整齐风俗，政理称举，学校渐兴。"②

苻坚为稳定社会统治，在军事上重用氐人，也恢复了晋民士族籍，先后灭前燕、平蜀郡，安燕代，灭前凉，通龟兹，逐渐统一北方大部分地区。遣使西域，大宛献汗血马，苻坚效法汉文而返之，群臣献《止马诗》四百余篇。③ 苻坚本氐族，却自比汉王，大行汉晋礼制。史籍虽不载其礼乐仪制，然行郊祀、明堂、藉田、桑蚕之仪，礼乐盖亦备之。由此，约略可知前秦宫廷女乐有行汉晋礼仪娱乐的倾向。

淝水之役后，羌人姚苌称帝于长安，建后秦。姚兴即位后，先后灭后前秦余部，占西燕河东，灭后凉，陷洛阳，攻淮汉，遂与后燕、南燕、东晋相峙。姚兴重佛法，灭后凉时迎鸠摩罗什入长安，尊为国师。④ 后秦延续前秦礼乐之制，并力图汉室礼乐，逼令慕容氏遣送太乐伎于长安（参前），其宫廷女乐有行汉仪的趋势。

晋室自乱宫闱，衣冠南渡，五胡并入中原。以匈奴（前赵）、羯胡（后赵）、鲜卑（诸燕）、氐族（前秦）、羌族（后秦）为代表北方诸族先后建国，大小政权主要有十六国，⑤ 统治着几乎整个中原地

---

① 《晋书·苻坚载记》（上），第2886页。
② 同上书，第2895页。
③ 同上书，第2900页。
④ 《晋书·艺术传·鸠摩罗什》，第2501页。
⑤ 据汤球《十六国春秋辑补》，列前赵、后赵、前燕、前秦、后秦、蜀、前凉、西凉、北凉、后凉、后燕、南燕、南燕、西秦、北燕、夏十六国。《丛书集成初编》据《史学丛书》排印，中华书局1985年版。王诗铭：《中国历史纪年表》，又有冉魏、成汉，计十八国。上海辞书出版社1998年版，第62页。

区，控弦江淮流域，对垒东晋王朝。因史事残缺，我们无法窥知诸国宫廷女乐的历史状况，盖依史籍所载详略，仅叙其概貌。不过，从前赵、后赵、后燕、前秦、后秦，所行职官、礼仪、祠祭等仪制，多近于中原制度，一定程度上反映了北方诸国对中原礼仪文化的认同。从后赵石季龙置女子鼓吹、女子轻骑卤簿现象来看，诸国宫廷女乐建制上也强调了其本族的文化特性。从出土资料看，咸阳十六国墓葬，平陵M1出土了一组四件酱黄釉彩绘女乐俑，做工精美，彩绘如新。① 西安凤栖原十六国墓M9，出土了2件女立乐俑，6件女坐乐俑，乐俑服饰与平陵M1相似②。（拟另撰文）从两墓的随葬物品来看，反映了墓主人具有显贵身份。从女乐俑服装、发式、配饰等方面，展示了鲜明的民族特色。从乐器组合来看，有古琴、笛子、排箫、阮咸等中原乐器，也有筚篥等异族乐器，反映了与中原音乐融合的特征。十六国贵族墓葬成组女俑的出土，是十六贵族女乐真实的历史面貌，这在一定程度上也是北方诸国宫廷女乐的写照。

　　西晋南迁，五胡十六国之间政权更迭频繁，多数在二三十年之间，短则几年灭国，难以建立稳定的礼乐体制。在十六国政权频繁的战争中，诸国宫廷礼乐重器、乐人、图籍、财物、女子，则成为被掠夺的主要对象。在史籍记载中，诸国不乏伎乐人员，尤其在被劫的宫廷女子，除却本身是伎乐人的女子外，不排除有一部分女子会被训练成为专门的音乐表演人才，以供胜利者宫廷宴饮歌舞娱乐所用。换言之，战争为十六国宫廷女伎乐员的培养、交流及繁衍提供了充足的人力资源。诸国劫掠宫廷重器、后秦索要太乐伎人、南燕掳掠吴地（东晋）男女2500之众入太乐教习，便是很好的证明。

---

　　① 咸阳市文物考古研究所编著：《咸阳十六国墓》（咸阳市文物考古研究所田野考古报告第4号），文物出版社2006年版，第94页。
　　② 张全民等编写：《西安凤栖原十六国墓发掘简报》，《文博》2014年第1期。

北方诸国虽有行汉晋之仪，其民族传统、风俗礼仪、饮宴娱乐，亦有其民族之习。

总之，北方诸国异族在与中原礼乐文明对接的历史进程中，文化的碰撞、融合、接纳、反哺，是这一特殊历史时期的主要特征。以此推知，北方诸国的宫廷女乐，在制度管理、职官设置、音乐创作、歌舞表演等方面也会体现这一倾向。北方诸国在与佛教文化的接触上，也反映了不同文化间碰撞融合的痕迹。后秦姚兴曾逼令鸠摩罗什受"伎女十人"，① 以衍生种嗣，便是很好的例子。

西晋武帝泰始年间至怀帝永嘉二年（公元308年），西域僧人竺法护、安法钦、强梁娄至等人率僧众，在长安、洛阳、广州等地译经弘法，长达二十多年。惠帝以下，北方诸国渐起，前凉、后凉，北凉、后赵、前秦、后秦等诸国帝君推波助澜，大开尊佛、崇佛、礼佛的风尚，佛教文化的涌入，可谓为中原礼乐文明开启了一个新的文化视野。据《晋书·艺术传》，佛图澄、僧涉、鸠摩罗什、昙霍等人，都在十六国期间留下了珍贵的文化印记。在佛界天国中，雍容华贵、变化万千的天宫天女伎乐，可能会影响诸国宫廷女乐，以及贵族、世俗宴饮娱乐的表现形式。这或许为中原女伎之乐，提供了一个崭新的表演舞台。

（作者单位：中国社会科学院文学研究所）

---

① 《晋书·艺术传·鸠摩罗什》："（姚）兴尝谓罗什曰：'大师聪明超悟，天下莫二，何可使法种少嗣。'遂以伎女十人，逼令受之。"第2502页。

西晋荀《录》与汉魏乐府

陈 君

不同体裁的文学作品在文献目录上的反映,是一种重要的文学现象,它使我们看到文学潮流与文学观念随时代变迁的历史风貌和历史过程。汉乐府是中国诗歌的源头之一,① 但与《诗经》《楚辞》相比,汉魏乐府诗就没有那么幸运——它们没有得到及时的总结,以致今天我们在享受吉光片羽的阅读愉悦之余,对于它的残缺不全与声辞混淆之处,仍不免有许多困惑。最早整理和著录汉乐府的是东汉班固的《汉书·艺文志》,其中包括朝廷和民间各地的歌诗。虽然《汉书·礼乐志》保留了唐山夫人的《房中歌》十七章和《郊庙歌辞》十九章的歌辞,但班固却轻视民间乐府,在《汉书》中没有记录有关的文本,使得后人对于西汉民间乐府的情形难得其详。东汉以后到曹魏时代,乐府诗歌和文人拟乐府仍然十分繁荣,到了西晋时期,汉魏乐府的风貌终于在文献目录上反映出来,这就是荀《录》一书。

荀《录》为西晋荀勖所撰,又被称为荀氏《录》。② 但是,关于

---

① 袁行霈先生将汉乐府与《诗经》《楚辞》并列为中国诗歌的三大源头,参见袁行霈《中国文学概论》,高等教育出版社1990版,第115—118页。
② 见《乐府诗集》卷三十《相和歌辞·平调曲》、卷三十三《相和歌辞·清调曲》、卷三十六《相和歌辞·瑟调曲》题解引《古今乐录》。

荀《录》的性质以及它的具体情况，前人似乎并未深究。从现存文献资料来看，荀《录》是最早著录汉魏乐府诗的一部著作（班固《汉书·艺文志》所著录者为西汉歌诗），其价值不可轻视。研究这部书的性质及其出现的背景，对于我们了解汉魏乐府诗歌的传承、西晋时代的诗歌观念都有十分重要的意义。本文试钩稽相关史料，对上述问题略作阐述。

一 关于荀《录》的书名

乐府诗兴起以后，历代著录之书甚多。除正史《乐书》与班固《汉书·艺文志》以外，郭茂倩所编的《乐府诗集》保存了大量关于汉魏六朝乐府诗的资料，其中常常引用的有南朝陈释智匠的《古今乐录》。《古今乐录》也是在前人著述的基础上进行的，其中多征引荀《录》、刘宋张永的《元嘉正声伎录》、萧齐王僧虔的《大明三年宴乐伎录》（后世简称《伎录》）等书，诸书中时代最早的是荀《录》。[①] 荀《录》得以保存，有赖于王僧虔《伎录》的多处征引，而《伎录》又为陈释智匠《古今乐录》所引用，使得我们今天仍可以了解荀《录》的一些情况。

除了《乐府诗集》引用荀《录》外，《梁书》卷三十三《王僧孺传》也讲到了荀《录》：

（僧孺）出为钱唐令。初，僧孺与乐安任昉遇竟陵王西邸，以文学友会。及是将之县，昉赠诗。其略曰："惟子见知，惟余知子。观行视言，要终犹始。敬之重之，如兰如芷。形应影随，

[①] 关于这三部书的内容，参见王运熙先生《乐府诗述论》，上海古籍出版社1996年版，第818页。

曩行今止。百行之首，立人斯著。子之有之，谁毁谁誉。修名既立，老至何遽。谁其执鞭，吾为子御。刘《略》班《艺》，虞《志》荀《录》。伊昔有怀，交相欣勖。下帷无倦，升高有属。嘉尔晨灯，惜余夜烛。"

任昉的赠诗表达了他与王僧孺对坟籍、文艺的共同爱好，以及彼此敬重、相互勉励之意。诗中提到了"刘《略》班《艺》，虞《志》荀《录》"，其中的"刘《略》、班《艺》、虞《志》"，显然分别指刘歆在其父刘向《别录》基础上所撰的《七略》、班固的《汉书·艺文志》和挚虞的《文章志》。而这里的荀《录》当指荀勖所编的《中经新簿》，而不是《乐府诗集》引用的荀《录》。《中经新簿》是荀勖在魏代郑默《中经》基础上撰写的，南朝宋裴松之为《三国志》作注时，引作晋武帝《中经簿》。[①]《中经新簿》将图书分为甲、乙、丙、丁四部，是后来四部分类法的前身。其中丁部主要收录作家的文集，反映了汉魏以来别集日渐增多的事实。正因为荀勖的《中经新簿》与刘向的《别录》一脉相承，都是图书分类整理之作，所以任昉在赠诗中径称之为荀《录》。

荀勖还有《杂撰文章家集叙》，裴松之注《三国志》、刘孝标注《世说新语》多引之，称荀勖《文章叙录》。[②] 学界一般认为，这本

[①]《隋书》卷三十三《经籍志》："《晋中经》十四卷，荀勖撰。"《旧唐书》卷四十六《经籍志》："《中书簿》十四卷，荀勖撰。"《三国志》卷十三《魏书·王朗附子肃传》末云："自魏初征士敦煌周生烈，明帝时大司农弘农董遇等，亦历注经传，颇传于世。"裴注："此人姓周生，名烈。何晏《论语集解》有烈《义例》，余所著述，见晋武帝《中经簿》。"

[②]《隋书》卷三十三《经籍志》："《杂撰文章家集叙》十卷，荀勖撰。"两唐志不同，《旧唐书》卷四十六《经籍志》："《新撰文章家集》五卷，荀勖撰。"《新唐书》卷五十八《艺文志》："《新撰文章家集叙》五卷，荀勖撰。"二者当是一书。《文章叙录》的体例，对后代有一定影响。如南朝丘渊之就步荀勖之后尘，撰有《晋义熙以来新集目录》。

书就是荀勖《中经新簿》中"丁部"（集部）的序录。[①] 从题名来看，荀《录》略近于《文章叙录》，但实际上《文章叙录》与荀《录》差别甚大。

鲁迅先生从《三国志》注、《世说新语》注以及其他类书中纂辑了《文章叙录》的遗文，见其所辑《众家文章记录》一书。[②] 从鲁迅先生的辑本来看，《文章叙录》主要记载了所录文人的生平、爵里，体例有以下几个特点：一、不录生人。如云：夏侯惠，字稚权，年三十七卒；荀纬，年四十二，黄初四年卒；应璩，博学好属文，善为书记，曹爽秉政，多违法度，璩作诗以讽焉，其言虽颇谐合，多切时要，世共传之。复为侍中，典著作，嘉平四年卒，追赠卫尉；应贞，贞常在玄坐，作五言诗，玄嘉玩之，举高第，历显位。泰始

[①] 《世说新语笺疏·德行第一》第十六条，余嘉锡先生引张政烺先生说云："《文选注》卷四十六引王隐《晋书》：'荀勖字公曾，领秘书监，与中书令张华，依刘向《别录》，整理错乱，又得《汲冢竹书》。身自撰次，以为《中经》。'《隋书·经籍志》'史部簿录'类：'《杂撰文章家集叙》十卷，荀勖撰。''杂撰'当作'新撰'。两唐志不误，惟皆作五卷，疑卷数有分合；否则残缺矣。此当即《晋中经》新撰书之一部分。中世重文，流行独久。《史》、《汉》、《三国》无《文苑传》，范晔创意为之，大抵依据此书；而他传具文章篇目者，其辞多本于此。盖承初平、永嘉，图籍丧焚，一代文献之足徵者，仅此而已。《新撰文章家集叙》一书，久佚不传。《三国志注》、《世说新语注》等书徵引，皆简称《文章叙录》。"余嘉锡撰：《世说新语笺疏》，中华书局1983年版，第19页。

[②] 《鲁迅辑录古籍丛编》第三卷，人民文学出版社1999年版，第411—417页。因为这些遗文多属旧注文，善为书记。"文、明帝世，历官散骑常侍。齐王即位，稍迁侍中、大将军长史。曹爽秉政，多违法度，璩为诗以讽焉。其言虽颇谐合，多切时要，世共传之。复为侍中，典著作。嘉平四年卒，追赠卫尉。贞，字吉甫，少以才闻，能谈论。正始中，夏侯玄盛有名势，贞尝在玄坐作五言诗，玄嘉玩之。举高第，历显位。晋武帝为抚军大将军，以贞参军事。晋室践阼，迁太子中庶子、散骑常侍。又以儒学与太尉荀顗撰定新礼，事未施行。泰始五年卒。贞弟纯。纯子绍，永嘉中为黄门侍郎，为司马越所杀。纯弟秀。秀子詹，镇南大将军、江州刺史。"其中，"贞，字吉甫，少以才闻，能谈论。正始中，夏侯玄盛有名势，贞尝在玄坐作五言诗，玄嘉玩之。举高第，历显位。晋武帝为抚军大将军，以贞参军事。晋室践阼，迁太子中庶子、散骑常侍。又以儒学与太尉荀顗撰定新礼，事未施行。泰始五年卒"（《文选》卷二十应贞《晋武帝华林园集诗》李善注引作《文章志》，两书是否有重合之处，已不可知）这一段话的最后一段"贞弟纯。纯子绍，永嘉中为黄门侍郎，为司马越所杀。纯弟秀。秀子詹，镇南大将军、江州刺史"。显然不是《文章叙录》中的内容，因为荀勖卒于太康十年（289），显然不可能知道永嘉年间发生的事情。因此我们在确定《文章叙录》遗文时，要有谨慎的态度。

五年卒；韦诞，年七十五卒于家；孙该，著《魏书》，入著作，景元二年卒官；杜挚，卒于秘书；裴秀，年四十八，泰始七年去世，谥元公，配食宗庙，少子頠，字逸民，袭封。① 二、多录魏晋以来近人之作。除了上面提到的作家以外，《文章叙录》还保留了魏代嵇康、缪袭、何晏等人的资料。三、间录诗作。如记载杜挚生平、行迹的同时，也记录了他与毌丘俭的《赠答诗》。从以上三种体例来看，《文章叙录》显然与《乐府诗集》所引的荀《录》不合。

作为一部专录汉魏乐府歌诗的著作，荀《录》本来的名称已难以确考，很可能是《乐录》或《汉魏乐录》之类。因其为荀勖所撰，后人便简称其为荀《录》或荀氏《录》，正如张永《元嘉正声伎录》简称张《录》，王僧虔《大明三年宴乐伎录》简称王《录》一样。

二 荀《录》与汉魏乐府的关系

检《乐府诗集》，将郭茂倩引及荀《录》者钞撮如下，并略加按语。②《乐府诗集》卷三十《相和歌辞·平调曲》题解引《古今乐录》：

> 王僧虔《大明三年宴乐伎录》，平调有七曲：一曰《长歌行》，二曰《短歌行》，三曰《猛虎行》，四曰《君子行》，五曰《燕歌行》，六曰《从军行》，七曰《鞠歌行》。荀氏《录》所载十二曲，传者五曲：武帝"周西""对酒"、文帝"仰瞻"并《短歌行》，文帝"秋风""别日"并《燕歌行》是也。其七曲今不传：文帝"功名"、明帝"青青"并《长歌行》，武帝"吾

---

① 荀勖卒时，裴頠犹在。这条记载主要是讲裴秀，附带提到裴頠，并不违背《文章叙录》的体例。

② 刘跃进先生曾纂辑《古今乐录》，其中也包括荀《录》的遗文，见刘跃进著《〈玉台新咏〉研究》附"《古今乐录》辑存"，中华书局2000年版，第109—151页。

年"、明帝"双桐"并《猛虎行》,"燕赵"《君子行》,左延年"苦哉"《从军行》,"雉朝飞"《短歌行》是也。其器有笙、笛、筑、瑟、琴、筝、琵琶七种,歌弦六部。张永《录》曰:未歌之前,有八部弦、四器俱作。在高、下、游弄之后。凡三调歌弦,一部竟,辄作送歌弦。今用器又有大歌弦。一曲歌"大妇织绮罗",不在歌数,唯平调有之,即清调"相逢狭路间,道隘不容车"篇,后章有"大妇织绮罗,中妇织流黄"是也。张《录》云:"非管弦音声所寄,似是命笛理弦之余。"王《录》所无也,亦谓之《三妇艳》诗。

又《乐府诗集》卷三十一《相和歌辞·平调曲》载魏文帝《猛虎行》一篇,郭茂倩引《古今乐录》曰:"《猛虎行》,王僧虔《伎录》曰:'荀《录》所载明帝《双桐》一篇,今不传。'"《乐府诗集》卷三十二《相和歌辞·平调曲》载王粲《从军行》五首,郭茂倩引《古今乐录》曰:"《从军行》,王僧虔云:'荀《录》所载左延年《苦哉》一篇,今不传。'"按:王僧虔《伎录》提到的平调七曲中,荀《录》所载歌辞缺《鞠歌行》一曲。《伎录》云荀《录》"传者五曲",均见沈约《宋书·乐志》。

《乐府诗集》卷三十三《相和歌辞·清调曲》题解引《古今乐录》:

王僧虔《伎录》,清调有六曲:一《苦寒行》,二《豫章行》,三《董逃行》,四《相逢狭路间行》,五《塘上行》,六《秋胡行》。荀氏《录》所载九曲,传者五曲。晋、宋、齐所歌,今不歌。武帝"北上"《苦寒行》、"上谒"《董逃行》、"蒲生"《塘上行》、"晨上""愿登"并《秋胡行》是也。其四曲今不传:明帝"悠悠"《苦寒行》、古辞"白杨"《豫章行》、武帝"白日"《董逃行》、古辞《相逢狭路间行》是也。其器有笙、笛（下声弄、高弄、游弄）、篪、节、琴、瑟、筝、琵琶八种。歌弦四弦。张永《录》云："未歌之前，有五部弦，又在弄后。晋、宋、齐止四器也。"

又《乐府诗集》卷三十四《相和歌辞·清调曲》载"乐府古辞"《豫章行》一篇，郭茂倩引《古今乐录》曰："《豫章行》，王僧虔云：'荀《录》所载《古白杨》一篇，今不传。'"按：《伎录》提到的清调六曲中，荀《录》所载曲调齐全。《伎录》云荀《录》"传者五曲"，均见沈约《宋书·乐志》，但《宋书·乐志》所载多出明帝《苦寒行》"悠悠"一篇。由此可知，沈约与王僧虔所见的汉魏乐府诗歌样式、数量基本相同。不同之处是，沈约虽然时代在王僧虔之后，但因为齐梁时代聚书丰富等因素，所见反而较前人为多。此外，《董逃行》"上谒"一篇，荀《录》以为武帝辞，《宋书·乐志》作古辞。

《乐府诗集》卷三十六《相和歌辞·瑟调曲》题解引《古今乐录》：

王僧虔《伎录》，瑟调曲有《善哉行》、《陇西行》、《折杨柳行》、《西门行》、《东门行》、《东西门行》、《却东西门行》、《顺东西门行》、《饮马行》、《上留田行》、《新城安乐宫行》、《妇病行》、《孤子生行》、《放歌行》、《大墙上蒿行》、《野田黄爵行》、《钓竿行》、《临高台行》、《长安城西行》、《武舍之中行》、《雁门太守行》、《艳歌何尝行》、《艳歌福锺行》、《艳歌双鸿行》、《煌煌京洛行》、《帝王所居行》、《门有车马客行》、《墙上难用趋行》、《日重光行》、《蜀道难行》、《棹歌行》、《有所思行》、《蒲坂行》、《采梨橘行》、《白杨行》、《胡无人行》、《青龙行》、《公无渡河行》。荀氏《录》所载十五曲，传者九曲：武帝"朝日""自惜""古公"、文帝"朝游""上山"、明帝"赫赫""我徂"、古辞"来日"并《善哉》，古辞"罗敷"《艳歌行》是也。其六曲今不传："五岳"《善哉行》，武帝"鸿雁"《却东西门行》，"长安"《长安城西行》，"双鸿""福锺"并《艳歌行》，"墙上"《墙上难用趋行》是也。其器有笙、笛、节、琴、瑟、筝、琵琶七种，歌弦六部。张永《录》云："未歌之前，有七部弦，又在弄后。晋、宋、齐止四器也。"

又《乐府诗集》卷三十七《相和歌辞·瑟调曲》载魏武帝曹操《却东西门行》一篇，郭茂倩引《古今乐录》曰："王僧虔《伎录》云：'却东西门行，荀《录》所载武帝《鸿雁》一篇，今不传。'"《乐府诗集》卷三十九《相和歌辞·瑟调曲》载"乐府古辞"《艳歌行》一篇，郭茂倩引《古今乐录》曰："《艳歌行》非一，有直云《艳歌》，即《艳歌行》是也。若《罗敷》、《何尝》、《双鸿》、《福锺》等行，亦皆《艳歌》。王僧虔《伎录》云：'《艳歌双鸿行》，荀《录》所载《双鸿》一篇，《艳歌福锺行》，荀《录》所载《福锺》一篇，今皆不传。《艳歌罗敷行》"日出东南隅"篇，荀《录》所载《罗敷》一篇，相和中歌之，今不歌。'"《乐府诗集》卷四十《相和歌辞·瑟调曲》载傅玄《墙上难为趋》一篇，郭茂倩引《古今乐录》曰："王僧虔《伎录》云：'《墙上难用趋》行，荀《录》所载《墙上》一篇，今不传。'"按：《伎录》提到的瑟调三十八曲中，荀《录》所载有《善哉行》《却东西门行》《长安城西行》《艳歌罗敷行》《艳歌双鸿行》《艳歌福锺行》《墙上难用趋行》七曲。《伎录》云荀《录》"传者九曲"，均见沈约《宋书·乐志》。唯荀《录》载古辞《艳歌罗敷行》为瑟调，而《宋书·乐志》著录为大曲。又荀

《录》载武帝《善哉行》"朝日"一篇,《宋书·乐志》作文帝辞。

　　《乐府诗集》卷四十一《相和歌辞·楚调曲》载"乐府古辞"《怨诗行》一篇,郭茂倩引《古今乐录》曰:"《怨诗行》歌,东阿王《明月照高楼》一篇。"王僧虔《伎录》曰:"荀《录》所载'古为君'一篇,今不传。"据此,荀《录》所载有楚调曲。又郭茂倩引《乐府解题》曰:"古词云:'为君既不易,为臣良独难。'言周公推心辅政,二叔流言,致有雷雨拔木之变。"可见《古为君》一篇文辞尚存,王僧虔《伎录》所云"不传"概就声而言。

　　由以上引文可见,荀《录》多为南朝王僧虔《大明三年宴乐伎录》所征引。王僧虔《伎录》在行文中多与荀《录》作比较,以说明东晋以后至萧齐时代乐府诗的变化情况。从《乐府诗集》的引文来看,荀《录》著录的乐府诗有清商三调与楚调。这与史书的记载相合,沈约《宋书》卷二十一《乐志三》云:"清商三调歌诗,荀勖撰旧词施用者。"说明荀勖对清商三调歌诗相当熟悉,并在古辞基础上将它们改造为新辞。

三　荀《录》成书的背景与贡献

　　众所周知,在汉魏六朝时期,有两次重要的文化总结。一是两汉之间,主要成果有西汉后期刘向所撰的《别录》、刘歆的《七略》以及东汉前期班固的《汉书·艺文志》。二是齐梁时期,在图书方面的总结有王俭的《七志》、阮孝绪的《七录》,在文学方面则有《文选》《玉台新咏》《文心雕龙》《诗品》等,在艺术方面则有《书品》《画品》等。而处于这二者之间的西晋也可以视为一个文化和文学总结的时期。这次总结活动肇端于曹魏末年,兴盛于西晋时期,主要是针对汉魏以来的文化遗产。

从汉末董卓之乱到三国鼎立，图书文献遭到巨大破坏。曹魏三祖都做过文献的征集工作，如曹操让蔡文姬默写遗文、曹丕编七子集、曹睿搜集曹植的文章等。经过一段时间的努力，文献又得以聚集起来。文献的积累以及较为安定的政治环境是文献得到总结的必要条件。魏晋禅让基本属于和平过渡，随着西晋的统一，晋武帝复兴礼乐，建立了许多新制度，这就是"晋武帝改制"。① 在晋武帝振兴礼乐的历史背景下，西晋成为一个文化总结的时代。在文化建设方面，傅玄、荀勖是主要的实施者。此外，荀勖让陈寿编《诸葛亮集》，又整理秘阁图书，其《中经新簿》以魏代郑默的《中经》为基础，采用四部分类法对古代文献进行分类、整理，在历史上产生了深远影响。

就文学而言，晋人总结工作的成绩主要有四个方面：一、叙录文人，载其爵里。这是对文学家作品与行迹的记录，以求知人论世，如荀勖的《文章叙录》。二、裒集众作，区判文体。这是荟集各体文学作品，辨别文体的渊源和流变，如杜预的《善文》、傅玄的《七林》、挚虞的《文章流别集》、荀绰的《古今五言诗美文》。② 三、商略文义，扬榷古今。这是对古今文人和文学作品的评判，如二陆往来书信论文之处颇多，涉及古人的有张衡、蔡邕；涉及今人的有张华、崔君苗等。四、探讨文心，求其规律。这是探索文学创作的普遍规律，如陆机的《文赋》。以上四个方面涉及文人、文集、文学批评、创作规律等各个领域，内容相当广泛。荀勖对汉魏乐府的著录，就出现在这样一个文化总结的时代里，是西晋文学总结的成果之一。

---

① 六朝时期有两次大规模的制度变革，一次是晋武帝改制，一次是梁武帝改制。这两次改制牵涉官制、兵制、法律、礼制等，内容十分广泛。耐人寻味的是，在改制的时代背景下，西晋与梁代在文献整理和文学总结方面也有重要的成果。
② 魏代陈长寿所撰的《汉名臣奏》《魏名臣奏》，可视为此类文集编纂活动的先声。

荀勖出于颍川荀氏,在政治上党附佞臣贾充,立身实不足道,但在文艺方面却有相当的天赋。荀勖解音律、善绘画、好文籍,① 曾经同张华一起为西晋王朝制作了"郊庙歌辞"和"食举乐"。但荀勖在乐府诗歌的创作上与张华的意见不同。张华认为:"魏上寿食举诗及汉氏所施用,其文句长短不齐,未皆合古。……二代三京,袭而不变,虽诗章词异,兴废随时,至其韵逗曲折,皆系于旧,有由然也。是以一皆因就,不敢有所改易。"荀勖则主张用四言句式,而不用杂言,"造晋哥,皆为四言,唯王公上寿酒一篇为三言五言"。② 从荀《录》对汉魏乐府的著录可知,他除了制作乐府歌辞以外,还整理过汉魏乐府歌诗。这与荀勖担任秘书监,掌管秘阁图书的职责有关,也与他擅长音乐的个人素质相一致。除荀《录》外,荀勖还撰有《晋歌诗》《晋燕乐歌辞》两部著作。③ 不难发现,荀《录》在内容上与这两部书是互补的关系:荀《录》所录者为汉魏乐府,《晋歌诗》与《晋燕乐歌辞》所集者则为西晋乐府。

从作者的时代来看,荀《录》遗文著录的作品可以分为三类(参见附录"荀《录》遗文所载汉魏乐府诗歌简表")。第一类是未著明时代的篇目,其中古辞与曹魏乐府并存,如《董逃行》"上谒"一篇与《塘上行》"蒲生"一篇,《宋书·乐志》分别著录为古辞和魏武帝的作品。第二类是古辞,有《豫章行》"白杨"、《相逢狭路间行》"相逢"、《善哉行》"来日"、《艳歌行》"罗敷"、《怨诗行》"古为君"等五篇,其中除"来日"一篇为四言外,其余均为五言。第三类是曹魏乐府,除《从军行》"苦哉"一篇为左延年所作外,

---

① 荀勖知音善画,参见《晋书》卷三十九《荀勖传》、《世说新语·术解第二十》、《世说新语·巧艺第二十一》。
② 以上两处引文见《宋书》卷十九《乐志一》。
③ 《隋书》卷三十三《经籍志》载:"《晋歌诗》十八卷、《晋燕乐歌辞》十卷,荀勖撰。"

其余都是曹魏三祖的作品。这反映出西晋王朝对前朝统治者的态度还是比较宽容的，承认他们在文艺方面的成绩。

汉乐府被后代文人视为经典，历代都有仿作，但这些仿作在神理、兴趣方面却无法与乐府古辞相提并论。[①]《汉书·艺文志》对西汉乐府诗的著录过于简单，只能使我们了解大致的风貌。而东汉一代的乐府歌诗，由于汉魏之间战乱频仍，散佚严重。加之无人及时整理，文献残缺，以致我们今天很难判断一些诗歌的创作年代。荀勖的进步之处在于他开始著录作者、篇名以及作品的时代（是否为古辞），其中我们所熟知的作品如《艳歌罗敷行》（《陌上桑》）等也为其所著录，这对后来王僧虔、沈约等整理乐府，以及我们今天了解汉魏乐府创作的情况都有重要意义。从荀《录》对汉魏乐府的著录来看，荀勖以音乐体制的差别如平调、清调、瑟调、楚调等作为分类的标准，而不是班固《汉书·艺文志》所采用的作者、时代、地域混合在一起的做法。[②] 这种做法符合乐府诗歌音乐性的特点，因此为后来人所沿用，只不过在分类和标准上有所区别。

总之，作为现存最早的著录汉魏乐府的著作，荀《录》的出现并不是偶然的。它适应了对汉魏文学遗产进行总结的历史要求，也是西晋时期文学总结的重要成果之一。荀《录》按照音乐标准著录乐府诗的做法，对后代影响深远。

---

① 参见钱志熙先生《乐府古辞的经典价值——魏晋至唐代文人乐府诗的发展》一文，载《文学评论》1998年第2期。
② 如《汉书·艺文志》著录：《诏赐中山靖王子哙及孺子妾冰未央材人歌诗》四篇、《吴楚汝南歌诗》十五篇、《燕代讴雁门云中陇西歌诗》九篇、《邯郸河间歌诗》四篇、《齐郑歌诗》四篇、《淮南歌诗》四篇、《左冯翊秦歌诗》三篇、《京兆尹秦歌诗》五篇等。

附录 荀《录》遗文所载汉魏乐府诗歌简表

曲类名	曲名	篇名	作者	《宋志》	《伎录》
平调曲	《短歌行》	周西、对酒	武帝	同	传（3篇）
		仰瞻	文帝	同	
		雉朝飞	未载		不传
	《燕歌行》	秋风、别日	文帝	同	传（2篇）
	《长歌行》	功名	文帝		不传（6篇）
		青青	明帝		
	《猛虎行》	吾年	武帝		
		双桐	明帝		
	《君子行》	燕赵	未载		
	《从军行》	苦哉	左延年		
清调曲	《苦寒行》	北上	武帝	同	传（1篇）
		悠悠	明帝	同	不传（1篇）
	《董逃行》	上谒	未载	古辞	传（1篇）
		白日	武帝		不传（1篇）
	《塘上行》	蒲生	武帝	同	传（3篇）
	《秋胡行》	晨上、愿登	武帝	同	
	《豫章行》	白杨	古辞		不传（2篇）
	《相逢狭路间行》	相逢	古辞		
瑟调曲	《善哉行》	朝日、自惜、古公	武帝	"朝日"文帝辞	传（8篇）
		朝游、上山	文帝	同	
		赫赫、我徂	明帝	同	
		来日	古辞	同	
		五岳	未载		不传（1篇）
	《艳歌罗敷行》	罗敷	古辞	大曲	传（1篇）
	《却东西门行》	鸿雁	武帝		不传（5篇）
	《长安城西行》	长安	未载		
	《艳歌双鸿行》	双鸿	未载		

续表

曲类名	曲名	篇名	作者	《宋志》	《伎录》
瑟调曲	《艳歌福锺行》	福锺	未载		不传（5篇）
	《墙上难用趋行》	墙上	未载		
楚调曲	《怨诗行》	古为君	古辞		

（作者单位：中国社会科学院文学研究所）